A REVOLUÇÃO DE GEORGES CABANIS

Uma reforma educacional esquecida na França pós-iluminista

Ensaio de arqueogenealogia neofoucaultiana
a partir de uma perspectiva do hemisfério sul

Naomar de Almeida Filho

A REVOLUÇÃO DE GEORGES CABANIS

Uma reforma educacional esquecida na França pós-iluminista

Ensaio de arqueogenealogia neofoucaultiana
a partir de uma perspectiva do hemisfério sul

Tradução
Diego Almeida

Créditos do original em inglês:
Title: The Revolution of Georges Cabanis: A Forgotten Education Reform in Post-Enlightenment France
Collection: Theory and History of Education Monograph Series
Publisher: Queen's University, Canada
ISSN: 2562–5594 ISBN-13: 978–1–55339–674–1
Date: March, 2022, under a CC-BY NC 4.0 License by Naomar Almeida-Filho

Nesta edição, respeitou-se o Acordo Ortográfico da Língua Portuguesa de 1990, que entrou em vigor no Brasil em 2009.

Catalogação na Publicação

A447r

Almeida Filho, Naomar de

A revolução de Georges Cabanis: uma reforma educacional esquecida na França pós-iluminista / Naomar de Almeida Filho; Tradução de Diego Almeida. – Belo Horizonte: Quixote, 2025.

Título original: The revolution of Georges Cabanis: a forgotten education reform in post-enlightenment France

328 p., il.; 15,5 X 22,5 cm

ISBN 978-65-986627-5-2

1. Educação. I. Almeida Filho, Naomar de. II. Almeida, Diego (Tradução). III. Título.

CDD 370

Elaborada por Bibliotecária Janaina Ramos – CRB-8/9166

CONSELHO EDITORIAL Alencar Perdigão, Cláudia Masini
EDITORES Bruna Fortunata, Guilherme Coelho, João Camilo de Oliveira Torres
TRADUÇÃO E REVISÃO Diego Almeida
CAPA, PROJETO GRÁFICO E DIAGRAMAÇÃO Caroline Gischewski

Av. Cristóvão Colombo, 519 — Sala 606 | Savassi
30.140–906 | Belo Horizonte | MG
contato@grupoquixote.com.br | (31) 3141.1256
@grupoquixote

Jacques Abdelkrim Saïdi Salah
In memoriam
Tarbes, França, 12 de dezembro de 1938 –
Salvador, Bahia, Brasil, 13 de novembro de 2021

SUMÁRIO

APRESENTAÇÃO

Por que escrever sobre Georges Cabanis, um médico francês cuja contribuição à psiquiatria e à educação médica, embora recebendo atenção de luminares historiográficos como Michel Foucault, foi há muito esquecida? Que justificativa poderia haver para 'ressuscitar' personagens historicamente mortas? O livro de Naomar nos traz sólidas respostas para essas perguntas. Compreende-se que Cabanis é uma figura mais do que central não só no estabelecimento da psiquiatria como disciplina na França, como, de fato, na educação médica, do que Foucault e outros o fizeram parecer. Entende-se também que Cabanis — que tinha ligações com importantes médicos e intelectuais de sua época, como Mirabeau, Condorcet e von Humboldt — não apenas avançou a educação médica na França, mas no exterior e, como Naomar nos mostra, no Brasil.

Só isso já seria uma conquista. Mas Naomar vai mais longe, em duas direções simultâneas. Primeiro, ele desafia a abordagem "genealógica" de Foucault e de outros que procuram minimizar a abordagem "arqueológica" da historiografia — abordagem esta, aliás, que o próprio Foucault usou em suas discussões sobre Cabanis em *La Naissance de la Clinique*. Isso permite reintroduzir na historiografia de Cabanis um componente estrutural — ou mesmo um arcabouço referencial — "iconográfico", que de outro modo seria ignorado.

Não bastasse isso, Naomar examina a influência de Cabanis no Brasil, especificamente seu papel na educação médica dessa nação. Esse contexto é preenchido com uma discussão sobre a recepção da medicina europeia de forma mais geral e a hegemonia construída por ela. Uma das maneiras com que Naomar enfrenta essa hegemonia é desafiando a historiografia daqueles que se empenham no exame dessa recepção. Assim, a história de Cabanis é a história de seu esquecimento, a história de sua influência, a história de sua recepção no Brasil, junto a um objetivo histórico-político: a dissolução da hegemonia parcialmente responsável por esse esquecimento.

Os objetivos de Naomar para o livro são de particular interesse, pois apontam e insistem em nada menos que uma *reconstrução* da historiografia. Há questões filosóficas e políticas envolvidas nisso. A tentativa de quebrar a hegemonia de uma certa leitura da recepção de Cabanis no Brasil é emblemática de uma visão historiográfica mais ampla: a que entende que métodos para abordar acontecimentos históricos, material de arquivo, narrativas diversas, traduções e literaturas secundárias, são suscetíveis a um pensamento largamente cientificista que tem como objetivo específico chegar à "verdade" dos fatos. Esse pensamento, é claro, exclui grande parte do contexto, notadamente contextos pessoais e políticos, que são parcela fundamental da recepção. Trata-se de uma questão ética. A hegemonia dessa abordagem pode ser vista no nexo de instituições internacionais, conferências, publicações em periódicos etc., que têm como mandato uma historiografia que privilegia uma verdade em detrimento do pessoal e do político.

Juntando tudo, então, o que temos diante de nós é um trabalho sensível, minuciosamente pesquisado e ambicioso, que busca mobilizar as forças da historiografia para um objetivo declaradamente político: reintroduzir uma figura negligenciada na educação médica, como ponto de partida para o enfrentamento dos discursos dominantes da historiografia que se ocupa da recepção.

Este livro, ao operar em vários níveis, não é uma leitura fácil, mas mesmo assim muito recompensadora. É exemplar na maneira como lida com múltiplos temas que antes pareciam incongruentes: historiografia, recepção, educação médica e crítica. Não tenho dúvidas de que o leitor sairá mais rico deste encontro.

James Scott Johnston
Memorial University of Newfoundland

INTRODUÇÃO

Em vários momentos de sua obra historiográfica, Michel Foucault expressa grande respeito e admiração por Pierre-Jean-Georges Cabanis [1757–1808]. Um verdadeiro polímata — poeta, médico, cientista, fisiologista, filósofo, ativista social, revolucionário, político, legislador — Cabanis é reconhecido por Foucault como um "gênio", o precursor intelectual da modernidade tecnológica e científica, um eficiente operador político e reformador criativo do sistema de saúde, e um pensador indispensável para a compreensão da hegemonia filosófica, científica e cultural da França no século XIX . O *médecin-philosophe* Cabanis é sem dúvida um personagem central nos escritos de Foucault sobre medicina e saúde.[1]

Michel Foucault (1961, 1963) se atentava principalmente às novas formas de normalizar a saúde e a doença, de reorganizar a rede de atenção à saúde e de regular as práticas sociais de saúde que surgiram após a Revolução Francesa. Essas tarefas foram realizadas com maestria por Cabanis, que na década pós-revolucionária era um médico maduro, prático, bem-sucedido e experiente. Apesar disso, o relato detalhado de Foucault sobre as mudanças no cuidado à saúde, seu contexto no alvorecer da era clássica, bem como durante as turbulências da França revolucionária, não

1. Cabanis é citado 43 vezes em *Naissance de la Clinique* (Foucault, 1963), uma vez a cada 10 páginas em média. Em *Folie et déraison* (Foucault, 1961), ele aparece 21 vezes, em 17 das 550 páginas do livro.

dá o merecido crédito a Cabanis como reformador da educação, conforme veremos adiante neste ensaio.

Seguindo o exemplo de Foucault, Martin Staum (1980) apresentou magistralmente a vida e a obra de Georges Cabanis ao público acadêmico anglo-saxão, concentrando-se em seu papel de liderança como pioneiro da ciência e paladino filosófico na encruzilhada do otimismo iluminista da França pós-revolucionária. Elizabeth Williams (1994) explorou as contribuições de Cabanis e seus parceiros da *Idéologie*[2] para os fundamentos das *sciences de l'homme* [ciências da humanidade], enfocando as relações entre "o físico e o moral", e influência deles sobre o desenvolvimento científico e a progressiva medicalização da sociedade do século XIX, primeiro na França e depois se espalhando por toda a Europa.

Serge Besançon (1997) se debruçou sobre as contribuições de Cabanis — que propôs o cérebro como *l'organe de la pensée* [o órgão do pensamento] — para a invenção da psiquiatria como medicina mental da modernidade, sendo um dos precursores da psicanálise freudiana e das neurociências sistêmicas contemporâneas. Com reverente admiração, Yves Pouliquen (2013), um orgulhoso herdeiro da tradição de *médecin-académicien* [médico-acadêmico], abordou a biografia de Cabanis, destacando sua atuação como um notável clínico (amigo e médico pessoal de Mirabeau e Condorcet, dois grandes heróis intelectuais da Revolução Francesa) e como protetor político e líder dos *idéologues*, do Diretório ao Termidor ao Consulado, especialmente durante os tempos difíceis do Terror.

Recentemente, a partir de uma perspectiva crítica, Mariana Saad (2016) explorou profunda e cuidadosamente as contribuições de Cabanis para uma abordagem pioneira das ciências sociais e políticas, fundindo teorias fisiológicas sobre saúde e doença com análises protoantropológicas do comportamento social, inspirado em filosofias materialistas neocartesianas.

2. *L'Idéologie* foi um movimento cultural, filosófico e político parisiense organizado após a Revolução Francesa de 1789, cujos membros ficaram conhecidos como *les idéologues*. Esse movimento será discutido mais adiante nos capítulos 1, 4 e 7.

Por fim, complementando os trabalhos de Staum e Saad, Marie Gaille (2017) propôs uma abordagem alternativa que tratou Cabanis como um médico-pensador-filósofo-reformador social que fez da medicina uma questão politizada. Nesse particular, ela o definia como "um tanto esquisito" por causa de seu ecletismo, "profundamente engajado nas discussões políticas de seu tempo, publicando ensaios sobre prisões, hospitais e instituições de tratamento, além de escritos epistemológicos" (Gaille, 2017, p. 72).

Foucault pode ter sido o estudioso que mais resgatou o interesse do mundo acadêmico por esse incrível intelectual iluminista, que ajudou a França a se tornar um dos principais centros geopolíticos, científicos e culturais do mundo ocidental durante todo o século XIX. Mesmo assim, o próprio Foucault (como muitos outros escritores interessados no pensamento multidimensional de Cabanis) dá pouca atenção ao papel de Cabanis como reformador da educação médica e da educação em geral. De fato, os trabalhos de Cabanis sobre educação são praticamente ignorados por Foucault: a única citação que ele faz ao *Coup d'œil* — o livro de Cabanis sobre educação médica, que será central neste ensaio — trata da recusa da probabilidade como critério de validade em uma avaliação diagnóstica clínica (Foucault, 1963, p. 117).

Apesar de todo o brilhantismo e a meticulosidade, esses estudiosos não revelaram, com devida profundidade e efetividade, as contribuições de Cabanis para o campo da educação, como pensador criativo, planejador institucional e bem-sucedido reformador, entre os mais influentes de seu tempo e lugar. Eclipsada pelo legado lendário de Wilhelm von Humboldt — o poderoso *Mythos Humboldt* (Ash, 2006) —, a série de reformas educacionais interligadas, concebidas, propostas e lideradas por Georges Cabanis acabou caindo no esquecimento. O nome e a obra de Cabanis sequer foram mencionados nos principais relatos históricos da educação nos países ocidentais.

O presente ensaio é uma tentativa de responder por quê e como isso aconteceu.

ARQUEOGENEALOGIA NEOFOUCAULTIANA

Durante a primeira fase de sua obra — uma história meticulosamente crítica da loucura, da medicina e das ciências humanas — Michel Foucault (1961, 1963, 1966) postulou uma abordagem conceitual e analítica que designou como "*l'archéologie du savoir*" [a arqueologia de conhecimento] (Foucault, 1969). Nesse referencial, matrizes de pensamento (epistemes ou racionalidades) organizam o conhecimento humano a partir de normatividades, por meio de regras de lógica e estruturas de linguagem, que inconscientemente ou como *habitus* regem o comportamento individual e as práticas sociais, como um sistema de positividades que definem fronteiras e configuram formações discursivas num determinado tempo e lugar (Foucault, 1969).

Essa "arqueologia das formações discursivas" logo evoluiu para uma "genealogia" do conhecimento e da biopolítica relacionada (Foucault, 2004). Ao promover dissenso dentro de seu próprio projeto arqueológico original e, em seguida, avançar em direção a uma espécie de história filosófica das práticas culturais e políticas ocidentais, revelando linhagens ocultas de ideias, Foucault, de certo modo, renegou a si mesmo.[3] Para lidar com esse movimento tão típico dos intelectuais parisienses contemporâneos, proponho neste ensaio designar como arqueogenealogia neofoucaultiana qualquer esforço ou movimento no sentido de recuperar, ou eventualmente renovar, a perspectiva arqueológica como uma ferramenta metodológica relevante para histórias críticas de ideias, mentalidades, instituições, ciências, relações saber/poder, sobretudo no que se refere a modelos e modos de prática em educação.

---

3. Sergio Paulo Rouanet, talvez o mais eminente analista da filosofia foucaultiana no Brasil, propôs de forma pioneira condensar essa abordagem evolutiva no termo "arqueogenealogia" (Rouanet, 1987, p. 220). O teórico social espanhol Francisco Vázquez-García, o primeiro a apontar uma "ambivalência arqueológico-genealógica" na tentativa de Foucault de conciliar a *Histoire des Annales* com a epistemologia histórica francesa (Vázquez-García, 1987), recentemente apresentou sistematicamente e justificou teoricamente a noção de arqueogenealogia (Vázquez-Garcia, 2021).

No plano conceitual, segundo Luca Paltrinieri (2012, p. 273), a *archéo-généalogie* de Foucault tentou conectar uma história social, política e cultural de rupturas e ausências a uma epistemologia histórica baseada em descontinuidades, seguindo o caminho traçado por Canguilhem (2009).[4] No nível metodológico, em consonância com o *paradigma indiziario* de Carlo Ginzburg,[5] Foucault propôs o conceito de "arquivo" como um *corpus* textual, um conjunto de discursos manifestados em dados históricos, narrativas, documentos e outros registros, a serem tratados como dispositivos de organização de operações discursivas para a construção de representações sociais e a produção de práticas sociais em uma determinada cultura ou época. A partir desse referencial, consideremos quatro pontos componentes de uma matriz analítica: (a) *rupturas*: momentos críticos e pontos no espaço e tempo que indicam descontinuidades históricas; (b) *latências*: origens, fósseis, mitos, ausências e deficiências especialmente persistentes; (c) *detalhes*: prospecção de pistas, sinais e vestígios, incluindo sinais ocultos ou camuflados; (d) *ícones*: personagens ou eventos (individuais ou coletivos) que representam ou são significativos de um determinado tempo ou processo histórico, sem reduzir a análise histórica ao estudo de pessoas, fatos, realizações e datas.

Com os devidos ajustes (considerando os limites e objetivos restritos deste texto), proponho utilizar esta abordagem como um arcabouço para uma história social da educação médica que é marcada e orientada por descontinuidades. Com foco nas questões de saúde, essa perspectiva permite identificar três rupturas nas matrizes de saber médico e de práticas de cuidado na cultura ocidental: o naturalismo hipocrático, que foi incorporado ao pensamento aristotélico e retomado pela medicina árabe no século X; o racionalismo iluminista, defendido pelos reformadores

4. Ilustrativo de tal perspectiva é o cuidadoso relato metodológico da sociologia histórica foucaultiana feito por Mitchell Dean (1994).

5. A expressão *paradigma indiziario* foi traduzida para o inglês como "*evidential paradigm*" (Ginzburg, 1989).

modernos da virada do século XIX; e o pragmatismo técnico e científico aplicado, do início do século XX. Vinculadas a modelos de educação e de cuidado em saúde, essas rupturas correspondem a personalidades históricas marcantes que poderiam ser, de formas totalmente distintas, consideradas icônicas para a educação médica ocidental: Avicena, Cabanis e Flexner, respectivamente.

Neste ensaio, pretendo explorar o papel fundamental de Cabanis como um dos pais da educação médica moderna. Em outro texto (Almeida-Filho, 2010), analisei a ruptura de Flexner, particularmente sua ressonância no discurso social e político sobre saúde no contexto brasileiro, com desdobramentos imaginários e quase mitológicos. A análise da ruptura aviceniana no período medieval está certamente além dos limites de minha expertise;[6] ademais, exceto como discursividade e simbologia, pouco dessa ruptura foi retido no contexto contemporâneo do cuidado em saúde e da educação médica.

Sobre o momento crítico de início ou transição do Iluminismo para a modernidade, as iniciativas de Cabanis para redesenhar e adequar o ensino médico às novas demandas sociais foram muito além do campo da saúde. No contexto de um colóquio sobre educação na era das *Lumières* [Iluminismo], o historiador médico Alain Larcan (2005) sugeriu de passagem nomear a renovação das instituições de saúde e do ensino médico ocorrida na França pós-revolucionária como Reforma Cabanis. Em outro momento (Almeida-Filho, 2018), propus estender essa noção de Reforma Cabanis às reformas da educação geral e universitária na França, pois seus princípios foram posteriormente incorporados às bases institucionais do sistema de *instruction publique* implementado em diferentes países europeus durante o século XIX.

No modelo de educação superior estabelecido na França após a abolição das universidades pela Revolução de 1789, o "império das faculdades"

6. O leitor interessado pode consultar Zahabi (2019).

manteve-se forte por mais de um século, particularmente no que diz respeito às chamadas faculdades superiores (medicina e direito) e às escolas politécnicas que treinavam para carreiras ditas "profissões imperiais". Nesse contexto, as universidades eram meramente nominais, limitadas à mediação política, e representando um conjunto de faculdades com poder político próprio e autonomia administrativa e acadêmica perante o Estado. Apesar de suas limitações e problemas, esse tipo de "ensino superior sem universidades" se espalhou pela zona de influência cultural da França durante todo o século XIX e primeiras décadas do século XX, particularmente nos países latino-europeus católicos e suas ex-colônias, como Colômbia, México, Argentina e Brasil.

Nesse sentido, formulei uma hipótese preliminar sobre as raízes do sistema de ensino superior do Brasil contemporâneo (Almeida-Filho, 2017, p. 13):

> a educação superior brasileira exibe um curioso traço arqueológico, pois, de modo hegemônico, conserva o regime institucional de faculdades e cultiva o conceito nominal de universidade, com entrada de estudantes diretamente em cursos de graduação profissional fundados sobre estruturas curriculares tendencialmente fixas, organizadas por blocos de conteúdos denominados matérias ou disciplinas, ainda dentro do modelo institucional e político-pedagógico estabelecido na Reforma Cabanis.

Neste ensaio, pretendo apresentar uma avaliação mais detalhada dessa hipótese, analisando os efeitos diretos e indiretos da Reforma Cabanis na configuração do modelo de ensino superior que se tornou hegemônico nos países latino-americanos, tomando como exemplo o caso brasileiro. Na primeira parte, discuto brevemente o quadro social, ideológico e institucional que, simultaneamente, reestruturou o sistema nacional de educação, o modelo de cuidado em saúde e o novo programa imperial de ensino superior na França pós-revolucionária. Com esse objetivo, apresento um resumo da biografia e da obra de Georges Cabanis, buscando resgatar do esquecimento seu papel como bem-sucedido reformador de sistemas educacionais. Em segundo lugar, discuto os principais pontos da nova organização do sistema de saúde e educação médica, liderada por Cabanis e seus colegas, destacando dimensões conceituais, especialmente em relação ao seu potencial de articulação com o sistema de ensino em geral. Em terceiro lugar, delineio aspectos curriculares e pedagógicos do modelo de educação médica baseado em profissionalização, disciplinaridade e especialização, que resultou num sistema de ensino superior sem universidades. Descrevo eventos históricos relacionados à reorganização do sistema educacional francês, no contexto das reformas sociais iniciadas no regime do Consulado, consolidadas no Império e mantidas na Restauração.

Em dois capítulos centrais, relato, respectivamente, o encontro (que realmente ocorreu) de Wilhelm von Humboldt com Cabanis e colegas, e a primeira apresentação (que também realmente ocorreu) do projeto de lei de reforma educacional de Napoleão Bonaparte, feita por Antoine de Fourcroy (talvez — podemos especular — sob o olhar de Cabanis). Entre esses capítulos, discuto a história e as estruturas do modelo resultante de tais reformas, enfatizando a ideia da Universidade Imperial, promovida pelo próprio Imperador Napoleão Bonaparte como o centro gestor de todo o sistema educacional. Nesse momento, remeto à reforma republicana do ensino superior aprovada na década de 1890, quando as universidades foram reincorporadas ao sistema educacional francês como instâncias de representação institucional e coordenação simbólica das faculdades, escolas e academias, que detinham autonomia política, administrativa e acadêmica.

Esses capítulos não pretendem ser um relato completo das contribuições de Cabanis com base em dados primários, nem uma avaliação historiográfica sistemática e detalhada de tempos tão ricos e tempestuosos. Pelo contrário, são apenas uma breve apresentação dos principais elementos estruturais e das condições necessárias para contextualizar a Reforma Cabanis, preparando o terreno para o tema deste ensaio, qual seja, a origem do atual padrão de formação profissional baseado em faculdades, hospitais, palestras, disciplinas, especialidades e diplomas — modelo ainda residual em alguns países latino-americanos pós-coloniais. Na parte final deste livro, exploro a sequência de eventos e processos que (ao longo do século XIX e da primeira metade do século XX) promoveram a "franceização" dos sistemas educacionais do Brasil, particularmente no ensino superior e, mais especificamente, na formação médica.

A principal fonte para o argumento central do presente ensaio é o livro de Cabanis intitulado *Coup d'œil sur les révolutions et sur la réforme de la médecine* [Um olhar sobre as revoluções e sobre a reforma da medicina],[7] que proponho considerar como o "briefing" da Reforma Cabanis. Publicado em 1804, esse pequeno volume alcançou ampla atenção e foi imediatamente traduzido para o inglês pelo médico escocês Alexander Henderson.[8]

DA LATA DE LIXO DA HISTÓRIA OFICIAL

Neste ponto, devo acrescentar uma explicação ou mesmo uma justificativa pessoal para uma questão potencialmente problemática, talvez desconcertante. Como pode um pesquisador brasileiro, não especializado em história ou em educação, graduado em medicina, mas sem formação nos métodos da historiografia, oriundo de uma universidade localizada em um país periférico do hemisfério sul, ousar dizer algo sobre um importante líder intelectual de um dos centros culturais mais influentes da Europa em seu tempo?

---

7. Nuances e controvérsias sobre o título desse livro são discutidas no Capítulo 5. Versões digitais das diferentes edições dessa publicação podem ser encontradas em diversos sites na Internet. Recomendo especialmente aquela disponível na Biblioteca Gallica, fac-símile da primeira edição publicada em Paris em 1804: https://gallica.bnf.fr/ark:/12148/bpt6k76544v/

8. Apesar de flagrantes desvios do original em francês (em muitos casos até mudando significados e linhas de raciocínio), a tradução de Henderson é certamente ilustrativa da grande importância de Cabanis naquele momento histórico. Versões digitais dessa tradução podem ser encontradas em https://wellcomecollection.org/works/wwwkj3va/items?canvas=11

A resposta óbvia poderia ser que a história que vou contar foi esquecida na literatura acadêmica sobre história da educação, por motivos que espero esclarecer a seguir. Assim, a iniciativa pessoal de escrever este ensaio meramente ajudaria a resolver um quebra-cabeça trivial, completar um mosaico, preencher algumas lacunas de conhecimento sobre um determinado assunto histórico raramente explorado. Claro, esta não é a minha motivação, pois existem outras respostas, embora sejam elas de natureza predominantemente política.

Tipicamente, pensa-se que os estudiosos de países politicamente dominantes do Norte são aqueles que deveriam descer e escavar nosso passado e escrever (ou contar) nossa história. Permitam-me ilustrar este ponto com dois exemplos relacionados ao nosso tópico.

Um: a historiadora Nancy Stepan (1991) descreveu uma certa "eugenia latina" nos países latino-americanos pós-coloniais, levantando a hipótese de que o apego dos intelectuais brasileiros à cultura e à ciência francesas alinhou o movimento eugenista no Brasil com a tradição médica francesa neolamarckiana. Quinze anos antes da publicação da obra de Stepan, Jurandir Freire-Costa (1976), psicanalista e psiquiatra radicado no Rio de Janeiro, já havia analisado a fundo esse tema, mostrando como o movimento eugenista no Brasil, liderado por médicos e advogados, foi de fato inspirado pelas doutrinas da degeneração racial europeias e supremacistas do Norte (Freire-Costa, 1976). No entanto, a apresentação da editora de *The Hour of Eugenics: Race, Gender, and Nation in Latin America* enfatiza a precedência da historiadora do Norte global:

> Examinando ***pela primeira vez*** como a eugenia foi adotada por cientistas e reformadores sociais na América Latina, Nancy Leys Stepan compara os movimentos de eugenia no México, Brasil e Argentina com os casos mais familiares da Grã-Bretanha, Estados Unidos e Alemanha. [Ênfase minha.]

Dois: no final da década de 1990, estudiosos norte-americanos relataram que, em meados do século XIX, havia em Salvador, Bahia (cidade onde vivo), um grupo pioneiro de pesquisa biomédica chamado Escola Tropicalista da Bahia, liderado por cientistas médicos europeus expatriados que operavam fora da tradicional faculdade de medicina local. Essa "descoberta" foi devidamente registrada numa tese de doutorado de 1990 nos Estados Unidos, que se tornou um livro intitulado *Race, Place, and Medicine: The Idea of the Tropics in Nineteenth-Century Brazilian Medicine* (Peard, 1999). Porém a existência de um empreendimento científico moderno tão precoce e inesperado numa sociedade pós-colonial periférica não foi descoberta aí. Pelo contrário, há enorme produção acadêmica sobre essa iniciativa pioneira de pesquisa médica, graças à influente escola de história social da saúde da Casa de Oswaldo Cruz, no Rio de Janeiro, bem como outros grupos de pesquisa atuantes em São Paulo e na Bahia.[9]

"Descobertas" como a eugenia latina ou a Escola Tropicalista têm menos a ver com a existência histórica real de movimentos sociopolíticos protonazistas em países do "longínquo" hemisfério Sul, ou se um empreendimento pioneiro como a escola de pesquisa tropicalista realmente existiu ou não; ao contrário, devem ser analisados com relação ao conjunto de estratégias adotadas pelo *establishment* científico internacional para validar e legitimar os processos de produção da verdade científica. Ao ocupar e controlar espaços de legitimidade (conferências científicas, periódicos acadêmicos revisados por pares, editoras acadêmicas, redes disciplinares e afins), pesquisadores e acadêmicos do hemisfério Norte[10] constroem dessa maneira a hegemonia de suas instituições e redes.

Uma maneira justa de se contrapor a esse estado de coisas é realizarmos nós mesmos a escavação/descoberta/análise/escrita de nossa história.

9. Veja principalmente: Nava (1948), Coni (1952), Santos Filho (1980), Schwarcz (1993), Edler (2002), Jacobina (2008), Edler (2009), Moraes (2013), Malaquias (2016).

10. Lá, os especialistas em Brasil têm sido chamados de *brazilianists*.

Com isso, as comunidades acadêmicas de instituições hegemônicas, sediadas em países dominantes, seriam de alguma forma desafiadas em seu monopólio de produção de legitimidade de conhecimento e narrativas aceitas.

Mas por que não ir além dessa desobediência, fazendo mais, indo na direção oposta, buscando reverter essa tendência? Por que, sempre que possível, não tentar escrever a história "deles"? O que há a perder?

Essa possibilidade implica superar preconceitos, limites, barreiras e obstáculos, para passarmos a explorar os exploradores, pesquisar os pesquisadores, escrever a história dos historiadores. Trata-se de um movimento no sentido de competir pelo *locus* da fala, de fazermos nossas próprias perguntas sobre temas que nos interessam (que, por várias razões não tão óbvias, têm sido negligenciados na agenda de pesquisa estabelecida por nossos supostos mestres dominantes). Indo mais longe e mais fundo, a pergunta pode ser: qual é o significado de tal inversão? E como fazê-la?

Nesse contexto, minha iniciativa de trazer Cabanis, o educador, para o primeiro plano pode ser entendida como um esforço para reciclar resíduos negligenciados no lixo (ou talvez, nas sobras) da investigação acadêmica convencional de instituições do hemisfério Norte (as autodenominadas "*world-class universities*"). Tal empreendimento pode ser justificado pela interpretação de que, como herança ultrapassada e tardia da modernidade na formação das sociedades pós-coloniais, o legado e a influência de Cabanis têm sido mais fundamentais (embora não devidamente reconhecidos) para os sistemas de ensino superior implantados no Sul global — particularmente na América Latina — do que eram e são para a rede de universidades de pesquisa do Norte global. Como o leitor logo verá neste breve e humilde relato, tal esforço foi possível porque a lixeira da história social oficial da educação está cheia, transborda, recoberta por lendas e mitos, histórias secretas, memórias perdidas e personagens esquecidos, deixados em silencioso esquecimento.

AGRADECIMENTOS

Agradeço a Mariano di Pasquale, professor de história da *Universidad Tres de Febrero*, na Argentina, por me convidar para um seminário sobre a influência da *Idéologie*, realizado em Buenos Aires em 2018. Lá, conheci Mariana Saad, uma estudiosa franco-uruguaia que se tornou uma das figuras mais influentes nos estudos cabanisianos na atualidade, e que confirmou meu interesse por quebra-cabeças históricos, como o do esquecimento de Cabanis nos tempos modernos.

Boaventura de Sousa Santos, um querido mentor e colega, incentivou-me a escrever os capítulos centrais deste livro em tom transgressor, como narrativas históricas factuais em estilo de romance. George Weisz, da Cátedra Cotton-Hannah e professor de história da medicina no Departamento de Estudos Sociais da Medicina da Universidade McGill, fez sugestões valiosas, particularmente no que diz respeito ao foco na influência de Cabanis no Brasil. Finalmente, agradeço a Rosa Bruno-Jofré, líder do Theory and History of Education International Research Group da Queen's University, Canadá, pela paciente leitura dos primeiros rascunhos deste trabalho, e por suas críticas, contribuições e incentivos, que me permitiram melhorar e, assim espero, refinar minha perspectiva de interesse.

O texto reúne conteúdos e argumentos (revisados, organizados e ampliados) advindos de uma série de artigos publicados em diversos periódicos. Agradeço aos editores dos Cadernos de Saúde Pública, Revista Lusófona de Educação, Salud Colectiva, e Manguinhos—História, Ciências e Saúde pela gentil autorização de uso deste material.

A pesquisa e a escrita deste ensaio se tornaram um empreendimento familiar. As tarefas de tradução dos artigos originais para a primeira edição em língua inglesa, bem como apoio à pesquisa bibliográfica, checagem de fatos e revisão editorial, foram realizadas por meus filhos Diego e Ugo, e meu neto Victor Saliba. A retradução para a nossa língua materna portuguesa foi tarefa realizada por Diego, sob minha supervisão. Para a tradução e delicada interpretação de escritos oitocentistas, contei com Denise

Coutinho, minha esposa e parceira intelectual, especialista em tradução de língua francesa. Nos últimos anos, Denise e eu temos colaborado na organização da primeira edição do *Coup d'œil* de Cabanis no Brasil, com ajuda do nosso amigo Jacques Salah, ex-cônsul da França na Bahia, professor aposentado de Letras da Universidade Federal da Bahia. Infelizmente, o professor Salah faleceu antes da conclusão deste livro, o qual dedico à sua saudosa memória.

Ao longo dos anos de concepção, pesquisa e desenvolvimento deste projeto, recebi uma bolsa de pesquisador sênior 1-A do Conselho Nacional de Pesquisa (CNPq Proc. 302.600/2008–6). Também sou grato ao Instituto de Estudos Avançados da Universidade de São Paulo, que me recebeu nos últimos três anos como professor visitante e Titular da Cátedra Alfredo Bosi, enquanto eu concluía a versão, ampliada e revisada, final deste livro.

CAPÍTULO 1
P. J. G. CABANIS: MÉDICO, REVOLUCIONÁRIO, *IDÉOLOGUE*

Pierre-Jean-Georges Cabanis [1757–1808] nasceu em 5 de junho de 1757, em Cosnac, atualmente parte da região de Nouvelle-Aquitaine, centro-sul da França. Ele foi o quinto filho de Marie-Hélene de Souleyrac e Jean Baptiste Cabanis. Seu pai era advogado e magistrado empregado pela Coroa francesa, além de astrônomo amador e biólogo diletante. Depois de se casar com Marie-Hélene, herdeira da nobreza provincial, Jean Baptiste tornou-se um próspero agricultor e especialista em agronomia e negócios rurais. Quando Marie-Hélene morreu, a criança Cabanis, com sete anos, começou sua instrução na paróquia local. Aos dez anos, foi aceito no *petit collége doctrinaire* em Brive. Após quatro anos, foi expulso de lá por indisciplina. Seu pai então o enviou em 1771 para continuar os estudos em Paris, levando uma recomendação para Anne-Robert-Jacques Turgot [1727–1781], futuro ministro de Luís XVI.

Convido o leitor a realizar um experimento mental, uma imersão na vida de Cabanis por meio de um olhar amplo que esperamos fornecer neste capítulo.[11] Como se você estivesse presente, imagine o seguinte: Paris por volta de 1770, a capital política, intelectual e cultural de uma aristocracia

11. Esta breve nota biográfica compila informações de textos selecionados sobre a vida e obra de Cabanis, com base em fontes documentais, escritos por representantes de várias escolas historiográficas (Picavet, 1891; Guillois, 1894[1971]; Staum, 1980; Role & Boulet, 1994; Mrozovski, 2013; Pouliquen, 2013; Saad, 2016).

decadente. Ali encontramos Georges Cabanis, um adolescente inteligente e inquieto, que nunca havia ultrapassado os limites de sua província, chegando agora a uma metrópole febril, o centro global das *Lumières*.

Sob a orientação do poeta Jean-Antoine Roucher [1745–1794], o jovem Cabanis completa o estudo dos clássicos, desenvolvendo amor pela literatura e revelando-se um aluno dedicado e brilhante, especialmente dotado para línguas estrangeiras. Em 1773, ele é contratado como secretário durante a visita do Príncipe Ignacy Massalski [1726–1794], Bispo de Vilnius, que o convida para trabalhar em Varsóvia. Nos anos seguintes, enquanto servia ao bispo, Cabanis viajou por vários países do Leste Europeu e tornou-se fluente em alemão e polonês.

De volta a Paris em 1775, retoma o estudo do grego e traduz parte da Ilíada de Homero para um concurso da *Académie Française* (que infelizmente não vence). Apesar dos méritos de seus empreendimentos literários, o jovem Cabanis se considera um fracasso. Melancólico, inquieto e curioso, ele se volta para o estudo da filosofia e amplia seu horizonte de interesses para incluir o campo das ciências naturais. Devido a sua inteligência, discernimento e boa aparência, ele se torna uma figura querida nos *salons* de Paris.[12] Como participante entusiástico e assíduo dos famosos saraus promovidos pela bela e rica viúva do filósofo Claude-Adrien Helvétius, convive com grandes nomes do Iluminismo francês.[13]

Anne-Catherine Helvétius [1722–1800] conheceu Cabanis — que foi levado ao seu salão por Turgot e Roucher — em 1778; ela ficou tão impressionada com o jovem estudante que o convidou para residir na mansão Auteuil. E assim Cabanis fez amizade com personalidades que

---

12. Sob a liderança de mulheres brilhantes e altamente educadas da nobreza, as *salonnières*, os *salons* parisienses foram fundamentais para o desenvolvimento científico e a hegemonia cultural da França durante os séculos XVIII e XIX. Ver principalmente Lilti (2005) e Kale (2006).

13. Para quem estiver especialmente interessado na educação intelectual de Cabanis, recomendo *Le Salon de Madame Helvétius*, de Antoine Guillois (1894[1971]).

influenciariam sua vida a partir de então: gente como o advogado e educador Dominique Joseph Garat [1749–1833], que depois despontou como um dos principais líderes políticos da Revolução Francesa; o brilhante matemático que se tornou administrador público e filósofo Nicolas de Caritat, Marquês de Condorcet [1743–1794]; e o escritor e político norte-americano Benjamin Franklin [1706–1790], que em 1779 iniciou o jovem Cabanis na loja maçônica *La Loge des Neuf Soeurs* (Weisberger, 1993, p. 90).

Pressionado pelo pai a buscar uma carreira profissional mais segura e lucrativa do que a de poeta, ensaísta ou gramático, Cabanis consulta o fisiologista e médico clínico Léon Dubreuil [1743–1785], velho amigo de sua família. Seguindo o conselho, Cabanis inicia seus estudos médicos em 1778, tendo Dubreuil como seu mentor e patrocinador. Em Paris, Cabanis fica na casa de Dubreuil e acompanha suas visitas domiciliares e plantões no *Hôpital de la Charité*. Em 1780, Cabanis é finalmente aceito pela rigorosa Faculdade de Medicina de Paris e frequenta as aulas de Le Roux, Langlois, Solier e Bosquillon, entre outros ilustres médicos-professores. Três anos depois, interrompe os estudos para acompanhar, ainda que brevemente, Franz Anton Mesmer [1734–1815] — médico vienense que fundou em Paris uma clínica extremamente lucrativa para distúrbios nervosos, baseada no "magnetismo animal", impulsionada por sua personalidade carismática e pela clientela da mais alta nobreza da França.[14] Após a morte de Dubreuil e o descrédito de Mesmer, Cabanis abandona a Faculdade de Medicina de Paris e decide continuar seus estudos na Faculdade de Reims. Ele se forma com honras em 1784, com uma tese de doutorado intitulada

14. Dada a crescente controvérsia em torno do mesmerismo, o Rei Luís XVI [1754–1793] estabeleceu uma Comissão Conjunta da Academia Real de Ciências e da Faculdade de Medicina para avaliar os métodos e resultados do Mesmer. O relatório da Comissão foi devastador e descartou qualquer apoio científico à ideia do magnetismo animal. A Faculdade de Medicina agiu rapidamente para reprimir qualquer prática profissional de Mesmer e seus seguidores, até mesmo expulsando quaisquer membros participantes. Sobre esse tópico, ver principalmente Darnton (1968) e Lanska e Lanska (2007).

An Quinque Medicinae Partes Medico Necessariae? [Quais são os cinco remédios essenciais para a atuação do médico?]

Entre 1785 e 1788, ao abrir uma clínica gratuita para pobres em Auteuil, subúrbio de Paris onde Madame Helvetius tinha uma propriedade de sua família, Cabanis se dedica aos estudos filosóficos e científicos (principalmente na área nascente da fisiologia humana). Nessa época, ele estuda profundamente a filosofia sensualista de Étienne Bonnot, Abade de Condillac [1714–1780]. Em 1788, Cabanis escreve sua primeira obra no campo da semiologia clínica, um livreto intitulado *Du Degré de Certitude de la Médecine* [Sobre o grau de certeza da medicina] (que só seria publicado dez anos depois, em 1798), no qual explora a fronteira entre medicina e filosofia, e critica o uso indevido da matemática e da incipiente teoria probabilística para o processo de diagnóstico diferencial.

Um ávido revolucionário, Cabanis abraça calorosamente os princípios da Revolução Francesa, participando das conspirações e movimentos que derrubaram o *Ancien Régime*. Pouco tempo após a tomada da Bastilha, conhece Honoré-Gabriel Riqueti, Conde de Mirabeau [1749–1791], com quem compartilhava firmes convicções republicanas. Em várias ocasiões em 1790, como membro do Atelier de Mirabeau — círculo de debates e oficina intelectual onde talentosos discípulos e parceiros políticos se reuniam para aconselhar o conde em suas atividades como tribuno e deputado — Cabanis colabora e até escreve muitos discursos que Mirabeau apresentaria na Assembleia Nacional, ajudando este a se tornar um dos maiores oradores e líderes políticos da Revolução Francesa. Infelizmente, Mirabeau sofria de um grave problema cardíaco, que prematuramente tirou sua vida em 1791. Como seu médico pessoal e amigo próximo, Cabanis fica ao seu lado até o fim. Após a morte de Mirabeau, Cabanis organiza, revisa e reescreve as notas e discursos de seu amigo sobre educação pública, os coleta e publica como *Travail sur l'Éducation publique, trouvé dans les papiers de Mirabeau l'aîné* [Trabalho sobre educação pública, encontrado nos papéis de Mirabeau, o ancião], dando créditos ambíguos de autoria ao grande tribuno falecido.

Entre 1790 e 1792, Cabanis integra a Comissão Hospitalar, presidida por Michel-Augustin Thouret [1749–1810], e se torna o administrador-chefe dos hospitais de Paris, apoiando plenamente a reforma proposta e conduzida por seu amigo e precursor da psiquiatria social Philippe Pinel [1745–1826]. A partir dessa experiência de trabalho em funções tão importantes, ele escreve, em colaboração com Pinel, o ensaio-relatório *Observations sur les hôpitaux* [Observações sobre os hospitais]. Cabanis então se afasta dos temas da reforma hospitalar, regulamentação da profissão médica e teoria clínica, voltando seu interesse para modelos de prática de saúde e reforma do ensino médico. Convencido por Felix Vicq D'Azyr [1748–1794], um prestigioso professor de anatomia e veterinário que havia sido o cirurgião Real, ele inicialmente endossou a reforma da educação médica proposta por seu colega de maçonaria Antoine-François, Conde de Fourcroy [1755–1809] — médico, farmacêutico, pioneiro da entomologia e da nomenclatura química, *protégé* e herdeiro intelectual de Vicq d'Azyr. No entanto, ele reluta, por discordar da centralidade conferida ao ensino da farmacoquímica como ciência básica no novo currículo. Cabanis também mostra ceticismo em relação à criação das *écoles de santé* [escolas de saúde]. Mesmo assim, aceita a nomeação como Professor Adjunto de Higiene na primeira escola de saúde, a *École de Santé de Paris*, ao lado de Pinel, Fourcroy, Thouret, Desgenettes e outros médicos famosos daquele meio.

Em 1791, Cabanis é eleito oficial municipal da comuna de Auteuil, que adotou como local de morada. A pedido de Garat (que foi nomeado Ministro da Justiça no início da Convenção — órgão que governou a França logo após a Revolução), ele escreve uma série de relatórios sobre educação (então chamada de "instrução pública") e bem-estar social, que influenciariam sobremaneira a reestruturação institucional iniciada nos primeiros tempos da Revolução. As notas desses relatórios foram úteis para a redação dos ensaios políticos de Cabanis, *Quelques considérations sur l'organisation sociale* [Algumas considerações sobre a organização social] (publicado posteriormente em 1799) e *Quelques Principes et quelques vues sur les secours publics* [Alguns princípios e algumas visões sobre assistência pública] (publicado em 1803). Nesses textos, Cabanis pondera que a distribuição injusta da riqueza, herança do *Ancien Régime*, era uma das grandes questões políticas que precisavam ser enfrentadas pela Revolução. Ele também propõe estratégias para reduzir as desigualdades sociais, segundo as quais o Estado deve estabelecer organizações sociais e institucionais abrangentes para implementar políticas públicas em favor dos pobres.

Nesse período, Cabanis desenvolve intensa parceria política tanto com Condorcet — com quem desenvolveu um projeto de reforma do sistema de ensino público da França[15] — quanto com o militar, educador e filósofo Antoine-Louis-Claude Destutt, Conde de Tracy [1754–1836] — com quem organizou e liderou o movimento intelectual conhecido como *l'Idéologie*. Apoiador dos protestos contra a pena de morte, Cabanis participa de diversos debates acalorados em oposição à guilhotina, referindo-se a seus próprios estudos sobre a vida psíquica e o funcionamento fisiológico do cérebro.

Os laços de amizade e parceria intelectual entre Condorcet e Cabanis são profundos. Em 1793, no auge do Terror instaurado pela Convenção, Cabanis ajuda a esconder o Marquês de Condorcet nos arredores de Paris, sob a falsa identidade de Pierre Simon, enquanto abriga toda a família de seu amigo em Auteuil, protegida das perseguições em curso, e contribui para o rápido registro em cartório de um falso divórcio que visava salvar os bens da família Condorcet do confisco. Os biógrafos de Condorcet concordam que, após ser capturado pela milícia popular, ele se suicidou ingerindo um veneno fornecido por Cabanis, o famigerado *le pain des frères* [o pão dos irmãos]. Três anos depois, Cabanis se casa com Charlotte-Felicité de Grouchy, a cunhada mais nova de Condorcet.

---

15. Resumido em *Cinq Mémoires sur l'Instruction Publique* de Condorcet, texto de 1791 endossado e publicado pelo *Comité d'instruction publique*. Analiso esse texto em mais detalhe no Capítulo 2.

Ao longo do turbulento Reinado de Terror, Cabanis sofre intensamente com a prisão de muitos amigos próximos, culminando com a execução de Lavoisier e do poeta Roucher (o mentor de sua época de juventude), o suicídio de Condorcet e a misteriosa morte de Vicq d'Azyr. Deprimido, doente e considerado suspeito pelo temível *Comité de Salut Public* [Comitê de Segurança Pública], Georges Cabanis se recolhe na mansão de Madame Helvétius, onde retoma seu trabalho filantrópico como médico dos pobres e desamparados de Auteuil (o que o protege das perseguições da milícia popular).

Em meados de 1794, após a morte de Robespierre, quando o Terror finalmente começa a refluir durante o regime do Termidor, Cabanis retorna à intensa atividade política. A sua primeira empreitada é a reabertura do salão de Madame Helvétius, agora recebendo a segunda encarnação do *Cercle d'Auteuil* [Círculo de Auteuil – nome do grupo de estudos e discussão dos *idéologues*]. Seu foco mudou das *belles-lettres* para os urgentes debates políticos e filosóficos que tanto entusiasmavam seus companheiros, engajados na construção de uma nova sociedade regida pelos princípios revolucionários de liberdade, igualdade e fraternidade. Os membros centrais do que Picavet (1891) chamou de "segunda geração de ideólogos", eram personagens extraordinários e de grande presença no cenário europeu por volta da virada do século: Pierre-Simon Laplace [1749–1827], célebre matemático, astrônomo e físico; Jean-Baptiste Say [1767–1832], um pioneiro das ciências econômicas; Constantin-François de Volney [1757–1820], historiador orientalista, que apresentou Napoleão Bonaparte ao grupo; Pierre-Claude François Daunou [1761–1840], educador e precursor da ciência política; além de Garat, Pinel, Bichat e outros, todos sob a liderança de Destutt de Tracy e do próprio Cabanis.

Nesse contexto intelectual, Cabanis e Destutt de Tracy são, sem dúvida, intelectuais brilhantes tanto quanto hábeis estrategistas políticos. Trabalhando quase em conjunto, eles combinam palestras, discursos e aparições públicas, compartilham estratégias de publicação e organizam intervenções institucionais, canalizando o pensamento de outros intelectuais e a ação de movimentos políticos a fim de influenciar políticas governamentais (Pouliquen, 2013).

Em 1795, Cabanis é eleito para o *Institut National de France* na classe de Ciências Morais e Políticas.[16] Mais uma vez a pedido de Garat — que agora ocupa o influente cargo de Comissário de Instrução Pública, o principal cargo educacional da época — Cabanis escreve uma coleção de observações relativas ao funcionamento ideal de uma escola de medicina, intitulada *Considérations genérales sur les révolutions de l'art de guérir* [Considerações gerais sobre as revoluções da arte de curar]. Nessa proposta, discutida em duas sessões no Instituto em 1796, Cabanis retoma algumas das proposições de Vicq d'Azyr sobre a organização do ensino médico, enriquecendo-as com bases metodológicas e epistemológicas mais bem definidas, e com maior viabilidade política.

Após a reabertura das faculdades em 1797, Georges Cabanis é nomeado Professor Adjunto da Faculdade de Medicina de Paris, onde implementa um novo modelo de ensino clínico. Assistente de Jean-Nicolas Corvisart [1755–1821] e dedicado seguidor dos preceitos da semiologia natural, Cabanis defende o exame minucioso do paciente, sempre seguindo uma abordagem sistemática e metódica dos sinais e sintomas, observando a correlação nosológica em primeira mão, à beira do leito.

Em 1798, graças a seu diligente trabalho como médico, tratando gratuitamente os pobres e indigentes de Auteuil e arredores, Georges Cabanis é eleito representante do povo do Departamento do Sena no *Conseil des*

16. O *Institut National de France* (hoje *Institut de France*) era uma organização oficial para o avanço da ciência e da educação, criada pela Revolução em substituição às antigas "academias aristocráticas", extintas pela Assembleia Nacional. Ironicamente, as academias foram gradualmente restauradas dentro do *Institut* através do reconhecimento de suas várias classes, graças ao ativo esforço político de Cabanis e seus companheiros.

Cinq-cents.[17] Durante seu mandato, propõe uma reforma médica que articula, tanto na prática como no modelo de ensino, algumas ideias do plano de Vicq d'Azyr com elementos curriculares do projeto de Fourcroy. Desmembra a proposta em sucessivos *rapports*, submetidos ao Conselho ao longo de 1798 (2 de janeiro, 24 de fevereiro, 15 de março e 26 de setembro). O mais importante destes documentos, sem dúvida, era um Relatório e Projeto de Resolução com o subtítulo *Sur un mode provisoire de police médicale* [Sobre um modo provisório de polícia médica], no qual Cabanis propõe um amplo conjunto de políticas para a reinstitucionalização da prática médica (é este o significado do termo *police médicale*) durante a era pós-revolucionária, em sintonia com as diretrizes curriculares e regras para a obtenção de título de nível superior na profissão médica. Nesse momento, como político habilidoso e bem-relacionado, Cabanis é onipresente e notavelmente atuante como representante legislativo, conseguindo aprovar — embora não sem dificuldades — a maioria de suas pautas.

O jovem general Napoleão Bonaparte [1769–1821], ao retornar do Egito em 1799, começa a participar dos salões de debate de Paris, frequentando assiduamente o salão de Auteuil, principal ponto de encontro dos *idéologues*. O futuro imperador mostra-se disposto a adotar as ideias defendidas pela elite intelectual parisiense, com maior simpatia pelas propostas moderadas do grupo dos ideólogos. Com este acordo, ao lado de Lucien Bonaparte, Garat e Sieyès, Cabanis e Destutt de Tracy tornam-se os primeiros apoiadores das articulações políticas no Conseil des Cinq-cents para empoderar Napoleão. Cabanis é o principal autor do manifesto *L'adresse au peuple français* [Discurso ao povo francês], anunciando o Golpe de 18 de Brumário, que elevou Napoleão a Cônsul. Em dezembro de 1799, publica um opúsculo intitulado *Quelques considérations sur l'organisation sociale et particulièrement sur la nouvelle Constitution* [Algumas

17. O Conselho dos Quinhentos, a câmara legislativa inferior na época do Diretório, encarregou-se da reconstrução política e institucional após os turbulentos anos do Terror.

considerações sobre a organização social e particularmente sobre a nova constituição], defendendo uma "*dictature sans dictateur*" [ditadura sem ditador] como oportunidade de provocar e consolidar mudanças profundas na nascente *République Française*.

Bonapartista comprovadamente leal e entusiasta, Cabanis é convocado para ser membro do *Sénat conservateur* após sua criação. Já sendo figura célebre na cena acadêmica de Paris, ele é nomeado para a cadeira de História da Medicina na Faculdade de Medicina de Paris. Incapaz de cumprir suas funções de professor devido à intensidade de sua atividade política, Cabanis doa seu salário para a nova biblioteca médica e para um programa de bolsas para alunos pobres.

Como muitos de seus colegas *ideólogues*, Cabanis esperava que os princípios republicanos da Revolução fossem valorizados e aplicados na reconstrução da sociedade francesa, mas ele vai se tornando cada vez mais decepcionado. Cabanis se afasta de Napoleão já em 1800, em meio a uma forte campanha de difamação contra intelectuais, cientistas e artistas, comandada pessoalmente pelo futuro imperador. Um estado de guerra permanente e uma atmosfera de patriotismo exacerbado dominam a sociedade francesa no auge da era Bonaparte. Napoleão é elevado ao título de Primeiro Cônsul Vitalício pela constituição de 1802, que tinha flagrante viés autoritário. Os integrantes do Círculo de Auteil tornam-se o principal alvo da estratégia de Bonaparte de desmoralizar os adversários, desqualificando-os perante a opinião pública como pensadores abstratos, delirantes e irresponsáveis. Em protesto, Cabanis para de comparecer às sessões do Senado.

Na virada do século, Anne-Catherine Helvétius falece e lega a Cabanis sua propriedade. Em profundo luto e amargurado pela tirania do governo bonapartista, ele se aposenta da política e gradualmente inicia seu retiro no pequeno Château de La Villette, propriedade da família de sua esposa. Ainda assim, ele visita com frequência o pavilhão da biblioteca de Auteuil — construído por Madame Helvétius ao longo de décadas de amizades intelectuais — e assume a tarefa de colocar no papel o legado filosófico, científico e pedagógico de uma vida repleta de acontecimentos.

Em 1802, Cabanis publica *Rapports du physique et du moral de l'homme* [Relatórios sobre o físico e o moral do ser humano]. Sem dúvida sua obra mais elaborada, consiste em uma compilação revisada e ampliada de memórias lidas perante a *Classe des Sciences morales et politiques* [Classe de ciências morais e políticas] do *Institut National de France* entre janeiro de 1796 e setembro de 1797. Impresso em dois volumes, o livro esgota rapidamente e é reimpresso várias vezes, consolidando o prestígio de Cabanis como um dos líderes intelectuais da França pós-revolucionária. A obra suscita grande controvérsia por sua defesa de uma filosofia materialista que nega explicitamente a existência da alma. Trata-se de um estudo da dimensão ideológica do ser humano, no sentido concebido pela *Idéologie*, onde ele elabora uma teoria fisiológica sobre a origem das ideias.[18]

Em 1803, após a reconstituição das academias como seções do *Institut de France*, Cabanis é eleito para a classe de Língua e Literatura Francesas, ocupando a cadeira número 40 da entidade, que mais tarde passaria a se chamar *Académie Française*. Embora criticasse publicamente a ditadura de Bonaparte, ele é pessoalmente nomeado por Napoleão como Comandante da Legião de Honra. No mesmo ano, Cabanis organiza seus escritos sobre história do conhecimento em saúde, reforma da medicina e ensino médico em *Coup d'œil sur les révolutions et sur la réforme de la médecine*, mas sua própria saúde debilitada o impede de concluir a tarefa de revisão e expansão. Compelido por Garat, Tracy e outros colegas, ele autoriza a publicação como uma espécie de testamento intelectual.

Em 1805, a condição já enfraquecida de Cabanis piora e sua mobilidade é drasticamente reduzida. Deprimido e isolado, impossibilitado de sair de

18. A expressão "relações entre o físico e o moral", no léxico da época, poderia ser equiparada às noções da teoria social contemporânea de "interface sociobiológica" ou de "dialética natureza-cultura", onde *o físico* se refere à organização biofisiológica dos seres humanos, e *o moral* corresponde ao plano sociopolítico (Williams, 1994).

seu refúgio, registra seu canto do cisne: uma carta sobre temas filosóficos do estoicismo e fisiologia do sofrimento, que seria publicada apenas em 1824 como *Lettre (posthume et inédite) de Cabanis à M.F. sur les causes premières* [Carta (póstuma e inédita) de Cabanis a M.F. sobre as causas primárias]. A carta é dirigida ao historiador e filólogo Claude Charles Fauriel [1772–1844], amante de Sophie Condorcet e jovem discípulo de Cabanis, de quem se tornou um amigo muito próximo e companheiro leal em seus últimos dias.

Georges Cabanis perece em 5 de maio de 1808, vítima de uma série de acidentes vasculares cerebrais. Oito dias após sua morte, seus restos mortais são transferidos para o Panteão de Paris, onde seu amigo de toda vida Dominique-Joseph Garat — cercado por delegações do Senado, do *Institut National de France*, da Faculdade de Medicina de Paris e da comunidade de Auteuil — declama o elogio fúnebre. Entre as inúmeras homenagens oficiais póstumas, o imperador Napoleão confere a Cabanis o título de Conde do Império em 23 de maio de 1808.

CAPÍTULO 2
SOBRE REFORMA EDUCACIONAL

Nos primeiros momentos da Revolução Francesa de 1789, duas ações redefiniram os rumos da educação no novo regime: o fim do monopólio religioso sobre o ensino e a supressão abrupta de universidades e academias. No *Ancien Régime*, a monarquia era uma presunção do direito divino, o clero era o primeiro dos estamentos representados nos *États généraux*,[19] a instituição escolástica estava integralmente sob a tutela da Igreja Católica, e a religião declarava a si própria como a finalidade da educação (Verneuil, 2013). Assim, não foi nenhuma surpresa que um dos primeiros objetivos políticos da rebelião popular tenha sido a expropriação dos enormes bens e poder do clero, tendo como alvo central a sua influência sobre o sistema educacional.

O ensino superior era oferecido por algumas universidades centralizadas, com faculdades e academias povoadas pela elite intelectual, controladas pelo estado clerical e dirigidas diretamente pelos poderes reais. A universidade passou então a ser duramente criticada durante a Revolução, devido a sua tradição escolástica anacrônica e sua indiferença (até mesmo reação) frente ao avanço das ciências modernas (Weisz, 1983, p. 18).

---

19. Os Estados Gerais eram a assembléia das classes jurídicas que formavam a estrutura social da França sob os Bourbons. O primeiro estado era o clero, o segundo a nobreza, o terceiro os plebeus (Hampson, 1988).

Sobre as motivações por trás da dissolução de academias e universidades nos primeiros momentos da Revolução Francesa, Louis Liard (1894, III) observou:[20]

> No lugar das universidades do antigo regime — mortas por sua constituição, por seus abusos, por sua hostilidade contra a filosofia do século XVIII — a Revolução, nascida precisamente dessa filosofia, quis ter, para o ensino e para a cultura das ciências, instituições concebidas e organizadas segundo o modelo próprio da ciência e das ciências.[21]

Imediatamente após a Revolução, houve intenso debate na Assembleia Nacional sobre educação e questões relacionadas, mas pouco se conseguiu para de fato superar o caos institucional causado pela súbita remoção dos principais pilares do sistema educacional da França do século XVIII (Barnard, 1969). Relatórios foram considerados, propostas foram avaliadas e pequenas mudanças foram executadas, mas a turbulência social e os conflitos políticos dificultaram os acordos e impediram o consenso necessário para aprovar planos gerais de reforma para o sistema educacional francês.

Entre suas primeiras deliberações — depois de retirar a prerrogativa clerical sobre a governança educacional e fechar corporações, academias e universidades — a Assembleia Nacional tomou uma decisão radical com base em diretrizes claras de política educacional. Em vez de instituições que promovessem o pensamento filosófico doutrinário, o conhecimento abstrato e a cultura erudita, tudo a serviço de uma aristocracia diletante e alienada, a

---

20. Para esta e para as demais citações de textos em idiomas diferentes do português, apresentamos uma tradução livre, preservando o original em notas de rodapé.

21. Tradução livre de: *A la place des universités de l'ancien régime, tuées par leur Constitution, par leurs abus, par leur hostilité contre la philosophie de XVIIIe siècle, la Révolution, née précisément de cette philosophie, voulut avoir, pour l'enseignement et pour la culture des sciences, des établissements conçus et organisés d'après le type même de la science et des sciencess.*

nascente República precisava de uma rede eficiente de organizações públicas voltadas para a formação política, técnica e profissional de cidadãos livres.

Em primeiro lugar, do ponto de vista filosófico, o movimento político dos representantes do povo incorporou a noção de progresso social emprestada dos intelectuais iluministas — baseada no conhecimento científico organizado na ideia de *mathesis universalis*, categoria filosófica chave da *Encyclopédie*. Editada pelo filósofo Denis Diderot [1713–1784] e pelo matemático e físico Jean Rond D'Alembert [1717–1783], a *Encyclopédie* foi sem dúvida o empreendimento intelectual mais ambicioso de sua época, o mapeamento de todo o progresso científico e tecnológico das *Lumiéres*. Seu título completo era *Encyclopédie, ou Dictionnaire raisonné des sciences, des arts et des métiers* [Enciclopédia, ou dicionário sistemático das ciências, artes e ofícios]. A primeira edição da *Encyclopédie* teve 35 volumes, publicados entre 1751 e 1780, envolvendo cerca de 200 autores, denominados *encyclopédistes*.[22]

Em segundo lugar, como premissa conceitual, o movimento alicerçava-se no valor da educação como bem comum natural — o único capaz de efetivamente promover a igualdade e a liberdade, segundo os princípios rousseaunianos reformulados pelo filósofo Claude-Adrien Helvétius [1715–1771]. Em terceiro lugar, do ponto de vista político e social, a Revolução definiu a educação como "instrução pública"; ou seja, um direito que deve ser garantido pelo Estado de forma igualitária a todos os cidadãos da República.

MIRABEAU

Em 1790, a Convenção Nacional nomeou um *Comité d'instruction publique*, inicialmente presidido por Dominique-Joseph Garat, incumbido de coordenar a reestruturação da educação francesa, tendo como prioridade política reduzir ao máximo a influência religiosa na educação dos cidadãos. Garat conseguiu inserir na Constituição Francesa de 1791 o direito

22. Para um relato detalhado desse esforço monumental, ver principalmente Darnton (1979).

universal à educação, com a garantia de "uma instrução pública comum a todos os cidadãos" (Constitution de la République Française, 1791, Título I). Muitos aspectos de uma nova configuração do sistema educacional mereciam atenção generalizada. Estes incluíam os direitos das famílias, os deveres e prerrogativas do Estado, a situação econômica da nação, as necessidades e especificidades do ensino superior, a urgência de formar educadores e as condições do magistério no novo regime.[23]

O jovem revolucionário Cabanis não era estranho a esses temas, todos eles elementares para o argumento do *Travail sur l'éducation publique* — uma coleção de discursos do Conde de Mirabeau organizada e publicada por Cabanis no auge da Revolução. Esses quatro discursos sobre diferentes aspectos da educação foram encontrados na casa de Mirabeau após sua morte em 1791, segundo Cabanis (que assim insinua sua própria autoria com sutil ambiguidade) (Pouliquen, 2013).

O primeiro discurso propunha uma reorganização total do sistema de ensino superior, incluindo colégios e faculdades, mas excluindo as universidades que existiam no *Ancien Régime*. O segundo discurso discutia eventos públicos, tanto civis quanto militares, como estratégias de pedagogia política voltada para as massas. O terceiro discurso recomendava, embora carente de detalhes, o estabelecimento de um sistema público de educação secundária como uma rede totalmente estatal, de abrangência nacional e acesso universal. O quarto discurso tinha um caráter quase alegórico, consistindo em uma especulação sobre qual seria o tipo de educação mais adequada a um hipotético herdeiro da coroa, que lhe permitisse ser um governante sábio e comprometido com os ideais republicanos.

A ideia básica que perpassa esses textos é a de que a educação, como direito do cidadão, deve ser pública e gratuita — portanto, deve demandar todo o esforço do Estado em mediar o caráter público da educação

23. Uma seleção notável das mais relevantes propostas, documentos e publicações relacionados a essas reformas foi compilada por Bronislaw Baczko (2000).

e as demandas da iniciativa privada liberal. No entanto, a educação deve garantir a manutenção das novas instituições políticas que foram criadas para a promoção da liberdade, afirmando explicitamente que essa liberdade deve ser assegurada mesmo contra o monopólio das academias científicas, corporações profissionais e congregações de professores.

Para Mariana Saad (2015), não há dúvida de que o próprio Cabanis escreveu os textos de *Travail*, tendo em vista sua participação ativa como integrante do Atelier de Mirabeau. Essa hipótese se aplica especialmente ao primeiro discurso, que propunha um modelo hierárquico de instrução pública e justificava uma nova estrutura de ensino superior sem universidades. O texto deste discurso inclui como anexo um projeto de decreto legislativo composto por cinco Títulos: 1.º — *Académie*; 2.º —*Collèges et écoles publiques*; 3.º — *Écoles de médecine*; 4º —*Théâtre*; 5º —*Musée, jardin de botanique, et bibliothèques publiques*. Universidades e instituições similares estão ausentes.

Nessa proposta, academias temáticas e sociedades científicas seriam extintas em favor de uma única instituição nacional, a *Académie française*. A nova instituição teria funções oficiais inteiramente novas, notadamente a coordenação, regulação e supervisão dos aspectos científicos, técnicos e profissionais dos campos de conhecimento e prática listados na *Encyclopédie*. A formação em todas as profissões civis e militares, com exceção da medicina, seria realizada por *collèges* e *écoles spéciales* com total autonomia administrativa e financeira, embora submetidos à supervisão epistemológica da Academia. As instituições responsáveis pela formação de militares e engenheiros seriam incorporadas às escolas de engenharia civil, formando o que mais tarde ficou conhecido como *écoles polytechniques*. O estudo religioso ficaria restrito aos mosteiros e conventos; há até sugestões de que as faculdades de teologia e de direito poderiam ser suprimidas sem prejudicar o clero e a magistratura.

No primeiro discurso, as propostas relativas ao ensino médico são super-representadas (e um tanto exageradas), até mesmo segundo o próprio autor (Mirabeau, 1791, p. 29): "Vós não ficareis então assustados, Senhores, que a medicina ocupa um espaço considerável em meu plano de instrução pública".[24] De fato, 7 das 35 páginas do discurso escrito são dedicadas à arte de curar, mencionando explicitamente a medicina, a cirurgia e a farmácia. O Título III do projeto de decreto legislativo compreende 29 artigos sobre as faculdades de medicina (quatro a mais do que o Título II, relativo a todas as outras profissões!), culminando com a proposta de abertura de escolas médicas em todos os *départements* da República Francesa.

Alguns excertos desse importante documento reforçam a hipótese de que se trata antes de uma proposta do talentoso e ambicioso jovem médico, do que de uma obra escrita pelo brilhante e carismático tribuno, o que nos permite, com justiça, designá-lo de Plano Mirabeau-Cabanis. As propostas de Cabanis para a regulamentação estatal da prática médica, que serão discutidas com mais detalhe no capítulo 3, são antecipadas neste primeiro fragmento (Mirabeau, 1791, p. 29):

> Quanto à medicina, e a tudo que é pertinente à arte de curar, é a parte da educação que mais merece a supervisão da lei, e a parte do trabalho cujo exercício o magistrado não pode deixar ao acaso.[25]

O segundo fragmento (Mirabeau, 1791, p. 31) — com sabor de amarga ironia destinada aos médicos rasos dos salões parisienses — é um hábil resumo do trabalho anterior de Cabanis sobre o tema da prática médica, *Du degré de certitude de la médecine*.

24. Tradução livre de: *Vous ne serez donc point étonnés, Messieurs, que la médecine occupe une place considérable, dans mon plan d'instruction publique.*

25. Tradução livre de: *Quant à la médecine, et à tout ce qui tient à l'art de guérir, c'est la partie la plus considerable des études que la loi doit surveiller, et des travaux dont le magistrat ne peut abandonner l'exercice au hasard (...). Vous ne serez donc point étonnés, senhores, que la médecine ocupa um lugar considerável em mon plan d'instruction public.*

> O objeto da medicina e da cirurgia é o estudo do corpo humano, sadio e doente. Seu objetivo é a cura da doença ou a conservação da saúde. Todos os conhecimentos necessários para cumprir esse objetivo são adquiridos igualmente pela observação. É sobretudo à beira do leito dos doentes que os absorvemos. Há diversas ciências naturais que parecem ligadas à arte de curar, mas que não são de grande utilidade para ela. É razoável dar-lhes mais importância do que àquelas que as constituem essencialmente? Nós queremos formar médicos úteis, e não médicos que brilham nos círculos dos salões ou nos bancos das academias.[26]

Por fim, o terceiro fragmento inclui algumas das ideias que farão parte dos vários relatórios de Cabanis sobre a reforma do ensino médico, publicados posteriormente no *Coup d'œil*, particularmente no que diz respeito ao método de aprender fazendo (Mirabeau, 1791 , 30).

> Aprende-se medicina, cirurgia e farmácia por meio de uma sequência de observações e de operações que devem ser feitas por conta própria. Se sua prática (ou pelo menos as formas pelas quais se obtém o direito de exercê-la) deve ser atentamente supervisionada pelo poder público; seu ensino (onde o testemunho de indiferença pública seria culposo) deve ser encorajado, facilitado por todos os meios que a experiência e a razão sugerem.[27]

---

26. Tradução livre de: *Le sujet de la médecine et de la chirurgie est l'étude du corps humain, sain et malade. Leur but est la guérison de la maladie ou la conservation de la santé. Toutes les connoissances nécessaires pour remplir ce but, s'acquièrent également par l'observation. C'est sur-tout au lit des malades qu'on les puise. Il est plusieurs sciences naturelles qui paroissent liées à l'art de guérir, mais qui n'y sont pas d'une grande utilité. Est-il raisonnable de leur donner plus d'importance qu'à celles qui les constituent essentiellement ? Nous voulons faire des médecins utiles, et non des médecins propres à briller dans les cercles ou sur les bancs.*

27. Tradução livre de: *La médecine, la chirurgie, la pharmacie, s'apprennent par une suite d'observations et d'opérations qu'il faut faire soi-même. Si leur pratique, ou du moins*

CONDORCET

Naquela altura, o Marquês de Condorcet, amigo leal e parceiro político de Cabanis, era um dos membros mais ativos do *Comité d'instruction publique*. Fazendo uso de sua condição de deputado eleito pela comunidade parisiense, Condorcet apresentou à Assembleia Nacional uma plataforma de reforma educacional na Revolução, em três etapas. Na primeira fase, no mesmo ano, Condorcet publicou uma série de relatórios de cunho político-pedagógico, num volume intitulado *Cinq mémoires sur l'instruction publique* [Cinco memoriais sobre a instrução pública] (Condorcet, 1791). Esse texto lançou muitas das bases para as reformas da educação pública na França pós-revolucionária.

O primeiro memorial tinha como tema o próprio conceito de "instrução pública", elencando razões filosóficas e políticas para a igualdade na educação, defendendo firmemente que todas as mulheres deveriam receber a mesma educação que os homens. O segundo memorial estabeleceu a base comum de instrução para todas as crianças, referente ao domínio do repertório mínimo de conhecimentos necessários para continuar sua educação nos níveis subsequentes. O terceiro memorial dizia respeito ao tipo de educação necessária para a emancipação política e para o desenvolvimento intelectual dos cidadãos livres, enquanto o quarto memorial discutia a educação para as carreiras profissionais essenciais à república. Por fim, o quinto e mais filosófico desses memoriais propunha que todo conhecimento científico deveria estar inter-relacionado e que, para alcançar uma instrução pública igualitária e libertadora, seria pertinente a criação de institutos multidisciplinares para a formação de professores, engenheiros e cientistas, que levassem em conta os avanços das ciências naturais aplicadas.

---

les formes par lesquelles on acquiert le droit de s'y livrer, doivent être attentivement surveillées par le pouvoir public; leur enseignement, pour lequel il seroit coupable de témoigner de l'indifférence, doit être encouragé, facilité par tous les moyens que l'expérience et la raison suggèrent.

Em uma segunda ação, realizada em abril de 1792, Condorcet apresentou à Assembleia Nacional um documento intitulado *Rapport et projet de décret sur l'organisation générale de l'instruction publique* [Relatório e projeto de decreto sobre a organização geral da instrução pública] (Condorcet, 1792). Muito mais avançado do que o plano de reforma educacional proposto por Talleyrand[28] em setembro de 1791 e sumariamente rejeitado, esse era um plano ambicioso (e estruturalmente completo) para reorganizar o sistema educacional, construído sobre os princípios políticos da Revolução Francesa. Contemplava níveis de ensino, estrutura curricular, conteúdos e modalidades de ensino, abrangência territorial, redes institucionais e a formação dos recursos humanos necessários.

O modelo proposto compreendia uma ampla rede pública pensada para oferecer educação gratuita em todos os níveis, com acesso universal, sob a seguinte estrutura hierárquica: a) uma *école primaire* [escola primária] para cada vila ou bairro com até 1.500 habitantes; b) uma *école secondaire* [escola secundária] para cada aldeia ou bairro com até 6.000 habitantes; c) em todo o país, 140 *instituts* dedicados ao ensino básico e aplicado de ciências matemáticas e físicas, ciências políticas e morais, ciências aplicadas, literatura e artes plásticas; d) em todo o país, nove *lycées*, um por cada região, especializados no ensino superior introdutório nos campos científico e artístico; e) uma *société nationale des sciences et arts* [sociedade nacional de ciências e artes] para a supervisão e coordenação central dos *lycées* e *instituts*.

No apêndice, o documento de Condorcet incluía uma proposta orçamentária e um estudo de viabilidade, além de um minucioso projeto de decreto legislativo que contemplava desde o estabelecimento de uma base curricular comum até bolsas e programas de mobilidade estudantil. Este impressionante grau de detalhamento revela não uma proposição individual, mas uma construção coletiva, com reconhecidas contribuições

28. Charles Maurice de Talleyrand-Périgord [1754–1838], clérigo, político e diplomata francês.

de Garat, Daunou e Cabanis, que figurariam como membros do futuro grupo dos *idéologues*. Apesar de ter sido apresentado em nome do *Comité*, com ampla divulgação patrocinada pela Convenção e publicado pela *Imprimerie nationale*, o projeto foi rejeitado pela Assembleia.

O terceiro movimento de Condorcet resultou em um pequeno artigo intitulado *Sur la nécessité de l'instruction publique* [Sobre a necessidade da instrução pública], publicado em *Les Cahiers Patriotiques* em janeiro de 1793. Neste último escrito dedicado à questão da educação pública, Condorcet responde aos ataques de Jean-Paul Marat [1743–1793] e reage à rejeição das propostas de reforma educacional e constitucional. O texto defende a urgência de se instituir uma instrução pública que seja efetivamente oferecida a todas as crianças, adolescentes e jovens, independentemente de riqueza ou origem familiar, para garantir a igualdade jurídica e política proclamada pela Revolução. Compreende dois argumentos: o Estado deve garantir a independência da educação pública em relação ao poder político; cabe aos cientistas e intelectuais determinar os conhecimentos básicos que devem ser ensinados. Se essas condições não forem respeitadas, a educação pública se desviará de sua missão libertadora e a igualdade dos cidadãos se tornará mera retórica. É um documento de posição vigoroso e destemido (Condorcet, 1793, p. 394):

> Uma igualdade completa entre as mentes é uma quimera; mas se a instrução pública é generalizada, alargada, se ela abarca a universalidade dos conhecimentos, então esta desigualdade é toda a favor da espécie humana, que se beneficia do trabalho dos homens de gênio. Se, ao contrário, essa instrução é nula, fraca, mal direcionada, então a desigualdade só existe a favor de charlatães de todo tipo, que procuram enganar os homens em todos os seus interesses.[29]

---

29. Tradução livre de: *Une égalité entière entre les esprits est une chimère ; mais si l'instruction publique est générale, étendue, si elle embrasse l'universalité des connaissances, alors cette inégalité est toute en faveur de l'espèce humaine qui profite des travaux des*

Perseguido durante o Terror, Condorcet escreveu seu testamento político-filosófico durante uma noite inteira em claro durante sua fuga, num impulso quase febril, intitulado *Esquisse d'un tableau historique de progrès de l'esprit humain* [Esboço de um quadro histórico do progresso da mente humana], deixando os originais sob a custódia de seu fiel amigo Cabanis. Este texto acabou por fazer parte de uma edição das *Obras Completas de Condorcet*, organizada por Cabanis com a ajuda de Garat e Barbier e financiada por Madame de Condorcet, compreendendo 21 volumes, publicada em 1804 simultaneamente em Paris e Leipzig. O Volume IX continha os textos acima mencionados sobre educação pública.

NOVAS DIREÇÕES

Em 1794, com o esgotamento da turbulência política do Terror, alcançada maior estabilidade institucional, o governo revolucionário pôde finalmente priorizar a reforma educacional. Pierre-Claude François Daunou [1761–1840], membro ativo do *Comité d'Instruction publique*, redigiu uma proposta de lei orgânica do ensino público, submetida à Convenção Nacional em outubro de 1795 e aprovada em seguida.

Recuperando parcialmente tanto a proposta Mirabeau-Cabanis quanto o projeto de Condorcet, essa lei reforçou a formação de professores primários como a prioridade nacional maior. Assim, seguiu-se a criação da *École normale de Paris* em 1794, com base em um currículo que incluía a "moral republicana" e as "virtudes públicas e privadas", além de técnicas de ensino de leitura, escrita, gramática, aritmética, geometria prática e história francesa.

A primeira *école normale* foi concebida por Joseph Lakanal e Dominique-Joseph Garat, já destinada a ser o núcleo de um sistema centralizado de educacional nacional. A proposta era também uma forma de restabelecer os laços entre a República e as elites burguesas, superando em certa medida

---

hommes de génie. Si au contraire cette instruction est nulle, faible, mal dirigée, alors l'inégalité n'existe plus qu'en faveur des charlatans de tous les genres, qui cherchent à tromper les hommes sur tous leurs intérêts.

as rupturas provocadas pelo Reinado do Terror. O decreto que institui a escola, emitido em 9 de Brumário, Ano III (30 de outubro de 1794), afirma:

> 1º Artigo: Será estabelecida em Paris uma École normale, onde serão chamados, de todas as partes da República, os cidadãos já instruídos nas ciências úteis, para aprender, sob os professores mais hábeis de todas as disciplinas, a arte de ensino.[30]

A aula inaugural foi dada em 20 de janeiro de 1795 no Museu de História Natural. Os programas de formação de professores abrangiam todas as ciências e humanidades existentes e eram ministrados por acadêmicos e cientistas de prestígio. Com a chegada do Consulado, a escola foi fechada, mas refundada por decreto de Napoleão Bonaparte em 1808, como parte da *Université imperiale de France*, com maior pendor para estudantes das províncias.

Por outro lado, diferentemente do Plano Condorcet, que teve importante contribuição de Cabanis, o Comitê propôs um modelo centralizado de educação que era apenas parcialmente público. Seriam abertas *écoles centrales de* nível secundário, uma para cada 300.000 pessoas, que deveriam incluir uma biblioteca pública, um jardim botânico e um museu de história natural, além de um conjunto de aparelhos científicos, máquinas e modelos relacionados às artes e aos ofícios. O governo nacional estabeleceu um piso salarial para os professores; o financiamento seria de responsabilidade do governo provincial; as escolas seriam administradas por um comitê formado por professores que se reuniria semanalmente.

Apesar desse esforço de reorganização, a qualidade do ensino público na França pós-revolucionária permaneceu precária e as condições de ensino tornaram-se cada vez mais preocupantes — era evidente o fracasso

---

30. Article 1er: *Il sera établi à Paris une École normale, où seront appelés, de toutes les parties de la République, des citoyens déjà instruits dans les sciences utiles, pour apprendre, sous les professeurs les plus habiles dans tous les genres, l'art d'enseigner.*

de uma política educacional focal e centralizada. Algumas das escolas localizadas nos grandes centros urbanos conseguiram oferecer um ensino de qualidade, enquanto no resto do país a situação seguiu caótica. As escolas primárias continuaram fora da alçada do Estado, muitas delas nas mãos de ordens religiosas e sem professores formados nas diretrizes científicas, políticas e sociais da República (Barnard, 1969).

Por um curto período, a Paris termidoriana foi uma espécie de vitrine cultural e intelectual dos ramos progressistas das artes, ciência, política e filosofia pós-iluministas, atraindo visitantes de países europeus vizinhos. No que diz respeito à educação, o exemplo mais notável dessa peregrinação político-cultural talvez tenha sido o filólogo, jurista, diplomata e educador alemão Barão Wilhelm von Humboldt [1767–1835]. Em sua breve primeira passagem por Paris em agosto de 1789, o calouro von Humboldt conheceu o famoso Mirabeau e, muito provavelmente, alguns de seus assistentes no Atelier, como Georges Cabanis (Sweet, 1979). Em sua segunda visita [1797–1801], Humboldt dedicou-se a estudar o Plano Condorcet com o auxílio de seus amigos intelectuais, entre eles alguns dos *idéologues*, um deles com certeza Cabanis.[31]

De volta à Alemanha, Humboldt mais tarde se tornaria chefe da divisão de educação e religião do Ministério do Interior (Sweet, 1979). A partir dessa posição, ele foi celebrado na história da educação como o reformador do sistema educacional prussiano e o fundador da Universidade de Berlim, paradigma da moderna universidade de pesquisa.[32]

31. De acordo com Christoph Lüth (2007), que analisou as redes sociais que Wilhelm von Humboldt estabeleceu com intelectuais e políticos franceses durante suas duas estadas em Paris.

32. Os principais artigos de opinião e documentos conceituais que são fontes historiográficas desse processo, traduzidos para o inglês, podem ser encontrados na Parte I da coleção *The Rise of the Research University*, editada por Menand, Reitter e Wellmon (2007). Uma análise abrangente e detalhada desse processo, a partir de uma perspectiva norte-americana, é fornecida por McClelland (2008). Um relato hipercrítico, considerando a noção da universidade humboldtiana como uma

Lüth (2007, p. 257) especula até que ponto Humboldt foi influenciado por sua experiência francesa quando posteriormente elaborou o plano — que apresentou em 1809 — para introduzir um novo modelo de escola no reino da Prússia. Uma questão fascinante (que sugere uma linha de pesquisa potencialmente interessante a ser explorada) é se von Humboldt pode ter se apropriado da reforma Mirabeau-Condorcet-Cabanis, ainda que criticamente, quando concebeu um desenho sistêmico para o regime educacional prussiano, do jardim de infância aos estudos de pós-graduação.

narrativa mítica, o *Mythos Humboldt*, foi proposto por Sylvia Paletschek (2001) e tem sido promovido por historiadores contemporâneos (Ash, 2006; Morozov, 2016).

CAPÍTULO 3
UMA REVOLUÇÃO MÉDICA

Como na maioria dos países europeus na fase tardia da era pós-renascentista, o cenário da saúde na França exibia enormes desigualdade e segregação social (Ramsey, 1988; Brockliss & Jones, 1997). A população pobre tinha acesso apenas a cuidados prestados por barbeiros-cirurgiões e boticários, normalmente treinados por relações mestre-aprendiz. Esses protoprofissionais percorriam feiras do interior realizando pequenas cirurgias, reduzindo fraturas, extraindo dentes e dispensando medicamentos (principalmente fitoterápicos).

As profissões de saúde eram dominadas por homens, relegando mulheres à atuação como parteiras ou prestadoras clandestinas de cuidados para classes menos favorecidas, geralmente a outras mulheres, correndo o risco de serem denunciadas por bruxaria (Bromhall, 2004). Enquanto isso, os grandes hospitais — geridos por ordens religiosas — eram locais de acolhimento de moribundos, alojamentos para viajantes e errantes, asilos para loucos e, em muitos casos, também serviam como prisões políticas, mas quase nunca funcionavam como locais de cuidado e cura (Foucault, 1963).[33]

---

33. Em sua arqueologia da clínica e do hospital, Michel Foucault parece ter ignorado as evidências historiográficas de que a prática clínica e o hospital já estavam mudando em muitos lugares, mesmo antes da Revolução Francesa, especialmente onde o ensino e o cuidado em saúde começaram a se juntar de alguma forma. A coleção de ensaios *Constructing Paris Medicine*, organizada por

A nobreza era atendida por médicos ou cirurgiões, que operavam com eficácia duvidosa. Como provedores de cuidado em saúde para famílias aristocráticas, médicos e cirurgiões eram considerados membros das cortes nobres. Ao longo do século XVIII, seus ofícios passaram gradualmente por expansão, fortalecimento e legitimação, tornando-se uma "comunidade médica corporativa", que poderia ser definida como "um complexo conjunto tripartite de médicos, cirurgiões e boticários agrupados em várias coletividades legalmente reconhecidas" (Brockliss & Jones, 1997, p. 8).

Michel Foucault (1961; 1963) descreve detalhadamente o contexto da educação médica na França no final do período que ele designa como a era clássica, isto é, o crepúsculo da ordem aristocrática em um país devastado por guerras, desgovernos e fome. Segundo Weisz (1983, p. 20), os médicos da época eram geralmente formados em uma das dezoito escolas de medicina ou cirurgia (das quais apenas três eram filiadas a universidades) credenciadas no reino da França. A partir de 1730, os cirurgiões militares foram aceitos em universidades e em algumas escolas especializadas. Por essa razão, os historiadores médicos Temkin (1951) e Gelfand (1981) argumentam que as inovações na educação cirúrgica foram centrais para as reformas médicas pós-Revolução. Químicos, botânicos, boticários e cirurgiões veterinários poderiam concluir seus estudos no *Jardin du Roi*, a principal instituição de pesquisa em história natural aplicada da França iluminista.

Foucault (1963) comenta que, nesse período, Cabanis priorizou sua participação em outros espaços políticos. Em lugar de amplos debates sobre a ordem política ou intermináveis discussões sobre ciência, religião e educação, ele se dedicou às sucessivas comissões e agências envolvidas com os assuntos práticos de redefinição da política de saúde, que primeiro se denominou *police médicale*, com particular atenção ao papel

---

Hannaway e La Berge (1998) é uma boa amostra desse argumento, revisto por Weisz em *Reconstructing Paris Medicine* (2001). Portanto, neste tópico, a história social foucaultiana vai da construção à reconstrução, e eventualmente encontra algum grau de desconstrução (Cooter, 2007).

dos hospitais e à reorganização do sistema de saúde. Podemos especular que isso ocorreu paralelamente à manutenção de seu interesse pelos aspectos pedagógicos e filosóficos da educação médica, evidentemente articulados com as propostas de reforma educacional em todos os níveis de ensino.

O *NOUVEAU PLAN* DE VICQ D'AZYR

Em novembro de 1790, Félix Vicq d'Azyr apresentou à Assembleia Nacional o *Nouveau plan de constitution pour la médecine en France* [Novo plano de constituição para a medicina na França] (Vicq d'Azyr, 1790). O plano, um conjunto moderado de recomendações para a reorganização da prática e do ensino médicos, fora aprovado pela *Société Royale de Médecine*, da qual era fundador e secretário vitalício. A proposta foi rapidamente rejeitada sob a alegação de que se originou em uma instituição oficial pertencente ao Antigo Regime e foi proposta pelo médico particular da corte da rainha Maria Antonieta.

Em 1776, Félix Vicq d'Azyr havia sido contratado pelo rei Luís XVI para controlar uma praga que dizimava rebanhos no sul da França. No cargo de cirurgião-chefe da corte, Vicq d'Azyr passou dois anos em trabalho de campo — coletou amostras, dissecou animais e mapeou casos — para estudar metodicamente esse fenômeno epizoótico.[34] Com base nessa pesquisa, recomendou medidas que permitiram efetivamente controlar o flagelo que assolava a ovinocultura e comprometia a já debilitada indústria têxtil francesa (Vallat, 2007).

De uma só vez, o jovem e brilhante anatomista, um precursor da ciência epidemiológica, não só desmoralizou a corporação de médicos que, enclausurados nas antigas escolas médicas, não conseguiram solucionar o problema, como também demonstrou que o novo conhecimento científico

34. Propus, em outra ocasião (Almeida-Filho, 1986), considerar esse episódio como um evento fundador da epidemiologia moderna e um marco de sua integração com a clínica médica.

poderia ser muito útil para a economia de uma nação prestes a entrar na primeira era industrial. Com essa conquista, convenceu as autoridades a criar a *Société Royale de Médecine* — e com ela uma rede nacional de coleta de dados e vigilância epidemiológica para controlar epidemias e detectar problemas de saúde, não apenas em animais, mas também em seres humanos (Pouliquen, 2013).

Vicq d'Azyr era tanto um profissional capaz, quanto um político astuto e discreto; aderiu rapidamente ao movimento revolucionário de 1789, e conseguiu ser eleito para a Assembleia Nacional no ano seguinte (Schmitt, 2009). A nova posição lhe permitiu liderar um grupo de médicos militantes pertencentes à ala moderada da Revolução, que incluía nomes promissores como seu próprio pupilo Antoine de Fourcroy, além de Pinel e Cabanis, que o ajudaram a atualizar sua proposta.

A principal característica do *Nouveau plan* de Vicq d'Azyr foi a unificação definitiva da medicina e da cirurgia, superando formalmente uma separação histórica que datava da Idade Média. O plano também prezava a higiene (e sua protoepidemiologia) como matéria fundamental para a prática médica. Além disso, sua proposta defendia a necessidade de combinar a medicina humana com a medicina veterinária. Sempre que possível, a confirmação diagnóstica deveria ser feita por meio da correlação anátomo-patológica dos achados clínicos; e, em apoio a isto, os hospitais deveriam ter *salles d'autopsie*, com anatomistas credenciados responsáveis pela confirmação de todas as mortes.

Sobre a educação médica, Vicq d'Azyr propôs que não apenas a fisiologia, mas qualquer conhecimento relacionado às doenças e seu tratamento, deveria ser subordinada à anatomia comparada. Dessa forma, ele estabeleceu, por um lado, uma conexão prática entre clínica, patologia e anatomia, e por outro lado, demonstrou a importância da anatomia comparada dentro da história natural (Schmitt, 2009). Nos cursos médicos, uma única cadeira deveria reunir anatomia e fisiologia, com base numa justificativa metodológica que distinguia de forma convincente estrutura, função e processo.

Em sua obra de destaque, a *Encyclopédie méthodique* [Enciclopédia metódica], Vicq d'Azyr escreveu (conforme citado por Rey, 1993, p. 38): "Por si só, a anatomia é apenas, por assim dizer, o esqueleto da ciência; é a fisiologia que lhe dá movimento: uma é o estudo da vida, a outra é apenas o estudo da morte.[35]

Infelizmente, Vicq d'Azyr sucumbiu à perseguição do Terror e não sobreviveu para completar sua contribuição à reforma do sistema de saúde francês. Denunciado aos tribunais populares por suas ligações com a família real deposta, foi indiciado pelo *Comité de salut public* por protestar publicamente contra o desvio do espírito da Revolução na nova constituição republicana, aprovada por uma assembleia que excluíra os deputados girondinos. Desnutrido e delirante, morreu misteriosamente em 1793 no esconderijo onde tentou, ajudado por Cabanis, Fourcroy e outros amigos, evadir-se das milícias populares (Schmitt, 2009).

Em 1802, Cabanis foi convidado a apresentar perante o *Institut de France* um elogio póstumo a Vicq d'Azyr, contribuindo para o movimento de reabilitação política deste no início da era bonapartista. Pouliquen (2013, pp. 225–226) interpreta o tom supostamente frio e o estilo informativo, quase metódico, desse documento, como sinal de inveja e ressentimento de Cabanis para com o cientista médico que teve a carreira mais rápida e brilhante de seu tempo.

Contrariamente, Thillaud (1986) enxerga nesse discurso uma demonstração de íntima amizade e profundo respeito, a ponto de trazer um elemento de desconfiança: teria Cabanis fornecido o venenoso *pain des frères* — como havia feito pouco antes para Condorcet — para livrar seu amigo e ex-mentor Vicq d'Azyr de enfrentar tortura e guilhotina? Como indicativo de uma contradição, Thillaud argumenta que o *éloge* a Vicq d'Azyr, escrito por Cabanis, é o único documento que menciona uma "febre aguda

---

35. Tradução livre de: *L'anatomie seule n'est pour ainsi dire que le squelette de la science ; c'est la physiologie qui lui donne du mouvement : l'une est l'étude de la vie, l'autre n'est que l'étude de la mort.*

no peito" como causa da morte do pobre médico, ao mesmo tempo em que a relaciona com seu temperamento depressivo e seu profundo medo de ser preso, humilhado e executado.

O talentoso anatomista teve um destino trágico, mas suas contribuições científicas e acadêmicas foram excepcionais. As concepções de método e análise de Vicq d'Azyr, desenvolvidas para justificar as bases científicas da anatomia comparada, permitiram que seu sucessor intelectual, o jovem médico Marie-François Xavier Bichat [1771–1802], revolucionasse a fisiologia e sua relação com a patologia. Ao introduzir o conceito de "tecido", Bichat transformou as ciências morfológicas modernas, possibilitando o surgimento da histologia como uma nova disciplina científica (Staum, 1980). Em todo caso, em termos práticos, o *Nouveau plan* de Vicq d'Azyr serviu de base para todas as propostas posteriores de reforma médica no período pós-revolucionário, tanto no plano administrativo-institucional (objeto deste capítulo) quanto no que diz respeito à educação médica (como discutido adiante).

FOURCROY E AS *ÉCOLES DE SANTÉ*

Em 1792, como parte de uma proposta de recriação do sistema de ensino superior francês, Antoine-François de Fourcroy apresentou à Convenção um projeto de amplas reformas no ensino médico. Como estratégia para superar "*les gothiques Universités et les aristocratiques Académies*" [as góticas universidades e as aristocráticas academias], ele clama pela "liberdade no ensino das ciências e das artes" com foco na formação dos trabalhadores da saúde (Fourcroy, 1793, p. 2).

Em termos concretos, o Plano Fourcroy propunha uma reestruturação completa da educação médica com base numa "medicina em liberdade", que buscava substituir as prestigiosas escolas médicas de elite por *écoles de santé* mais eficazes, destinadas a formar *officiers de santé* que pudessem atender às demandas de saúde da população (Crosland, 2004). Além da integração entre medicina e cirurgia, Fourcroy propôs incluir farmácia e administração pública como disciplinas fundamentais para uma formação profissional mais aberta, versátil e eficiente. Conforme comentou Michel Foucault (1963, p. 76), citando diretamente Fourcroy, isso ocorreria recrutando jovens estudantes de "boa conduta, costumes puros, amor à República e ódio aos tiranos, de cultura bem cuidada e, sobretudo, com conhecimento das ciências que fundamentam a arte de curar"[36], em lugar do conhecimento esotérico e livresco.

Desprovido de explicações curriculares e pedagógicas, escrito num estilo bem diferente que o das densas contribuições (*mémoires*, *rapports*, *projets*) de Condorcet e Cabanis, o Plano Fourcroy não era um texto teórico consistente nem um documento técnico sistemático. Conceitualmente, tratava-se mais de um libelo político, cujo tom sombrio, dramático, quase violento, descrevia a precária situação sanitária e o caos da prática médica originados no período monárquico, contrastado com uma retórica triunfalista ao recomendar soluções práticas para superar os problemas herdados.

Na dimensão pedagógica, ainda que breve na forma, quase superficial, o texto apontava uma perspectiva integradora da formação médica, propondo substituir a antiga instrução oratória por soluções didáticas baseadas na prática laboratorial, neste caso reconfigurada pela demonstração experimental da química. Nesse ponto, a proposta de Fourcroy se afastava do *Nouveau plan* de Vicq d'Azyr, cuja premissa fundante colocava a anatomia como a disciplina dominante da instrução médica. Apesar das diferenças fundamentais que tinha com seu pupilo Fourcroy, Vicq d'Azyr apoiou a proposta. Ele negociou uma posição intermediária que trouxe maior integração disciplinar entre as matérias básicas da clínica médica, destacando a anatomia comparada, a fisiologia e a farmacoquímica como eixo curricular.

---

36. Tradução livre de: *on choisira dans chaque district, des élèves ayant « une bonne conduite, des mœurs pures, l'amour de la République, et la haine des tyrans, une culture assez soignée et surtout la connaissance de quelques sciences qui servent de préliminaire à l'art de guérir »*.

A proposta de Fourcroy defendia o fechamento de faculdades e academias, preconizava a unificação definitiva do ensino de medicina, cirurgia e farmácia para um diploma universitário único, por meio de cursos ministrados em *écoles de santé*, com formação básica anatomo-clínica. Também introduziu o conceito de prática de estágio obrigatório nos serviços de saúde (que daria origem ao *internat des hôpitaux* [internato hospitalar]), semente do modelo contemporâneo de residência médica. Recebido com amplo apoio e entusiasmo pelos líderes da Revolução, o Plano Fourcroy foi aprovado pela Assembleia Nacional em fevereiro de 1794, levando à criação da *École de santé de Paris*. O Plano foi posteriormente expandido para mais duas escolas de saúde provinciais, em Montpellier e Strasbourg, centros tradicionais de educação médica (Rosen, 1946).

A primeira *École de santé* foi instalada em Paris, no mesmo prédio que abrigava a então desativada academia médico-cirúrgica — um imóvel descrito como monumental. Apesar das instalações satisfatórias da sede, o treinamento ocorreria na rede de hospitais recém-criada pelo Comitê presidido por Thouret, também nomeado o primeiro diretor da nova instituição. As disciplinas ali lecionadas eram as seguintes (Rey, 1993): anatomia e fisiologia, medicina operatória, química-farmácia, física médica e higiene, patologia externa, patologia interna, parto, clínica interna, clínica externa, clínica de aperfeiçoamento, matéria médica, botânica, demonstração dos instrumentos, drogas usuais, história da medicina, medicina legal.[37] Havia três turmas de alunos regulares (*officiers de santé, chirurgiens, médecins*), além de alunos convidados (*auditeurs libres*). A entrada dos alunos era definida por concursos públicos que diferiam ligeiramente em

37. Tradução livre de: *Anatomie et physiologie, Médecine opératoire, Chimie-pharmacie, Physique médicale et hygiène, Pathologie externe, Pathologie interne, Accouchement, Clinique interne, Clinique externe, Clinique de perfectionnement, Matière médicale, Botanique, Démonstration des instruments, Drogues usuelles, Histoire de la médecine, Médecine légale.*

conteúdo: anatomia, operações e curativos, e matéria médico-cirúrgica, no caso de aspirantes a cirurgiões; anatomia e fisiologia, campo médico e história natural de doenças internas e externas, para candidatos ao curso de medicina. A duração da formação variava: *officier de santé*, três anos; *chirurgien*, quatro anos; *médecin*, cinco anos (Rey, 1993).

A reforma do ensino médico, modificada pela Convenção com o *décret du 14 Frimaire An III* (4 de dezembro de 1794), após um projeto assinado pelo próprio Fourcroy — que havia substituído Marat como presidente do *Comité d'instruction publique* — foi concluída com características adicionais (Larcan, 2005, p. 83):

> um programa geral de formação instituindo o acesso às funções docentes por concurso com supressão da acumulação das cátedras [...]. Os professores estavam em tempo integral, os alunos eram selecionados, e os estudos gratuitos. Alguns alunos em fim de curso eram remunerados. As faculdades mantinham uma autonomia pedagógica e os diplomas tinham valor nacional.[38]

Requeria-se dos graduandos que desejavam seguir a carreira médica que, além de passar nos exames, elaborassem e defendessem uma *Thèse de Doctorat en Médecine.* Uma análise de conteúdo do corpus bibliográfico de teses defendidas na *École de Santé de Paris* entre 1797 e 1799 (no auge de seu monopólio como centro de formação de profissionais de saúde na França) revela um grau de integração epistemológica surpreendentemente sofisticado. Segundo Rey (1993, p. 39):

38. Tradução livre de: *un programme général d'instruction instituant l'accession aux fonctions d'enseignement par concours avec suppression du cumul des chaires [...]. Les professeurs étaient à temps plein, les élèves sélectionnés et les études gratuites. Certains étudiants en fin d'études étaient rémunérés. Les facultés gardaient une autonomie pédagogique et les diplômes avaient une valeur nationale.*

> Essas preocupações [de integração curricular] traduzem-se nas teses não só pela presença relativamente importante da anatomia (cerca de 30% das teses), mas pelo princípio da conjugação da anatomia com outras disciplinas, concretizado em monografias que associam, como queriam Cabanis e Pinel, anatomia, fisiologia e patologia. A monografia corresponde a um estado do saber que precede necessariamente, e sem dúvida por muito tempo ainda, a síntese: é preciso primeiro delinear um determinado objeto em todos os seus aspectos, para poder então compará-lo com outros objetos e classificá-lo corretamente no quadro nosológico. Este procedimento explica, sem dúvida, o fato de que as teses raramente se relacionam com uma determinada disciplina e que a situação mais frequente é a associação da patologia (interna ou externa) com a química médica, e em menor grau com a anatomia, ou ainda da anatomia com a fisiologia, ou com a medicina legal.[39]

Acesso aberto de candidatos de classes populares a uma formação universitária antes reservada às elites? Treinamento profissional geral baseado numa educação cidadã em política, artes, filosofia e ciências? Um ensino superior gratuito, ativo e solidário em vez de "góticas universidades e aristocráticas academias?" Profissionais de saúde formados em escolas de saúde, em vez de especialistas em morbidez formados em escolas de

---

39. Tradução livre de: *Ces préoccupations se traduisent dans les thèses non seulement par la présence relativement importante de l'anatomie (environ 30 % des thèses), mais par le principe de sa combinaison avec d'autres disciplines, concrétisée par des monographies, associant, comme le voulaient Cabanis et Pinel, anatomie, physiologie et pathologie. La monographie correspond à un état du savoir qui précède nécessairement, et sans doute pour longtemps encore, la synthèse : il faut d'abord cerner un objet particulier sous tous ses rapports pour pouvoir ensuite le comparer aux autres et le classer correctement dans le tableau nosologique. Cette démarche explique sans doute que les thèses se rapportent rarement à une discipline déterminée et que la situation la plus fréquente soit l'association de la pathologie (interne ou externe) avec la chimie médicale, et dans une moindre mesure avec l'anatomie, ou encore de l'anatomie avec la physiologie, ou avec la médecine légale.*

doenças, que ainda chamamos de escolas médicas? Ensino-aprendizagem rigorosamente baseado em evidências científicas, valendo-se da articulação anatômico-clínica para correlações diagnósticas e da articulação fármaco-químico-cirúrgica para a definição de estratégias terapêuticas? Integração interdisciplinar *avant la lettre* em estruturas curriculares e processos de formação, com contextos concretos de ensino que conjugam teoria e prática?

Conforme mencionei num texto anterior (Almeida-Filho, 2017), não podemos deixar de nos impressionar com a pertinência e a contemporaneidade políticas dessas questões relevantes, que formaram a agenda primordial de reforma social na Revolução de 1789.

O título de *officier de santé*, um elemento-chave do Plano Fourcroy, enfatizava noções práticas de saúde positiva, por mais incipientes que fossem. Foi muito bem aceito de início, talvez porque ajudou a superar a tradicional distinção entre médicos e cirurgiões. Além disso, o plano parecia convergente com a concepção republicana de cuidado em saúde como direito de todos os homens e mulheres, tal qual estabelecido na Constituição de 1791. Mais ainda, o formato institucional proposto reproduzia a organização militar (incluindo fardamento e hierarquia de carreira), que ao menos em teoria facilitaria sua aceitação social em uma situação de guerra (como foi o caso durante todo esse período, com os conflitos constantes e generalizados coletivamente chamados de Guerras Revolucionárias Francesas).[40]

Na prática, a Reforma Fourcroy sofreu reveses estratégicos de tal modo que acabou por se tornar inviável. Isso se deu principalmente pela consolidação de um modelo de corporação profissional que tinha vínculos orgânicos com a rede política republicana. Foucault (1963) aponta para o rápido declínio do modelo institucional das *écoles de santé* e

40. Na virada do século, a França já contava com 3.309 *officiers de santé*, formados em diversas instituições. Naquela altura, após três anos de funcionamento, as *écoles de santé* contavam com 4.027 alunos, dos quais 406 eram *thésards*, ou seja, candidatos ao grau de médico (Rey, 1993).

adverte, um tanto ironicamente, que a nova ordem política tinha outros planos. Já Crosland (2004) analisa a corrosão semântica do termo *officier de santé* como indicativo do fracasso do modelo. Ambos concordam que esses processos paralelos podem ser explicados por três razões articuladas. Primeiro, nos anos iniciais da Revolução, a liberdade de autodenominação e consequente desregulamentação podem ter produzido respostas sociais abusivas, com um grande número de profissionais desqualificados, até charlatães, trabalhando na área de saúde sem qualquer controle. Segundo, após o Termidor, as corporações profissionais ressurgiram fortemente e estavam pressionando por um retorno a seus antigos papéis. E terceiro, as academias e sociedades científicas retomaram a iniciativa política e começaram a lutar pela reabertura total das faculdades.

Segundo Tabuteau (2010), na Lei da Prática Médica de 1802 (implementada pelo Consulado e mantida pelos movimentos restauradores durante o meio século seguinte), o título de *officier de santé* era destinado àqueles que tivessem recebido um treinamento mais curto e simplificado, e que prestavam serviços de saúde nas províncias, com atribuições limitadas. Assim, eram discriminados por médicos e cirurgiões, que os viam como profissionais de saúde de segunda categoria. O próprio Cabanis foi muito ativo contra o que chamou de "médicos pela metade", mesmo por prestar assistência médica em áreas rurais remotas, e manifestou sua posição claramente em um discurso ao *Conseil des Cinq-Cents* (citado em Larcan, 2005, p. 81):

> Serei contestado que às áreas rurais faltará ajuda se exigirmos estudos demasiado intensos dos oficiais de saúde? Eu respondo que é melhor para o campo faltar médicos do que receber [profissionais] funestos.[41]

41. Tradução livre de: *M'objectera-t-on que les campagnes manqueront de secours si l'on exige de trop fortes études de la part des officiers de santé ? Je réponds qu'il vaut mieux que les campagnes manquent de médecins que d'en recevoir de funestes.*

Uma vez que o Plano Fourcroy foi considerado política e institucionalmente insustentável, o caminho estava aberto para o ressurgimento de faculdades, que agora eram autônomas, livres do controle central das universidades. As faculdades foram reforçadas pelo recente empoderamento de institutos, academias, sociedades e corporações. Em 1797, segundo Williams (1994, p. 72), a *Société de santé de Paris*, fundada por médicos que formavam o corpo docente das escolas de saúde, passou a se chamar *Société de médecine de Paris*. Até a virada do século XIX, já no contexto bonapartista (que discuto adiante), todas as instituições de formação médica haviam abandonado a denominação *école de santé* em favor da mais tradicional *faculté* (ou *école*) *de médecine*.

Assim, nas dimensões da prática clínica e da formação em saúde, os vetores da recomposição política obedeceram aos ditames do Diretório, que escanteou qualquer proposição revolucionária original que fosse mais claramente voltada para a emancipação dos sujeitos. A noção de prática clínica "como uma estrutura essencial à coerência científica e também à utilidade social e à pureza política da nova organização médica" não se concretizaria (Foucault, 2003 [1963], p. 70). Em seu lugar, promoveu-se a reabilitação institucional da velha medicina para pôr fim à perigosa experiência da liberdade total e, ao mesmo tempo, dar um sentido positivo à restauração, como muitos desejavam, de algumas das estruturas do *Ancien Régime* (p.69).

A REFORMA DA PRÁTICA MÉDICA

Em 1795, Cabanis percebia que a Lei Daunou era omissa em relação ao ensino superior e (ainda mais preocupante) carecia de qualquer referência à medicina e ao ensino médico. Essa constatação fez com que ele se distanciasse do *Comité d'Instruction publique* e se voltasse para os estudos históricos e filosóficos do que ele cerimoniosamente chamou de "arte de curar". Tais esforços resultaram em ensaios, relatórios e propostas, que Cabanis apresentou em diversas instâncias de debate e deliberação, como o Círculo de Auteuil (outro nome do grupo da *Idéologie*), o *Institut National de France* e o *Conseil de Cinq-Cents*.

Ao dedicar uma seção inteira de sua obra-prima *Naissance de la Clinique* ao papel de Cabanis como reformador do sistema de saúde francês, Foucault (1963, pp. 85–94) destaca o projeto de lei intitulado *Rapport et Projet de Résolution sur un mode provisoire de police médicale* (Cabanis, 1798), que avalia como uma importante contribuição para as reformas políticas discutidas no *Conseil de Cinq-Cents* e implementadas no período do Diretório. Este *Rapport et Projet* aborda inicialmente a natureza social, cultural e institucional da medicina e do cuidado em saúde, e delineia uma teoria da economia política da profissão médica que justificasse intervenções profundas na incipiente rede de saúde. De fato, a saúde era uma área muito estratégica e sensível para o projeto político da Revolução. Esclarecia-se assim a questão central dessa conjuntura: como dar proteção institucional à corporação médica e atribuir-lhe uma justa reserva do mercado de trabalho, sem retroceder às estruturas corruptas e perversas do *Ancien Régime*, nem recair em formas arbitrárias do controle do Estado sobre seus cidadãos, em traição aos valores republicanos?

Antecipando em quase dois séculos os conceitos de mercado imperfeito e bens semipúblicos — que se tornariam centrais para a teoria pós-utilitarista da economia da saúde formulada por Arrow (Savedoff, 2004) — Cabanis postulou uma distinção entre duas categorias de bens ou objetos econômicos. Para alguns objetos ou mercadorias, os próprios consumidores podem ser os avaliadores finais de sua utilidade, no sentido de que a percepção generalizada de sua utilidade seria suficiente para determinar seu valor. Em outros casos, o valor não pode depender da percepção do público, por dois motivos: porque os objetos determinam o valor de outros objetos (como metais preciosos na forma de moeda), ou porque envolvem riscos à vida humana (quando erros ou fraudes podem ser fatais). Em qualquer situação — seja um mercado verdadeiro com puro valor de troca de ativos monetários, ou um quase-mercado de riscos, danos potenciais e bens voláteis (como no cuidado em saúde) — o objeto, bem, produto, processo ou serviço adquire um valor virtual intrínseco que não é imediatamente visível e, portanto, inevitavelmente suscetível a fraudes e desvios.

Para Cabanis (1798), a nascente República teria que organizar uma estrutura reguladora e permitir dispositivos de controle do Estado sobre a economia, com a finalidade de fiscalizar a produção e utilização de serviços, processos e produtos. Essas medidas promoveriam o controle do mercado (diretamente, por meio da oferta e da demanda, dentro de um regime de comércio liberal) e o controle social (tanto pela aceitação coletiva implícita dos valores de uso quanto pela vigilância de agências governamentais — especialmente em espaços sociais estratégicos, como aqueles onde ocorre a prática médica).

Para tanto, Cabanis priorizou duas medidas: o credenciamento oficial dos profissionais e o reconhecimento dos *officiers de santé* (os profissionais de saúde então formados para atuar nas províncias onde médicos eram escassos). Engenhosamente, ele propôs uma única estratégia para resolver os dois problemas: uma prova nacional. Profissionais de saúde estrangeiros e os treinados fora das faculdades seriam testados no "conhecimento fundamental da arte e sua prática", enquanto a validação dos estudos médicos regulares exigiria testes escritos e orais, bem como "exercícios de anatomia, cirurgia e medicina interna" (Cabanis, 1798, p. 90). A avaliação adequada dessas habilidades técnicas deveria garantir uma vida segura aos cidadãos, pois o Estado não pode autorizar o livre exercício da Medicina, cabendo-lhe a tarefa de fiscalizar rigorosamente o exercício profissional: "Quem praticar medicina sem exames ou escola ou sem ser submetido a júris especiais será multado e, em caso de reincidência, condenado à prisão" (Cabanis, 1798, p. 91).

Esta posição já havia sido expressa por Cabanis (1790) em seu precoce relatório-proposta *Observations sur les hôpitaux*, escrito com alguma colaboração de Philippe Pinel e apresentado à Assembleia Nacional. Com um toque de ressentimento nostálgico, o próprio Cabanis (1804, pp. 358–9) forneceu um relato pessoal das circunstâncias e do destino desse relatório no capítulo conclusivo do *Coup d'œil*, evidenciando decepção e amargura:

> Em 1792, a comissão dos hospitais de Paris, da qual tive a honra de ser membro, quis executar projetos com o apoio de homens mais esclarecidos e comandados pelo interesse público. Ela tinha escolhido, para o estabelecimento da primeira escola clínica, o asilo chamado Caridade. Os planos estavam prontos, os meios calculados e previstos. Mas, logo, a França inteira caiu nas mãos da famosa comuna de Paris. Os encarregados dos hospitais, não se vendo mais úteis, pediram demissão ou foram afastados. O pouco que eles podiam ter feito se dissipou em grande parte. O que eles tinham preparado ficou em suspenso até tempos mais felizes.[42]

Ainda que os princípios incipientes do liberalismo econômico estivessem sendo postos à prova, a conjuntura histórica de uma reforma social tão pervasiva também exigia maior controle do Estado sobre a vida cotidiana, a educação, a saúde pública, as doenças e os enfermos. Para evitar riscos, prejuízos e danos aos cidadãos em um contexto de grande incerteza e desordem social, a presença reguladora dos órgãos governamentais foi fundamental, principalmente no mercado de trabalho profissional. Em termos práticos, segundo Foucault (1963), uma questão preliminar e fundamental era a delimitação do grupo de sujeitos autorizados, sob o

---

42. Tradução livre de: *En 1792, la commission des hôpitaux de Paris dont j'avois l'honneur d'être membre, voulut mettre en exécution des projets appuyés du suffrage des hommes les plus éclairés et commandés par l'intérêt public. Elle avoit choisi pour l'établissement d'une première école clinique, l'hospice appelé la Charité. Les plans étoient prêts, les moyens calculés et prévus. Mais bientôt, la France entière tomba au pouvoir de Ia trop fameuse commune de Paris. Les commissaires des hôpitaux, ne se croyant plus utiles, donnèrent leur démission, ou furent écartés ; et le peu de bien qu'ils avoient pu faire, s'évanouit en grande partie: celui surtout qu'ils avoient préparé , resta suspendu jusqu'à des temps plus heureux.*

controle institucional dos órgãos governamentais, a compor o contingente dessa nova corporação de profissionais.

Sem indicar uma possível oposição ou disputa direta com Vicq d'Azyr, Foucault (1963, p. 87) relata que a proposta de Cabanis foi rejeitada, ainda que em linhas gerais ela sinalizasse "uma solução que dotaria a medicina do status de profissão liberal protegida, que ela manteria até o século XX."

De fato, a legislação relativa ao exercício da medicina na França — as leis de 21 Germinal e 19 Ventôse do ano XI — finalmente aprovada pelo Consulado Bonaparte em 1802, era integralmente coerente com as propostas de Cabanis. Por um lado, estabeleceu uma hierarquia de dois níveis na profissão médica: médicos e cirurgiões-mestres que se formaram em uma das seis faculdades autorizadas; e oficiais de saúde ativos provenientes de quadros militares e das *écoles de santé* (que foram gradativamente substituídas pelas novas instituições oficiais de formação médica). Por outro lado, a legislação introduziu a habilitação para o exercício profissional por meio de quatro exames (anatomia e fisiologia, patologia e nosologia, matérias médicas, higiene, e medicina legal), além de uma prova prática de medicina interna ou externa, respectivamente, para aspirantes a médicos ou a cirurgiões. Esse foi também o momento pioneiro que estabeleceu o conceito de exercício ilegal da profissão, o que significava que qualquer cidadão que tentasse exercer a medicina sem licença incorreria em penalidades, que iam de multas a prisão (Foucault, 1963).

Em todas essas tentativas de reforma, a presença ativa de Georges Cabanis como pensador, proponente, líder institucional e operador político foi fundamental (Saad, 2016). Ao lado de Vicq d'Azyr, Fourcroy, Bichat, Pinel e muitos outros, Cabanis foi protagonista de um processo histórico acelerado, mutante e complexo que deu origem a um sistema institucional de saúde que era orgânico à nova ordem econômica, social e política estabelecida pela revolução burguesa na França. Ao longo de doze anos de idas e vindas, de avanços e retrocessos, profundas mudanças foram introduzidas na medicina e na organização dos serviços de saúde — culminando na segmentação e isolamento (alguns diriam "elitização") da prática médica, com a exigência de certificação profissional após a obtenção do diploma expedido por uma instituição acreditada (Clavreuil, 1975).

Este novo modelo de cuidado em saúde precisou não somente ser implementado, como também suas transformações consolidadas e sua reprodução sustentada (Rabier, 2010). No plano institucional, a fim propiciar a reforma do sistema de saúde numa perspectiva de restauração conservadora (o que era condizente em muitos aspectos com a matriz ideológica da burguesia nascente), três medidas foram cruciais: a definição do papel social dos hospitais como instituições laicas; a reabertura de academias e sociedades médicas; e a criação das faculdades de medicina, unidades autônomas de formação de médicos. Para que isso acontecesse, a formação de quadros científicos, técnicos e profissionais também precisaria passar por profunda reforma — a este processo histórico propus anteriormente dar o nome, a bem da justiça, de Reforma Cabanis (Almeida-Filho, 2017).

Os fundamentos filosóficos e científicos dessa reforma educacional são indissociáveis do movimento intelectual promovido por Cabanis, seus amigos e camaradas do Círculo de Auteuil, que ficou conhecido como *l'Idéologie*.

CAPÍTULO 4
CONTRIBUIÇÕES PARA *L'IDÉOLOGIE*

Antoine Destutt, conde de Tracy, foi um coronel da cavalaria que atuou como deputado representante da nobreza nos Estados Gerais de 1789. Eleito para a Assembleia Constituinte em 1792, votou pela abolição de privilégios e confisco de propriedades da aristocracia, mas também promoveu a proposta constitucional moderada organizada por Condorcet e apoiada por Cabanis. Em 1793, durante o Terror, foi preso a partir da mesma denúncia que atingiu Condorcet. Cumpriu onze meses de prisão, tempo que passou estudando os filósofos, principalmente Locke, Condillac e Helvétius. Condenado à morte em 1794, escapou da guilhotina por questão de semanas, após a destituição e execução imediata de Maximilien Robespierre [1758–1794].

Após a reação termidoriana que pôs fim ao Terror, Cabanis, Tracy e Garat convidaram intelectuais parisienses frequentadores do salão de Madame Helvétius para recompor o *Cercle d'Auteuil*. Posteriormente, esse grupo passou a ser considerado o movimento filosófico mais importante da França pós-revolucionária, e conhecido como *la société des idéologues* ou simplesmente *Les idéologues* (Picavet, 1891).

LES IDÉOLOGUES

Entre 1795 e 1798, expandindo suas atividades para além dos estudos da filosofia de Condillac e das reuniões políticas no salão de Madame Helvétius, os membros do grupo passaram a ocupar o *Institut National de France*, originalmente concebido como uma iniciativa de modernização das antigas academias, que haviam sido abolidas pela Revolução. O *Institut national* foi sediado no Louvre, então rebatizado de *Palais national des sciences et des arts*. Como resultado de ações pontuais do grupo, várias seções ou classes foram estabelecidas e as academias foram gradualmente restauradas dentro do Instituto. A primeira dessas classes (da qual Cabanis foi membro fundador) foi a de Língua e Literatura Francesas — posteriormente, em 1816, renomeada *Académie Française* (Pouliquen, 2013). As palestras e apresentações de *rapports* foram publicadas no *Mémoires de l'Institut national.*

Em 1799, Napoleão Bonaparte retorna à França após uma série de campanhas militares vitoriosas e é aclamado como o salvador do país. Político habilidoso, bem como estrategista talentoso, liderou um *coup d'État*, conhecido como Golpe de 18 de Brumário, que estabeleceu um sistema de governo denominado Consulado. (Como mencionado anteriormente, Cabanis, membro ativo e influente do *Conseil des Cinq-Cents*, foi o responsável por escrever o manifesto que anunciou à nação o golpe.) Em seguida, o jovem general dissolveu o Diretório e fez com que o *Conseil des Anciens* (o Senado francês) o elegesse Primeiro Cônsul, liderando um triunvirato que inicialmente era formado por Emmanuel Sieyès e Roger Ducos (respectivamente Segundo e Terceiro Cônsules).[43]

---

43. Existe vasta literatura sobre a vida de Napoleão Bonaparte. Em inglês, ver principalmente a clássica biografia *Napoleon*, de Markham (2010). Para um relato detalhado da política napoleônica, ver Englund (2010). O site da *Fondation Napoléon*, disponível em francês e inglês, é uma fonte oficial útil, com referências e informações atualizadas: https://www.napoleon.org/

Face a toda a convergência política (embora conjuntural) e ao notório charme e inteligência do cônsul Bonaparte, muitos líderes culturais e intelectuais parisienses foram apoiadores de primeira hora do futuro imperador. Nesse momento, o Círculo de Auteuil foi reconhecido e celebrado por Napoleão como um importante núcleo de debate intelectual e elaboração política. Sob a liderança de Cabanis e Destutt de Tracy, o grupo ajudou o governo do Consulado a formular uma série de propostas para reformas abrangentes, que iam da organização da burocracia estatal à profissionalização das forças armadas, do código civil ao sistema de educação (Role & Boulet, 1994).

Por pouco tempo, o Primeiro Cônsul ainda conseguiu camuflar seu projeto político tirânico, nepotista e beligerante. Logo, o desvio de Bonaparte em direção ao autoritarismo e à restauração religiosa provocaram inevitável dissensão com o movimento da *Idéologie*, que acabou se tornando oposição política aberta, e passou a sofrer forte repressão e censura. A rejeição de Napoleão ao programa da *Idéologie* no que diz respeito à educação e à pesquisa científica e, em particular, o pacto que ele estabeleceu com o poder católico foram motivos mais do que suficientes para fazer com que os *idéologues* retirassem seu apoio ao Primeiro Cônsul, que pouco depois se tornaria Imperador. Os membros da *Idéologie* se reestruturaram como um grupo politicamente organizado, crítico do regime bonapartista (Pouliquen, 2013). Caroline Warman (2020, p. 68) comenta que a irritação de Napoleão com os *idéologues*[44] ficava evidente "mesmo quando eles [ainda] tentavam agradá-lo". Em questão de meses, o movimento da *Idéologie* caiu no descontentamento do Primeiro Cônsul, que, com suas inclinações dinásticas, religiosas e imperiais, se afastou definitivamente daqueles que o ajudaram a chegar ao poder e que poderiam fiscalizá-lo.

44. De fato, o termo *idéologues* foi concebido pelo próprio Napoleão e utilizado pela imprensa para se referir, ironicamente, aos membros desse movimento intelectual e para diminuir e ridicularizar seu trabalho (Head, 1980). Por essa razão, Cabanis, Tracy e seus companheiros preferiam se autodenominar *idéologistes* (Pouliquen, 2013).

Como retaliação aberta e imediata, em 1802, Napoleão tomou a medida despótica de fechar a *Classe de Sciences Morales et Politiques* do Institut de France. Em 1803, promoveu uma campanha difamatória contra os ideólogos, censurou suas publicações e colocou a infame e truculenta polícia política no encalço de seus ex-companheiros. A polícia política de Bonaparte os acusou de fomentar "agitação política" e os manteve sob vigilância constante. No início do outono daquele ano, o Ministro da Polícia Joseph Fouché [1759–1820] emitiu uma advertência pública aos *idéologues* e em seguida proibiu seus encontros nos restaurantes da Rue du Bac.

Pessoalmente, Napoleão zombava do materialismo filosófico (que dizia ser uma "metafísica sinistra") dos *idéologues*, a quem chamava de "subversivos", "sectários", "anarquistas", "sonhadores" e até "imorais" (Warman, 2020). A bem da verdade, a redefinição de Napoleão da *Idéologie* como teorização abstrata ou visionária era contrária à proposta de Tracy de uma ferramenta prática para o pensamento cuidadoso, a política eficaz e a ação bem-sucedida. De acordo com Warman (2020), se a ideologia fosse mera teorização abstrata, então não haveria motivo de preocupação para os censores e os esforços de publicação de Cabanis ou Destutt de Tracy não enfrentariam nenhum obstáculo. A censura ativa sobre os ideólogos e o medo deles como ameaça concreta são indicativos, portanto, da forte influência política que Cabanis e seus companheiros tinham naquela época.

Madame de Staël escreveu que Napoleão estava convencido de que os *idéologues* conspiravam contra o Império e que eles estavam por toda parte, à espreita.[45] Em muitos casos, paranóico, ele os culpou pelos fracassos

45. Madame de Staël — Anne-Louise Germaine von Holstein [1766–1817] foi uma das mais ativas opositoras políticas e intelectuais de Napoleão Bonaparte, que a baniu de Paris. Ela viveu no exílio por uma década inteira [1803–1814], em Weimar, Suíça, Itália e Inglaterra. Uma observação espirituosa atribuída à corajosa Madame de Staël — de que o poderoso imperador era um "*idéophobe*" — reproduzida por muitos livros de história, provavelmente foi inventada por André Beaunier em 1913 (Jenson, 2001, p. 76).

políticos de seu governo despótico e pelas derrotas militares de seu Exército. Ao voltar a Paris após a desastrosa campanha na Rússia em 1812, Napoleão fez um famoso discurso que colocou os *idéologues* como bode expiatório da catastrófica queda do Império francês (citado em Williams, 1983, p. 154):

> É ao doutrinário dos *idéologues* — a essa metafísica difusa, que de maneira artificiosa procura encontrar as causas primárias e sobre esse fundamento ergueria a legislação dos povos, em vez de adaptar as leis a um conhecimento do coração humano e das lições da história — que se deve atribuir todos os infortúnios que se abateram sobre nossa bela França.[46]

Como vimos, Georges Cabanis havia sido um dos membros mais influentes do *Conseil des Cinq-Cents*, com papel ativo nas articulações do Golpe de 18 de Brumário e na coautoria do manifesto que anunciava à nação a tomada do poder pelo Consulado. Em protesto à repressão aos ideólogos, à censura à imprensa e ao desmantelamento do *Institut* (denunciado pelas milícias bonapartistas como um antro de subversivos), e cansado das intrigas e injúrias dirigidas a ele e a seus amigos (especialmente Jacquemont, Daunou, Garat e Tracy), Cabanis retirou-se da vida pública. Naquele ano de 1802, concluiu o manuscrito de *Rapports du physique et du moral de l'homme*. Na apresentação desse livro, que é um texto de referência para o eixo científico-metodológico da *Idéologie*, Cabanis (1802, p. 3) faz questão de mandar, com elegância e sutileza, uma mensagem política ao aspirante a tirano:

46. Tradução livre de: *It is to the doctrinaire of the idéologues—to this diffuse metaphysics, which in a contrived manner seeks to find the primary causes and on this foundation would erect the legislation of peoples, instead of adapting the laws to a knowledge of the human heart and of the lessons of history—to which one must attribute all the misfortunes which have befallen our beautiful France.*

> A posteridade conservará a lembrança do trabalho desses homens respeitáveis, unidos para combater o fanatismo e para ao menos enfraquecer os efeitos de todas as tiranias; ela abençoará os esforços desses corajosos amigos da humanidade.[47]

DE CONDILLAC A CONDORCET

Para além da política, no plano teórico, os ideólogos estavam profundamente interessados em duas questões complementares: a teoria sensualista do conhecimento elaborada pelo abade Étienne Bonnot de Condillac [1715–1780] e a teoria política do progresso humano do Marquês de Condorcet.

A contribuição filosófica do *sensualisme* de Condillac compreende dois tópicos principais (Orain, 2012, p. 93). O primeiro diz respeito a um afastamento radical da concepção, ainda dominante na época, de que a mente é um reservatório de ideias inatas. Condillac pensava que, eliminando a noção de "idéias de reflexão", poderia superar o inatismo que ele enxergava no projeto de Locke. Para a teoria condillaciana — um empirismo não-materialista abrangente — o objeto da compreensão é encontrado primeiro nos sentidos e, portanto, desenvolvido na interação entre humanos. Para ele, o conhecimento é feito de sensações, mas é formado pela fala e pelas palavras, pela linguagem. Esta, por sua vez, é criada por nossa capacidade natural de reagir instintivamente à expressão de emoções e de estados de espírito.

O segundo tópico — a teoria condillaciana da "análise" — representa um desenvolvimento e uma aplicação ambiciosos da metodologia cartesiana, com o fim de explicar de que maneira o entendimento humano pode gerar ideias compreensíveis, melhores, novas. Condillac queria que essa noção se tornasse um princípio científico primário, uma espécie de complemento do projeto da *Encyclopédie*, capaz de explicar e reconstruir toda

---

47. Tradução livre de: *La postérité conservera le souvenir des travaux de ces hommes respectables, unis pour combattre le fanatisme, et pour affaiblir du moins les effets de toutes les tyrannies; elle bénira les efforts de ces courageux amis de l'humanité.*

a ciência natural sobre bases racionais. A proposta de Condillac foi além, ao incluir, no "método de análise", a lógica como um arcabouço geral, e a matemática como linguagem universal. Esse tópico está vinculado às ideias condillacianas sobre métodos de ensino-aprendizagem, onde a gramática, a lógica, a física e principalmente a matemática são tomadas como recursos educacionais na compreensão racional do mundo (Trenard, 1982).

A filosofia de Condillac foi traduzida para aplicações políticas e pedagógicas pelo Marquês de Condorcet no já mencionado *Esquisse d'un tableau historique*. O amigo mais leal de Condorcet, Cabanis, promoveu grupos de discussão e encontros intelectuais em torno do manuscrito, ainda inédito. Essa homenagem atuante ao legado de Condorcet, posteriormente levada a cabo com a organização e publicação de suas obras completas, pode ser reconhecida na raiz do movimento *Idéologie*.

A ideia fundamental do *Esquisse* de Condorcet é a de um progresso contínuo e inevitável da "raça humana" rumo à perfeição última da civilização. O ser humano teria vindo dos "estágios de selvageria" mais primitivos, como os demais seres biológicos, mas, com organização social e ação política, avançou ininterruptamente em um caminho de aprimoramento biológico e esclarecimento intelectual, em busca da virtude, da felicidade e da perfectibilidade. Ao longo da década de 1790, as ideias de progresso social e *perfectibilité* — termo cunhado pelo filósofo suíço Jean-Jacques Rousseau [1712–1778] para designar a suposta tendência humana inata de buscar a perfeição —, bem como suas implicações, foram objeto de intensos debates (Saad, 2016, pp. 235–6).

Para Condorcet, o progresso rumo à perfectibilidade é determinado tanto pela constituição biológica e histórica da humanidade quanto pelas condições do meio natural. Essas condições são compatíveis com um progresso sem fim, dada a capacidade do gênio humano de desenvolver ciência e tecnologia eficazes em submeter o meio ambiente às necessidades humanas. Seguindo a tendência então dominante de codificação decimal de tudo na natureza e na sociedade, Condorcet enumerou dez grandes épocas da história, postulando que a raça humana já havia passado por nove estágios e que o próximo passo era um futuro próximo de perfectibilidade infinita.

A parte mais original e politicamente engajada do *Esquisse* é a visão utópica de Condorcet desse décimo estágio da humanidade como uma sociedade democrática livre. De forma francamente otimista, para ele, todas as sociedades, nações e indivíduos estariam tendendo à liberdade e à igualdade não como condição absoluta, mas como direitos a serem conquistados e garantidos por estados e governos democráticos. Condorcet acreditava nas leis gerais da história, que regulavam o passado e podiam ser cientificamente projetadas como inferências para o futuro. Ele propôs que tendências estimadas do passado poderiam ser extrapoladas para se chegar às características do futuro: a igualdade entre as nações, alcançada pela supressão da desigualdade entre os grupos humanos, e a perfectibilidade da natureza humana, levando ao aperfeiçoamento dos indivíduos, intelectualmente, moralmente e fisicamente. Em suma, para o infeliz filósofo-matemático, não há limites fixos para o prolongamento da vida saudável ou mesmo para o avanço humano no conhecimento e na virtude.

Segundo Mariana Saad (2016, pp. 246–250), a noção de perfectibilidade capturou duas formas de pensar o progresso social presentes no final do século XVIII: uma convergente, em que as capacidades humanas convergiriam gradualmente para uma maior integração social, e uma divergente, onde o processo histórico implicaria uma crescente diferenciação social à medida que as capacidades humanas se diversificam. Ambas perspectivas viam a igualdade como valor subjacente e postulavam a superação das desigualdades sociais como meta ética e política (Mrozovski, 2013).

As questões abordadas por essa versão atualizada do sensualismo, uma espécie de desenvolvimento materialista da teoria moral de Condillac (Orain, 2012), incluíam as relações entre sensações, ideias, julgamentos e linguagem — o embrião do que Destutt de Tracy logo chamaria de

Idéologie.[48] Essa metaciência prospectiva envolveria uma lógica dos modos de pensamento, uma gramática da linguagem científica (baseada em elementos linguísticos naturais), uma fisiologia da vida e dos processos neuropsicológicos, e uma teoria da ação humana (uma espécie de ciência política) — todas essas dimensões articuladas para a análise preeminente da complexidade da natureza e da sociedade, revelada pelo grande esforço de Diderot e D'Alembert na *Encyclopédie*.

O próprio Destutt de Tracy se encarregou de desenvolver os tópicos iniciais numa série de tratados intitulada *Éléments d'Idéologie*, que começou com uma cartilha ou projeto e, ao longo de duas décadas, se completou, respectivamente, com uma lógica, uma gramática, um método, e um tratado sobre a vontade humana. Outros camaradas ideólogos escreveram sobre linhas específicas de desenvolvimento deste notável projeto: nos campos de economia (Jean-Baptiste Say [1767–1832]), biologia (Jean-Baptiste Lamarck [1744–1829]), matemática (Joseph-Marie de Gérando [1772–1842]), filosofia e lógica (Pierre Laromiguière [1756–1837]), história (Pierre-Louis Ginguené [1748–1816]), política (abade Emmanuel Joseph Sieyès [1748–1836]), artes plásticas (Joachim Lebreton [1760–1819]), educação (Dominique Garat), medicina (Philippe Pinel), fisiologia (Cabanis), entre outros.[49]

Antecipando em quase dois séculos a noção contemporânea de "democracia cognitiva", os *idéologues* defendiam que só haveria progresso social se houvesse igualdade intelectual para todos os seres humanos, por

---

48. Num pequeno texto que se tornou um clássico da literatura marxista, *Idéologie et appareils idéologiques d'État*, Louis Althusser (1976) atribui a Cabanis a primazia de conceituar "*idéologie*" e, apenas em segundo lugar, a Destutt de Tracy e seus companheiros ideólogos. Althusser aponta que, cinquenta anos depois, Karl Marx apropriou-se do termo em seus primeiros trabalhos filosóficos, dando-lhe outras conotações que, no entanto, ainda eram influenciadas pelos pensadores pós-revolucionários franceses (ver minha análise sobre esse tema no Capítulo 11).

49. A maior parte das contribuições desses intelectuais foi publicada no periódico *La Décade philosophique, littéraire et politique*, criado por Ginguené, Lebreton e Say em 1794, que publicou 54 volumes até sua extinção em 1807.

meio do acesso generalizado ao conhecimento concedido por uma educação libertadora (Saad, 2016). O sistema democrático dependeria de que todos os cidadãos tivessem uma compreensão adequada de seus direitos e deveres, bem como plena capacidade de participar dos processos deliberativos, da avaliação dos líderes e do julgamento da representatividade política. Essa nova política, fundada numa epistemologia revolucionária, uma verdadeira "ciência dos métodos", exigiria, por sua vez, uma nova ciência e uma nova pedagogia.

A PEDAGOGIA FISIOLÓGICA DE CABANIS

Os *idéologues* buscavam uma pedagogia política consistente com a linhagem teórica de Rousseau-Locke-Condillac, atualizada pela esperança histórica de Condorcet de que o Estado seria o instrumento para garantir a educação como condição para a liberdade individual. Essa abordagem virtuosa e idealizada — uma combinação de vetores epistemológicos, linguísticos, políticos e pedagógicos organizados como um método racional multidimensional — é analisada por Lecoutre (1996, p. 897):

> Os *idéologues* apenas desenvolvem esse programa pedagógico, baseando-se na equação posta entre linguagem e "método analítico", e na ideia de que o domínio (prático e reflexivo) dos signos é a condição necessária para o progresso do espírito [i.e. do pensamento]. Estamos, portanto, longe da versão popular do empirismo, reduzido a uma espécie de antiverbalismo ingênuo e de desejo de retomar um contato imediato e natural com "as coisas mesmas", aquém [ou antes] das palavras, o que era mantido por um certo rousseauísmo. Pelo contrário, trata-se de aprender a falar, a pensar e a raciocinar, a formar ideias justas e bem determinadas, o que para eles é uma coisa só (daí o papel chave da gramática geral).[50]

50. Tradução livre de: *Les idéologues ne font que développer ce programme pédagogique, reposant sur l'équation posée entre langue et « méthode analytique » et sur l'idée que la maîtrise (pratique et réfléchie) des signes est la condition nécessaire des progrès de*

Cabanis contribuiu decisivamente para avançar e aprofundar tal perspectiva sensualista e naturalista pós-rousseauniana com numerosos relatórios e comunicados, compilados em *Rapports du physique et du moral* e no *Coup d'œil*.

Em *Rapports*, ao abordar as complexas interações inerentes às experiências humanas a partir da visão biomédica, Cabanis ofereceu uma perspectiva original para a questão cartesiana da relação corpo-mente. Para ele, o "físico" e o "moral" não são polos estabelecidos por uma dualidade exclusiva; em vez disso, eles são interdefinidos justamente por uma situação de relacionamento inextricável, radicalmente inter-relacionados nas demandas, dinâmicas, determinações e especificidades do mundo histórico, do corpo político e da vida social. Da mesma forma, a dimensão material dos seres humanos e de sua ecologia não pode ser reduzida ao substrato físico-químico da existência humana, pois, para Cabanis, o moral é físico, e o físico é moral. Como Canguilhem analisaria mais tarde no clássico *Le Normal et le Pathologique* (2009 [1966]), com essa perspectiva integradora, Cabanis não pretendia reduzir o *físico* à determinação orgânica do viver humano, nem o *moral* ao aparato jurídico-legal e aos padrões societais que o conformam à normatividade de um determinado modo de vida.

No *Coup d'œil*, Cabanis reitera que os seres humanos são tendencialmente submetidos a um vetor que os orienta para a perfectibilidade, tanto natural quanto cultural, no sentido de uma busca constante de aperfeiçoamento como indivíduos e como espécie (no léxico da época, ele usa o termo "raça"), em dois aspectos: físico e moral. Nessa perspectiva, longe de ser apreendido fundamentalmente pelo estudo físico dos humanos e

l'esprit. On est donc loin de la version populaire de l'empirisme, réduit à une sorte d'antiverbalisme naïf et de désir de retrouver un contact immédiat et naturel avec « les choses elles-mêmes », en deçà des mots, qui a été entretenue par un certain rousseauisme. Il s'agit au contraire d'apprendre à parler, à penser et à raisonner, à se former des idées justes et bien déterminées, ce qui est pour eux une seule et même chose (d'où le rôle clé de la grammaire générale).

pelo estudo histórico de suas normas e leis, o "ponto de vista moral" requer uma compreensão mais ampla, distante das noções de senso comum de moralismo e moralidade e das noções expertas de ética e deontologia. Isso é crucial para se entender o alcance da *science de l'homme* proposta pelos ideólogos, equivalente a "o que pode se chamar a *ciência do homem* ou *antropologia*, segundo a expressão dos alemães",[51] conforme observação feita de passagem pelo próprio Cabanis no *Coup d'œil* (1804, p. 23), talvez influenciado por seu contato amigável com o jovem Barão von Humboldt.

Aqui, o primeiro aspecto refere-se à evolução da saúde física e das capacidades individuais hereditárias, numa perspectiva claramente lamarckiana.[52] A hereditariedade dos traços adquiridos significava que os seres humanos seriam capazes de transformar suas próprias naturezas de modo que, ao longo de várias gerações, "os mesmos homens e a mesma raça não existiriam"; desenvolvimentos sociais, morais e políticos introduziriam uma grande distância entre diferentes humanos com o mesmo conjunto de "disposições primitivas".

O segundo aspecto refere-se à determinação social do aperfeiçoamento humano possibilitado por políticas educacionais universalistas. A importância que Cabanis e seus companheiros ideólogos atribuíam à disponibilidade da educação para todos, com prioridade para as classes populares, era justificada por sua crença na perfectibilidade da humanidade e pela busca de um progresso efetivo para todos (Lecoutre, 1996). Novamente em convergência com seus amigos e parceiros Mirabeau e Condorcet, ele considerava que a instrução pública seria crucial para uma república moderna

---

51. Tradução livre de: *ce qu'on peut appeler la science de l'homme ou l'anthropologie, suivant l'expression des Allemands.*.

52. Segundo Staum (1980, p.187), Cabanis antecipou algumas ideias de, tanto quanto foi influenciado por, seu contemporâneo Jean-Baptiste Pierre Antoine de Monet, Chevalier de Lamarck [1744–1829], mais conhecido por uma teoria da evolução publicada em 1809, segundo a qual as espécies poderiam transmitir geneticamente características adquiridas.

fundada nos princípios de liberdade individual e igualdade social. A esse respeito, escreve Cabanis (1804, p. 26): "A educação moral desenvolve a inteligência, cultiva os afetos, dirige todas as tendências da natureza ao objetivo mais útil para a felicidade de cada um e de todos".[53]

Cabanis aprofundou seus argumentos sobre a questão da perfectibilidade em 1799, numa carta ao editor publicada em *La Décade philosophique*, o periódico onde os ideólogos publicavam os principais textos advindos de seus acalorados debates. O artigo reproduzia alguns dos pontos centrais do *Coup d'œil* (que já havia sido parcialmente apresentado no *Institut*) e respondia às primeiras críticas dirigidas aos *idéologues*: eles eram acusados de defender uma espécie de materialismo mecânico, por meio de uma perspectiva ateísta na qual a perfectibilidade seria um objetivo humano, em lugar de uma virtude divina.

A fim de mitigar os efeitos negativos da diversidade física e da diferenciação moral (Cabanis, 1802, p. 360), Cabanis propôs que uma ação direta do *état social* (o estado social) era necessária, promovendo o que ele designou como "igualdade de meios". Tal ação deveria ser realizada em três bases de intervenção: política, para garantir a igualdade de direitos; medicina, para reduzir as desigualdades físicas e mentais inatas; educação, para gerar igualdade de oportunidades sociais. Nesse processo coletivo de invenção de um novo regime jurídico e institucional para o nascente Estado republicano, Cabanis estabeleceu seu projeto na interface entre a clínica, a política e a didática, implicando também uma tríplice mudança crítica no uso da retórica (Gaille, 2012).

Em seus escritos clínicos, Cabanis vinculou a filosofia sensualista de Condillac e Helvétius com a fisiologia vitalista neo-hipocrática da escola de Montpellier. Isso o levou a formular uma teoria semiótica que integrava fisiologia, patologia e terapêutica, baseada na ideia de que a dinâmica

53. Tradução livre de: *L'éducation morale développe l'intelligence, cultive les affections, dirige tous les penchans de la nature vers le but le plus utile au bonheur de chacune et de tous.*

saúde-doença poderia ser melhor compreendida como uma linguagem. A partir desse arcabouço, Cabanis postulou uma nova abordagem para a reorganização da lógica diagnóstica — neste caso, as raízes da lógica indicial, como afirma Ginzburg (1989, p. 177), na formulação de uma razão naturalista baseada em sinais e sintomas, orientada por saberes fisiológicos válidos no processo de constituição do objeto clínico. Essa estrutura de pensamento tão racional, sistemática e integradora foi herdada da ilustre Gramática de Port-Royal, mediada pelas premissas da *Encyclopédie*. Tal esforço forma o cerne da obra mais conhecida de Cabanis sobre a lógica da medicina clínica, a já mencionada *Du degré de certitude de la Médecine*. A esse respeito, comenta Pender (2012, p. 41):

> Em *Du degré*, Cabanis conjura a história da retórica como um entreposto de onde médicos podem extrair métodos e modelos para razoar sobre sintomas, para negociar a relação entre o geral (concepções de doença) e o particular (casos individuais).[54]

Do ponto de vista de uma teoria social da educação, a maior contribuição de Cabanis para o ambicioso esquema conceitual da *Idéologie* foi uma pedagogia política fundada na ciência da fisiologia humana, que Daniel Teysseire (1991) usou para intitular seu livro *La Pédagogie républicaine de Cabanis* [a pedagogia republicana de Cabanis]. A realização primária dessa pedagogia implicaria um novo uso da retórica como didática (Pender, 2012), compreendendo três aspectos, numa referência direta ao *Discours de la méthode* de Descartes. Primeiro, em vários momentos de sua obra, Cabanis rejeitou uma certa instrumentalização da retórica nas estratégias pedagógicas de formação em saúde, ao não reconhecer eficácia didática

54. Tradução livre de: *In* Du degré, *Cabanis conjures the history of rhetoric as an entrepôt from which physicians might draw methods and models for reasoning about symptoms, for negotiating the relationship between the general (conceptions of illness) and the particular (individual cases).*

na doutrina preconizada pela tradição médica. Nesse sentido, ele buscou suplantar o discurso de autoridade em favor de maior ênfase nas práticas pedagógicas baseadas na prática e na experimentação. Segundo, a metáfora do pensamento como secreção fisiológica e do conhecimento como matéria física — argumento central de sua magnum opus *Rapports du physique et du moral de l'homme* (Cabanis, 1802) — justificava uma abordagem linear naturalista da pedagogia, considerando que o processo de aprendizagem deve ser orientado do simples para o composto. Terceiro, a fragmentação sistemática tanto do currículo quanto do objeto do processo de ensino-aprendizagem — uma pedagogia analítica — levou a um modelo de educação baseado no pressuposto da disciplinaridade como método eficaz de organização e catalogação do conhecimento humano.

Em suma, as contribuições de Georges Cabanis para o projeto intelectual da *Idéologie* implicavam uma articulação orgânica entre medicina, filosofia e política, expressa na "associação de análise e saber médicos com um projeto político" (Saad, 2016, p. 29). Embora assistemáticas e, de certa forma, fortuitas, as propostas de Cabanis tinham de fato um potencial disruptivo. Como parte da transformação cultural almejada pelos intelectuais pós-revolucionários, essas propostas provocaram polêmicas filosóficas e políticas nos campos da saúde e da educação, e desembocaram numa reforma fundamental: a do ensino médico, sintetizada no *Coup d'œil sur les révolutions et sur la réforme de la médecine*, tema do próximo capítulo.

CAPÍTULO 5
COUP D'ŒIL: ESBOÇO OU OBRA-PRIMA?

O pensamento político-pedagógico de Georges Cabanis e o conjunto de propostas educativas dele decorrentes foram desenvolvidos e apresentados em diversos textos, documentos e relatórios. Esses escritos foram submetidos ou lidos perante comitês, órgãos legislativos e plateias ilustradas. Essas obras, reunidas aqui como um "arquivo" (no sentido foucaultiano), são:

- *Observations sur les hôpitaux* (1790);
- *Travail sur l'éducation publique, trouvé dans les papiers de Mirabeau l'aîné* (1791);
- *Considérations générales sur les révolutions de l'art de guérir* (1795);
- *Opinion sur le projet d'organisation des écoles primaires et en general sur l'instruction publique* (1797);
- *Projet de résolution sur un mode provisoire de police médicale* (1798);
- *Rapport fait au Conseil des Cinq-Cents sur le mode d'organisation des écoles de médecine* (1798); e
- *Quelques principes et quelques vues sur les secours publics* (1799).

Alguns desses textos foram reunidos em volumes temáticos, editados e publicados como livros: *Du degré de certitude de la médecine* (1798), *Rapports du physique et du moral de l'homme* (1802); *Coup d'œil sur les révolutions et sur la réforme de la médecine* (1804).[55] Este último livro — um texto opinativo

55. Daqui em diante, abrevio o título como *Coup d'œil.*

rico, firme, ambicioso e controverso — foi originalmente publicado em Paris em 1804 e republicado em 1823 na edição das *Obras Completas* de Georges Cabanis.

No quadro teórico da *Idéologie*, *Coup d'œil* pode ser lido como um estudo narrativo da história do cuidado em saúde e da educação médica. A esse respeito, diferentemente de Foucault, George Rosen (1946) — talvez o mais representativo da velha guarda de historiadores de medicina e saúde pública na tradição anglo-saxônica — concede valor máximo a *Coup d'œil*. Reconhecendo-o como um marco intelectual de uma era de ouro de invenção cultural na medicina científica, Rosen escreve (1946, p. 337):

> Esse trabalho é tanto uma história da medicina quanto um programa para a reforma da educação médica. Embora as ideias apresentadas nesse livro não tenham propiciado a restauração das escolas de medicina, elas refletem a filosofia básica da instrução dada aos alunos da escola de medicina de Paris.

A primeira versão de *Coup d'œil* foi escrita durante o inverno de 1795 (Ano III da República). Cabanis incrementou o texto em várias ocasiões com base nos seguintes documentos: notas de aulas sobre a história da medicina na Faculdade de Medicina de Paris em 1797 e 1798; sete memórias apresentadas no *Institut National de France* entre julho de 1796 e setembro de 1798; e três propostas de reformas na medicina e no ensino médico que ele apresentou ao *Conseil des Cinq-Cents* entre 1798 e 1801. Esses escritos foram revisados e organizados em um único tomo durante a primavera e o início do verão de 1803. Devido a sua saúde debilitada, no entanto, o autor não conseguiu escrever a conclusão: a proposta de um currículo geral de estudos médicos, que foi incluída no texto sem maiores detalhes. Considerando a obra inacabada, Cabanis com grande relutância cedeu à insistência de seus amigos e discípulos em publicá-la.

Na introdução de *Coup d'œil*, Cabanis relata que seu amigo Dominique Garat, que havia sido designado pela Convenção ao cargo de Comissário de Instrução Pública, estava interessado em suas ideias sobre como aplicar o método analítico às ciências médicas. E assim Garat convidou Cabanis a participar de um projeto maior: tornar a educação um fator indispensável na consolidação da nova democracia (Cabanis, 1804). Em 1794, em discurso que antecedeu a apresentação do projeto para a *École normale* de Paris, Garat de fato defendeu que, dado seu potencial de produzir igualdade e liberdade, a abordagem analítica deveria ser adotada como método universal de educação em todos os campos do conhecimento humano. Em suas próprias palavras (conforme citado em Saad, 2016, p. 27):

> A análise aplicada a todos os tipos de ideias, em todas as escolas, destruirá a desigualdade das *lumières*, ainda mais fatal e mais humilhante que a desigualdade das riquezas. A análise é, portanto, essencialmente um instrumento indispensável em uma grande democracia.[56]

Seria justo e pertinente considerar de alguma forma o *Coup d'œil* como o manifesto histórico-pedagógico dessa reforma radical do sistema educacional francês, que propus designar como Reforma Cabanis? Na minha opinião, sim, como vários aspectos o indicam. Sem dúvida, aquele pequeno volume, despretensioso em sua origem, é a obra mais representativa do pensamento político-pedagógico do nosso eminente *médecin-philosophe*. Por isso, pretendo dedicar todo este capítulo à apresentação e discussão do objetivo, da estrutura e dos principais tópicos do *Coup d'œil*.

---

56. Tradução livre de: *L'analyse appliquée à tous les genres d'idées, dans toutes les écoles, détruira l'inégalité des lumières, plus fatale encore et plus humiliante que l'inégalité des richesses. L'analyse est donc essentiellement un instrument indispensable dans une grande démocratie.*

O *COUP D'ŒIL*

Antes de mais nada, analisemos o curioso e intrigante título. A expressão *Coup d'œil* tem dois significados principais: um golpe de vista, um vislumbre, um olhar fugaz, um relance; mas também, a verificação de uma situação, uma mirada panorâmica, uma vista soberana sobre um contexto, objeto ou campo.

O primeiro significado foi bem captado no título da tradução para o inglês feita pelo médico e escritor escocês Alexander Henderson [1780–1863], publicada em Londres já em 1806. Possivelmente sem o consentimento do autor, Henderson traduziu o título como *Sketch of the Revolutions of Medical Science, and Views Relating to Its Reform*. Em inglês, "sketch" pode significar um esboço ou rascunho, um desenho sem detalhes, o estudo preliminar para uma obra de arte. A segunda edição da obra em espanhol, publicada em Paris em 1831, foi intitulada *Ojeada sobre las revoluciones y reforma de la medicina*. "Ojeada" significa olhada, relance, vislumbre.

O primeiro significado do título — *Coup d'œil* como esboço, rascunho ou delineamento — poderia refletir um traço fugaz de humildade (algo inesperado, considerando a personalidade marcante de Cabanis), ou mesmo um momento depressivo e estressante (lembremo-nos do difícil contexto em que o texto foi finalizado e seu título estabelecido), para não falar da melancolia crônica que, segundo alguns biógrafos, marcava a disposição de Cabanis. Tais hipóteses são todas plausíveis, pois correspondem ao caráter metódico e exigente de Cabanis, hesitante diante das pressões para publicar rapidamente o volume inacabado. Em todo caso, essas possibilidades não fazem jus à importância daquele livro como legado e testamento intelectual da obra notável de toda uma vida, reconhecida e valorizada pelos próprios contemporâneos.

A denotação alternativa — *Coup d'œil* como panorama, investigação rápida e dominante de um campo — era comumente empregada como metáfora militar na virada do século XIX. A evolução tecnológica dos armamentos deu origem a uma valorização da tática e da mobilidade, elementos típicos da teoria militar moderna, superando as noções clássicas de estratégia. É precisamente do ponto de vista tático que Napoleão Bonaparte é considerado um gênio militar. Ele comandou pessoalmente suas tropas do alto de elevações e mirantes, que lhe davam visão plena dos campos de batalha e suscitavam *insights* decisivos para suas célebres vitórias.[57] A natureza da relação entre Cabanis e Bonaparte — conturbada mas próxima, respeitosa e de intensa admiração mútua, que abordaremos mais adiante no capítulo 8 — dá forte suporte à hipótese de que essa era a acepção do título pretendida pelo autor.[58]

Ainda analisando o título daquela obra, encontramos aparentes inconsistências: revoluções ou reformas? Relativas a quê? Sociedade, medicina ou educação médica? Vejamos a expressão *sur les révolutions*, termo médio do título. Essa expressão pode, a princípio, sugerir uma avaliação do esforço iluminista de reformar a medicina antes, durante e depois do período revolucionário — que foi vitorioso na criação de um modelo de prática médica que, já em 1803, parecia promissor, até funcional. No entanto, uma breve leitura do sumário revela que o *Coup d'œil* é um projeto muito mais ambicioso e complexo. Como meio: resgatar a história da prática médica e dos movimentos de reforma da educação médica — em termos filosóficos, curriculares, pedagógicos e pragmáticos. Para um fim: fornecer justificativa, longevidade, validade e suporte à pretendida *réforme de la médecine*.

Em contraste com o estilo pomposo e elaborado que prevalecia na literatura acadêmica da época, Cabanis (1804, p. 9) declara seus objetivos

57. Esse aspecto mereceu um estudo específico de William Duggan, intitulado *Napoleon's Glance: The Secret of Strategy* (2004).

58. Em sua primeira grande obra, *Du degré de certitude de la médecine* (escrita em 1788, mas publicada apenas em 1798), Cabanis empregou a expressão para definir o ato do diagnóstico clínico como uma espécie de estratégia gestáltica: quando um médico consegue "enxergar a doença com um único olhar, apreender de uma só vez todos os seus traços" (*qu'il voit la maladie d'un seul* ***coup d'œil****, qu'il en saisit tous les traits à la fois*) (Cabanis, 1798, p. 75, meus itálicos).

com notável precisão no prólogo da obra, simplesmente intitulado *Objet de cet écrit*:

> O objetivo direto deste trabalho é portanto traçar, de maneira rápida e sumária, a história das revoluções da medicina; caracterizar cada revolução pelas circunstâncias que a engendraram e pelas mudanças que ela produziu no estado ou no desenvolvimento da ciência; enfim, tentar vislumbrar se esses diferentes quadros, comparados aos métodos filosóficos modernos, podem fornecer algumas visões úteis para a reforma da medicina e do seu ensino.[59]

Para cumprir objetivos tão pertinentes, Cabanis oferece-nos um triplo projeto, tão ambicioso quanto abrangente. Primeiro, ele apresenta uma narrativa das transformações na medicina e seus respectivos contextos históricos. Segundo, a partir da perspectiva dos métodos filosóficos de inspiração iluminista, ele analisa o impacto de mudanças profundas (que ele denomina 'revoluções') no desenvolvimento da ciência moderna. E terceiro, ele propõe um catálogo de abordagens teóricas e práticas para o ensino médico que inegavelmente têm utilidade potencial para reformar o sistema educacional da nova ordem política. Os dois primeiros tópicos são apresentados e discutidos nas seções seguintes deste capítulo. O terceiro tópico — elementos de uma pedagogia política cabanisiana — é explorado no próximo capítulo.

59. Tradução livre de: *L'objet direct de cet écrit est donc de tracer d'une manière rapide et sommaire, l'histoire des révolutions de la médecine; de caractériser chaque révolution par les circonstances qui l'ont fait éclore et par les changemens qu'elle a produits dans l'état, ou dans la marche de la science; enfin, de chercher à voir si ces différens tableaux, rapprochés des méthodes philosophiques modernes, ne peuvent pas fournir quelques vues utiles à sa réforme et à celle de son enseignement.*

UMA HISTÓRIA PECULIAR DA MEDICINA

Com consistência e clareza excepcionais, a justificativa de Georges Cabanis para sua proposta de reforma do sistema educacional é fundamentada em uma cuidadosa abordagem histórico-filosófica. Por seu rigor e precisão, cito o parágrafo inteiro (Cabanis, 1804, p. 9):

> Para retomar todas as causas das diferentes fases pelas quais passou a medicina e para descrever com exatidão suas particularidades, seria necessário entrar em todos os detalhes de sua história, uni-la à história de várias outras ciências colaterais e, de algum modo, traçar toda a história da sociedade civil. Com efeito, somente analisando esses diferentes objetos ao mesmo tempo, examinando a influência recíproca do estado social e dos acontecimentos políticos, sua influência comum sobre o desenvolvimento do espírito humano em geral, e a influência das diferentes ciências sobre a medicina em particular, poderemos ter uma ideia precisa e completa do estado da medicina em todas as épocas, até os nossos dias.[60]

Cabanis (1804, pp. 42–71) propõe uma curiosa periodização da pré-história da medicina, correspondendo ao papel social dos protomédicos: (I) primeiro havia os poetas, que registravam linguagens, sensações, sonhos, emoções e aflições; (II) então vieram os sacerdotes, que adotavam "a linguagem vaga e o sotaque misterioso da superstição"; (III) e finalmente os

60. Tradução livre de: *Pour remonter à toutes les causes des différentes phases par lesquelles a passé la médecine, et pour en décrire avec exactitude les particularités, il faudroit entrer dans tous les détails de son histoire; il faudroit y joindre celle de plusieurs autres sciences collatérales; il faudroit même tracer, en quelque sorte, celle de la société civile toute entière. Ce n'est peut-être, en effet, qu'en se remettant sous les yeux ces différens objets à la fois; en examinant l'influence réciproque de l'état social et des événemens politiques, leur influence commune sur la marche de l'esprit humain en général, et celle des différentes sciences sur la médecine en particulier, qu'on peut avoir une idée précise et complète de l'état de celle-ci dans toutes les époques, jusqu'à nos jours.*

filósofos, que tomaram emprestados os "princípios de várias outras ciências que ainda não estavam consolidadas" (p. 71).[61]

A visão favorável dos poetas pode ser atribuída a uma cicatriz nostálgica deixada pelas aspirações de um jovem Cabanis. Já a menção menos honrosa à competência dos sacerdotes para o cuidado em saúde pode decorrer do sentimento anticlerical que prevalecia entre os *idéologues*, orgulhosos representantes do agnosticismo revolucionário. De todo modo, para Cabanis (1804, pp. 65–6), os filósofos foram os responsáveis pela primeira revolução na arte de curar, referida no título de sua obra:

> Acostumados a organizar seus diversos conhecimentos numa determinada ordem, a procurar relações entre eles e a encadeá-los, sentiram como era indispensável classificar essa profusão incoerente de observações médicas, a fim de submetê-las, de modo mais frutífero, ao exame do raciocínio. [...] Esses filósofos fizeram com que a medicina perdesse então seu caráter hipócrita e supersticioso; transformaram uma doutrina oculta e sacerdotal em ciência comum, em arte usual. Essa revolução foi infinitamente útil, tanto para a medicina quanto para a filosofia.[62]

---

61. Tradução livre de: ... *entre les mains des prêtres, elle adopta le langage vague et l'accent mystérieux de la superstition [...] mais elle adopta les principes de plusieurs autres sciences qui n'étoient pas encore faites elles-mêmes.*

62. Tradução livre de: *Accoutumés à ranger dans un ordre quelconque, leurs diverses connoissances, à chercher des rapports entr'elles, à les enchaîner les unes aux autres, ils sentirent combien il devenoit indispensable de classer cette foule incohérente d'observations médicales, afin de les soumettre avec plus de fruit, à l'examen du raisonnement. [...] Ces philosophes firent donc perdre à la médecine, son caractère hypocrite et superstitieux; ils transformèrent une doctrine occulte et sacerdotale, en science vulgaire, en art usuel. Cette révolution fut infiniment utile; elle le fut également à la médecine et à la philosophie.*

Ao lidar com o primeiro objetivo do *Coup d'œil*, Cabanis mostra uma atitude surpreendentemente respeitosa em relação à sabedoria tradicional.[63] Ele menciona que, mesmo entre os povos ditos mais primitivos (indicando os de Nova Zelândia, Lapônia, América do Norte e interior da África) de seu tempo (século XVIII), "encontramos vestígios de uma medicina e de uma cirurgia verdadeiras" (Cabanis, 1804, pp. 39–40). Ele imediatamente transpõe essa analogia para a era pré-histórica, postulando que todo conhecimento relativo à saúde era propriedade coletiva. Certamente influenciado pelas ideias de Rousseau, ele comenta em tom respeitoso que, portanto, existia "uma medicina antes que houvesse médicos" (Cabanis, 1804, pp. 40–1). Essas práticas de saúde eram realizadas por operadores de conhecimento empírico que detinham legitimidade social, ou seja, por qualquer pessoa dotada de "alguma inteligência" que assumisse o papel de cuidar da saúde de uma tribo ou aldeia, que fosse capaz de reconhecer diferentes doenças, e de aplicar tratamentos com graus variados de eficácia.

"*Enfin, parut Hippocrate*" [Enfim, surgiu Hipócrates]. Nesse tom quase dramático, Cabanis (1804, p. 72) apresenta a história do maior herói intelectual da medicina, a quem dedica a seção mais longa (24 páginas) do *Coup d'œil.* Segundo o nosso francês, a contribuição decisiva de Hipócrates (que englobava fundamentos, conceitos, métodos, técnicas e práticas) visava à constituição de uma medicina "na sua via natural — a da experiência racional" Cabanis (1804, p. 76). Além disso, credita a Hipócrates a separação crucial entre medicina e filosofia. Essa separação permitiu — dialeticamente, diríamos — recombinar ambas as ciências, pois Cabanis (1804, p. 76) afirma que Hipócrates "trouxe essas duas ciências uma para dentro da outra, pois as considerava inseparáveis, porém lhes atribuiu relações absolutamente novas."[64]

63. Essa visão prefigura as bases relativistas da ciência antropológica contemporânea — mas lembremos que a antropologia só foi organizada e reconhecida como ciência no início do século XX.

64. Tradução livre de: *il transporta ces deux sciences l'une dans l'autre; car il les regardoit comme inséparables: mais il leur assigna des rapports absolument nouveaux.*

Cabanis fala sobre a vida e a obra de Hipócrates com um grau extraordinário de detalhe, citando Heródoto, Xenofonte, Celso, Tucídides e Galeno — provavelmente diretamente dos originais em grego e latim.[65] Ele apresenta brevemente os fundamentos da medicina hipocrática, com ênfase na teoria da saúde como equilíbrio dinâmico entre o ambiente e o sujeito enfermo, na doutrina dos humores, e na doutrina médica das crises. Ao longo do *Coup d'œil*, Cabanis contextualiza com entusiasmo as relações do mestre grego com várias escolas filosóficas e tradições terapêuticas. Narra episódios e casos num tom incessantemente elogioso, nunca escondendo sua profunda admiração por Hipócrates, o homem a quem considerava "le père de la médecine" [o pai da medicina] (Cabanis, 1804, p. 156 e 315).

Cabanis (1804, pp. 96–7) apontava Hipócrates como

> o modelo de um gênero particular de estilo, e até mesmo, pode-se dizer, de eloquência, que une a majestade à simplicidade ingênua, o movimento rápido à exatidão de detalhes, as cores de uma imaginação brilhante à severidade de um espírito justo e firme cuja primeira necessidade é a verdade; enfim, a clareza mais fácil à mais surpreendente precisão. Ainda em nossos dias, ele é pensado pelos médicos, consultado pelos filósofos, lido pelos homens de gosto. Ele é e sempre será, para cada um deles, um dos mais belos gênios da antiguidade e o conjunto de suas obras será sempre considerado como um dos mais preciosos monumentos da ciência.[66]

---

65. Conforme mencionado no Capítulo 1, Cabanis era um habilidoso tradutor e dedicado estudioso das línguas clássicas.

66. Tradução livre de: *le modèle d'un genre particulier de style, et même, on peut le dire, d'éloquence, qui réunit la majesté à la simplicité naïve; une marche rapide à l'exactitude des détails; les couleurs d'une brillante imagination, à la sévérité d'un esprit juste et ferme, dont le premier besoin est la vérité; enfin, la clarté la plus facile, à la plus étonnante précision. Et de nos jours encore, médité par les médecins, consulté par les philosophes, lu par les hommes de goût, il est, et sera toujours pour chacun d'eux, l'un des plus beaux génies*

Sobre a expansão da República Romana, Cabanis (1804, p. 106) nos conta que "Roma tornou-se senhora do mundo", e que a sofisticada medicina grega foi por muito tempo desconsiderada pelo governo dos magistrados romanos. Como se o Império Romano fosse o nascente Império Napoleônico (que, como vimos, tanto desgosto lhe causara), Cabanis (1804, p. 106) encerra sua indignada denúncia, proferida em termos ásperos e cáusticos:

> Seu império tirânico conseguia pela humilhação a ruína os povos, iniciada pelo invencível furor de suas armas. Violentamente, ela [Roma] carregava, em seu seio, as artes e as ciências, ou melhor, obras-primas que roubava dos outros, sem saber apreciá-las nem delas gozar. As riquezas do universo vinham satisfazer sua insaciável avareza.[67]

Galeno, o mais ilustre dos médicos romanos de origem grega, é retratado por Cabanis como um mero comentarista eclético do *Corpus Hippocraticum*, que repetia fundamentos, fazia suas próprias observações e buscava integrá-lo às diversas teorias médicas de seu tempo. Galeno, segundo Cabanis, ressuscitou à sua maneira a medicina hipocrática, espalhando sua influência pelas dezenas de seitas que forneciam cuidado em saúde na Roma Antiga. Ainda assim, comenta Cabanis (1804, pp. 113–4), "é preciso confessar que, o que ela [a medicina] adquiriu em suas mãos [de Galeno], talvez tenha sido mais um adereço do que uma verdadeira

---

de l'antiquité; et le recueil de ses ouvrages sera toujours considéré comme l'un des plus précieux monumens de la science.

67. Tradução livre de: *Son tyrannique empire achevoit par les vexations, la ruine des peuples, commencée par l'invincible fureur de ses armes. Elle transportoit violemment dans son sein, les arts et les sciences, ou plutôt leurs chefs-d'œuvre, qu'elle enlevoit aux autres, sans savoir les apprécier et en jouir elle-même. Les richesses de l'univers venoient assouvir son insatiable avarice.*

riqueza".[68] Embora as aplicações de Galeno tivessem um caráter mais sistemático, até mesmo empreendedor, pensava Cabanis que os princípios, conceitos e métodos da arte-ciência própria de Hipócrates "perderam muito de sua pureza".

Na seção referente à medicina árabe, Cabanis se mostra um crítico ácido, e em grande parte injusto, até mesmo incompreensível. Sem citar fontes historiográficas, ele enaltece a tradição ptolemaica da Escola de Alexandria, onde supostamente a arte de curar era brilhantemente ensinada a estudantes "de todos os cantos, que vinham ouvir os mais célebres mestres do mundo" (Cabanis, 1804, p. 117). Ele atribui a destruição da biblioteca mais famosa da história ao "furor bárbaro dos Muçulmanos", apontando que somente os livros médicos foram poupados, "por conta do interesse que até os homens mais estúpidos têm na ciência que lhes promete saúde, ou um alívio de suas queixas"[69] (Cabanis, 1804, pp. 117–8). Não obstante, Cabanis reconhece que os intelectuais muçulmanos buscaram traduzir e disseminar as principais obras filosóficas e médicas da tradição grega. Seja como for, ele cria que a medicina árabe pouco contribuíra para o progresso histórico da arte de curar. Cabanis (1804, p. 124) comenta:

> As escolas árabes tornaram-se moda, como as escolas gregas já o tinham sido antigamente. O árabe se tornou a língua dos sábios. Foi através dessa língua que a Europa conheceu, primeiramente, as obras de Hipócrates, Galeno, Aristóteles, Euclides e Ptolomeu. Mas a medicina, dentro desse movimento do espírito, não tinha feito qualquer progresso real.[70]

---

68. Tradução livre de: *il faut l'avouer, ce qu'elle acquit entre ses mains, fut peut-être plutôt une parure, qu'une richesse véritable.*

69. Tradução livre de: *à cause de l'intérêt qu'inspire aux hommes les plus stupides, la science qui promet le soulagement des maux et la santé.*

70. Tradução livre de: *Les écoles arabes devinrent à la mode, comme les écoles grecques l'avoient été jadis. L'arabe fut bientôt la langue savante. C'est dans cette langue que l'Europe*

É difícil avaliar o que pode ter determinado essa posição claramente preconceituosa em relação à inegável contribuição dos médicos-filósofos muçulmanos. Tal preconceito, talvez representativo de intolerância racial ou religiosa, fica evidente no fato de que Cabanis sequer menciona Avicena e Averróis,[71] apesar de o *Cânone da Medicina* de Avicena ter feito parte da bibliografia obrigatória das escolas médicas europeias até meados do século XVII (Siraisi, 2014; Zahabi, 2019). Pior ainda: Cabanis acusa implicitamente os famosos médicos-filósofos da Pérsia e de Al-Andalus de plagiar, saquear, usurpar e empobrecer as raízes gregas da medicina moderna. Afirma Cabanis (1804, pp. 124–5) que a publicação [das obras de Galeno, Dioscórides, Paulo Egineta e Hipócrates] "diminuiu muito o crédito dos árabes, cujos numerosos plágios surpreendia a todos e cuja inferioridade, sob todos os aspectos, começava a se fazer sentir".[72] Em suas duras palavras (Cabanis, 1804, p. 119):

> Os sábios árabes, tão saqueadores quanto seus guerreiros, apropriaram-se das ideias de obras menos conhecidas, até mesmo obras inteiras, das quais eles só suprimiam o nome do autor. Os mais célebres entre seus escritores de modo algum estão isentos dessa crítica.[73]

---

connut d'abord les ouvrages d'Hippocrate, de Galien, d'Aristote, d'Euclide et de Ptolomée. Mais la médecine, au milieu de ce mouvement des esprits, n'avoit fait aucun progrès réel.

71. Nomes latinos dos dois mais ilustres líderes intelectuais da cultura islâmica medieval, respectivamente Ibn Sina [980–1037], médico, filósofo e astrônomo persa; e Ibn Rushd [1126–1198], polímata, médico e jurista berbere-andaluz que se destacou no Califado Almoada. Sobre seu impacto na educação médica, ver principalmente Leiser (1983).

72. Tradução livre de: *diminua beaucoup le crédit des Arabes, dont les nombreux plagiats frappoient tous les yeux, et dont l'infériorité, sous tous les rapports, commençoit à se faire sentir.*

73. Tradução livre de: *Leurs savans, aussi pillards que leurs guerriers, s'approprièrent les idées des ouvrages moins connus, quelquefois même les ouvrages tout entiers, dont ils ne faisoient que retrancher le nom de l'auteur. Les plus célèbres de leurs écrivains ne sont point exempts de ce reproche.*

Em contraste, Cabanis (1806, pp. 114–26) muito valoriza o papel dos médicos judeus durante a Idade Média. Em tom quase mítico, atribui aos judeus o estabelecimento de uma rede comercial e financeira, "formando uma íntima fraternidade em todas as partes do mundo", que lhes permitia meios mais seguros para transferir valores monetários. Segundo Cabanis (1804, p. 126–8), apesar de terem sido infelizes vítimas de "perseguições cruéis e incessantes" em todas as partes do mundo conhecido, os judeus se tornaram "nossos carteiros e banqueiros, antes que o uso da leitura fosse conhecido: e eles também foram nossos primeiros médicos". Numa época em que Hipócrates e os outros pais da medicina eram conhecidos no Ocidente apenas por meio de traduções árabes e siríacas, diz Cabanis (1804, p. 126), "os judeus eram quase as únicas pessoas que, aproveitando os labores da antiguidade, sabiam tratar doenças com algum tipo de método".[74]

De fato, a narrativa de Cabanis revela grande simpatia, respeito e admiração pelo povo judeu. Deixando de lado os estereótipos negativos então vigentes de que os judeus eram comerciantes astutos e agiotas usurários, Cabanis atribui a eles uma personalidade modal que lhes trazia uma predisposição, até mesmo um talento, para a prática eficiente da medicina — "seu temperamento e caráter são precisamente os mais adequados para um médico" (Cabanis, 1804, p. 128). Comenta (1804, p. 127) que tal domínio da arte de curar se devia a uma rede judaica de escolas em Toledo, Córdoba e Granada, onde "a medicina era ensinada com um cuidado todo especial". Ao dizer isso, omite o fato de que essas três escolas estavam em territórios sob domínio islâmico, e ignora numerosos registros históricos da estreita colaboração de médicos judeus no ensino e prática da medicina em diferentes califados (Chipman, 2013).

Passando para uma seção sobre a transição do Renascimento para o Iluminismo, Cabanis (1804, p. 134) destaca a evolução da química como

---

74. Tradução livre de: *les Juifs étoient presque les seuls qui sussent traiter les maladies avec quelque méthode en profitant des travaux de l'antiquité*

uma revolução científica que em muito impactou o surgimento posterior de uma medicina baseada na ciência: "a chave geral de todas as ciências naturais, a verdadeira luz das artes industriais e o mais temível flagelo de todas as superstições".[75] Numa época em que as escolas europeias sofriam com os "preconceitos científicos do galenismo e do peripatetismo médico", os alquimistas esboçavam "os verdadeiros princípios da economia viva" (Cabanis, 1804, p. 134). Embora os alquimistas tenham contribuído com "boas idéias para a medicina", eles estavam sobretudo "enfeitiçados por suas loucas pretensões". Paracelso, o mais famoso dos alquimistas, é definido por Cabanis (1804, p. 135) como "sem dúvida o protótipo dos charlatões — um verdadeiro modelo de orgulho, demência e audácia".[76]

Ao narrar a transição da alquimia para a ciência, Cabanis nos apresenta Georg-Ernst Stahl [1660–1734],[77] médico e químico-metalúrgico alemão, conhecido como o proponente da teoria do flogisto. Em sua opinião, a contribuição de Stahl superou em muito a figura de Jan Baptista van Helmont [1580–1644], médico e químico belga que propôs o conceito de gás e estudou o processo digestivo. Cabanis considerava Stahl "o maior desde Hipócrates", pois estava "convencido de que não há escritor mais capaz de ensinar a observar a natureza e de sugerir recursos adequados à beira do leito do paciente" [78] (Cabanis, 1804, p. 154). Sem indicar referências específicas da obra de Stahl ou de outras fontes, Cabanis o descreve como grande conhecedor da doutrina hipocrática, "um desses gênios extraordinários que a natureza parece

75. Tradução livre de: *la clef générale de toutes les sciences naturelles, la vraie lumière des arts industriels, et le plus redoutable fléau de toutes les superstitions.*

76. Tradução livre de: *sans doute le prototype des charlatans; un vrai modèle d'orgueil, de démence et d'audace.*

77. Uma curiosidade: escrevendo *Staalh* no original francês, Cabanis grafou incorretamente o sobrenome de Stahl. A tradução de Henderson corrige essa ortografia.

78. Tradução livre de: *convaincu par mon expérience, que nul écrivain n'est plus capable d'apprendre à bien voir la nature, et de suggérer d'heureuses ressources au lit des malades.*

destinar, de tempos em tempos, para a renovação das ciências"[79] (Cabanis, 1804, p. 146). Por fim, Cabanis fala de uma "doutrina stahliana" que teria sido capaz de integrar a secular arte da cura com "as observações e das visões filosóficas dos modernos" (Cabanis, 1804, p. 147).

O sentimento de paixão intelectual que Cabanis demonstra por esse médico-alquimista (que hoje parece quase esquecido na história das ciências) é tal, que ele dedica quase dez páginas do *Coup d'œil* a Stahl. Vejamos um trecho dessa seção (Cabanis, 1804, p. 149):

> as reformas [da medicina] já feitas, e aquelas que serão feitas, são e serão, em grande parte, obra deste grande homem, graças à sequência de ideias que ele estabeleceu diretamente ou ao impulso que ele deu à razão. [...] apesar da maneira desajeitada que seus alunos o defenderam, o explicaram e o comentaram, sua influência foi muito grande tanto na medicina quanto na química e, para estas duas ciências, ele prestou serviços imortais.[80]

Considerados por muitos autores como os fundadores da medicina clínica moderna, dois neo-hipocráticos históricos — Thomas Sydenham [1624–1689] na Inglaterra, e Herman Boerhaave [1668–1738] na Holanda — são destacados por Cabanis, num misto de respeitosa admiração e crítica invejosa, cada um merecendo uma seção inteira no *Coup d'œil*.

Para Cabanis (1804, p. 160–1), a medicina praticada e ensinada na Inglaterra na virada do século XVIII "ainda retinha sua forma escolástica...

---

79. Tradução livre de: *un de ces génies extraordinaires que la nature semble destiner, de temps en temps, au renouvellement des sciences.*

80. Tradução livre de: *les réformes [de la médecine] déjà faites, et celles qui se feront dans le même esprit, sont et seront en grande partie l'ouvrage de ce grand homme; soit par suite des idées saines qu'il a directement établies, soit à cause de l'impulsion qu'il a donnée aux esprits. [...] malgré la manière quelquefois gauche dont les élèves l'ont défendu, expliqué, commenté, son influence n'a pas été moindre en médecine qu'en chimie, et que dans l'une et dans l'autre science, il a rendu des services immortels.*

e o espírito genuíno de observação era quase inteiramente desconhecido".[81] Nosso médico-filósofo comenta maliciosamente que Sydenham, supostamente sem acesso a livros então raros e caros, nem mesmo estudou Hipócrates. E Cabanis (1804, p. 161) assim conclui: "Ele estava familiarizado apenas de modo imperfeito com as teorias predominantes da época; mas essa circunstância era, talvez, mais favorável ao seu trabalho, pois nunca poderia ser embaraçosa para o seu amor-próprio".[82]

Esses e outros comentários de Cabanis (1804, p. 164) não conseguem esconder sua profunda ambivalência em relação a Sydenham, gritante por suas próprias palavras:

> As teorias de Sydenham eram, devo confessar, mesquinhas ou mesmo falsas;[83] [...] suas ideias eram geralmente limitadas. Porém, nenhum médico teve uma influência tão útil sobre esta parte da arte, que é o objetivo de todas as outras — a prática. Ninguém merece mais do que ele o título de regenerador.[84]

---

81. Tradução livre de: *la médecine étoit toute scolastique. [...] Le véritable esprit d'observation était presqu'entièrement inconnu.*

82. Tradução livre de: *Il connoissoit imparfaitement les théories qui régnoient alors. Cette cirsconstance fut peut-être plus utile à ses travaux, qu'elle ne put jamais être embarrassante pour son amour-propre.*

83. Temos, nesta citação, um curioso e claro exemplo do viés do tradutor. Doutor Henderson, primeiro tradutor do Coup d'œil, escreve essa frase em inglês com um tom muito mais suave do que o original em francês: "*The theories of Sydenham were, it must be acknowledged, contracted, or even erroneous*". Ao que tudo indica, o cuidadoso e dedicado médico escocês tentava proteger a imagem do mítico herói fundador da medicina britânica e da Clínica Moderna. Apesar da cautela do eminente tradutor, um crítico anônimo do *Sketch* logo observou: "Embora o autor admire Sydenham, ele não fez completo jus ao caráter daquele grande médico; ... o que compreensivelmente ofenderá os ingleses." (Oxford Review, 1807, p. 143).

84. Tradução livre de: *Les théories de Sydenham étoient, il faut l'avouer, mesquînes, ou même fausses; [ ] ses idées étoient en général étroites: cependant aucun médecin n'eut*

Talvez Cabanis estivesse certo. Thomas Sydenham foi oficial do exército de Cromwell, equilibrando a carreira militar, e posteriormente política, com a prática clínica, que inicialmente exerceu com uma licença precária das autoridades. O pai da clínica moderna, honrosamente conhecido como "o Hipócrates inglês", só concluiu seu mestrado na Universidade de Cambridge aos 52 anos, quase 30 anos depois de se graduar em medicina pela Universidade de Oxford. Ele era visto por muitos de seus contemporâneos como uma pessoa arrogante, oportunista e pragmática, que não hesitava em usar sua influência política para autopromoção e era perseguido "em parte porque alguns dos *Fellows* [colegas do Royal College of Physicians] consideravam-no como um arrivista e um impostor" (Stewart, 1953, p. 465). Ainda assim, Cabanis admite que os novos conceitos da prática clínica (que no século XVII revolucionaram a medicina inglesa e posteriormente influenciaram todo o norte da Europa) devem ser creditados a Sydenham. Por esse motivo, o francês declara sua sincera admiração pelo inglês.

Na seção seguinte, dedicada a Herman Boerhaave, Cabanis fornece poucas informações sobre a vida e a obra do médico e professor holandês, que Foucault (1963) considerou como o mais ilustre e influente precursor da prática clínica moderna. Ao apresentar Boerhaave, Cabanis emprega deliberadamente um tom opinativo, quase sarcástico: um estudioso sistemático e metódico, por um lado, mas medíocre e sem criatividade, por outro, que escolheu a medicina como última opção após breve incursão na teologia, e depois de ganhar a vida por algum tempo como professor de matemática e ciências naturais.

Cabanis (1804, p. 171) reconhece, quase com relutância, a erudição de Boerhaave, que "havia lido os escritores de todas as doutrinas e de todas as

---

jamais une plus utile influence sur la partie de l'art qui est le de toutes les autres, sur la pratique; aucun ne mérite mieux, à cet égard le titre de régénérateur.

idades; os analisou, os comentou e os desenvolveu".[85] No entanto, Cabanis levanta suspeitas de plágio ao mencionar que Boerhaave então "se apoderou [das obras de outros], modificou-as e combinou-as" (Cabanis, 1804, p. 171). Ele enxerga o "hábito da rigorosa discussão e da tenacidade da atenção" de Boerhaave quase como um obstáculo ao sucesso em uma carreira médica tardia, pois "nessas circunstâncias, sua percepção talvez nunca, atingiu aquele grau de perfeição que, à beira do leito do paciente, pode sozinho valorizar as riquezas do saber e os poderes da razão"[86] (Cabanis, 1804, p. 170). Novamente malicioso, Cabanis conclui (1804, p. 173):

> Sem dúvida, este nome ilustre viverá na posteridade, se não como o de um gênio eminente e verdadeiramente filosófico, pelo menos será como o de um professor laborioso, hábil e, também, de um escritor muito elegante.[87]

A fim de abordar teoricamente a questão da saúde e da doença, a partir dessa rica perspectiva histórico-filosófica, Cabanis (1804, p. 27) postula uma construção conceitual refinada para sua época, baseada na ideia de que

> O estado natural do homem é, sem dúvida, o estado de saúde. Mas a doença também está na natureza, pois resulta de suas leis e, mesmo em grande parte, das leis que são estabelecidas para a conservação da saúde.[88]

---

85. Tradução livre de: *Il avoit lu les écrivains de toutes les sectes et de tous les âges; il les avoit extraits, analysés, commentés, développés.*

86. Tradução livre de: *habitude de discussion sévère, en ténacité d'attention, [...] son tact n'eut jamais peut-être, à cause de cela, ce degré de perfection qui peut seul mettre en valeur, au lit des malades, toutes les richesses du savoir et toute la puissance de la raison .*

87. Tradução livre de: *sans doute ce nom, justement illustre, vivra dans la postérité, sinon comme celui d'un génie éminent et véritablement philosophique, du moins comme celui d'un professeur très-laborieux, très-habile et d'un écrivain très-élégant.*

88. Tradução livre de: *L'état naturel de l'homme est sans doute l'état de santé. Mais la maladie est aussi dans la nature, puisqu'elle résulte de ses loix, et même en grande partie, de celles qui sont établies pour la conservation de la santé*

Concebido num contexto intelectual ainda fortemente impactado pela *Encyclopédie*, *Coup d'œil* é parte do grande projeto dos *idéologues* de criar uma epistemologia própria para um novo paradigma da ciência, em que esta seja politicamente comprometida com o progresso humano. Essa *scienza nuova* pode ter começado a tomar forma na proposta de Cabanis de uma ciência moral baseada na medicina (uma proto-antropologia médica por ele denominada *science de l'homme*) e no desenvolvimento feito por Destutt de Tracy (1803) de uma epistemologia aplicada, sistematizada em seu ambicioso, porém inconsistente, compêndio *Éléments d'Idéologie* (que sintetizava filosofia, gramática e lógica). Nesse contexto, *Coup d'œil* deve ser compreendido como um estudo da história da saúde e da educação.

Cabanis conclui seu fascinante relato da história da medicina com uma reflexão quase confessional sobre a relação entre a história da prática clínica e a evolução da educação médica. Preliminarmente, ele avalia sombriamente que, nos séculos XVI e XVII, "o progresso da ciência foi grande e rápido, mas, em compensação, o progresso do ensino foi quase nulo" (Cabanis, 1804, p. 181), e passa a considerar essa disparidade entre ciência e ensino como resultado de

> uma grande distância entre as doutrinas dos bons livros e as [doutrinas] das escolas; entre os avanços prudentes, os procedimentos mais firmes e exatos, o tom mais independente dos autores da época, e a rotina cega, o jargão escolástico e os preconceitos servis da grande maioria dos professores.[89]

---

89. Tradução livre de: *une grande distance entre la doctrine des bons livres, et celle des écoles; entre la sage hardiesse, la marche plus ferme et plus exacte, l'accent plus indépendant des écrivains, et l'aveugle routine, le galimatias scolastique, les rampans et serviles préjugés de la plupart des professeurs.*

Em nota de rodapé, Cabanis (1804, p. 181) reconhece a contribuição dos jesuítas e celebra os "senhores de Port Royal que ofereceram o primeiro exemplo de um ensino filosófico".[90]

Em contraste, Cabanis (1804, p. 182) celebra o "progresso real" do Iluminismo no campo da educação durante o século XVIII. O jargão escolástico foi então substituído por "uma linguagem mais pura e mais precisa", que permitia o ensino das ciências naturais em instituições públicas, fora dos mosteiros, guildas e fraternidades, e longe do ambiente iniciático da antiga alquimia.

A HISTÓRIA NATURAL DO ENTENDIMENTO

Nos capítulos intermediários do *Coup d'œil*, Georges Cabanis se dedica a detalhar temas epistemológicos e metodológicos que auxiliem na articulação de sua tríade temática: ciência (ou filosofia natural), prática clínica e educação médica. Para tanto, ele inicia com uma breve revisão dos principais argumentos da teoria das sensações,[91] explorando com maior profundidade seus elementos filosóficos (especificamente os aspectos antimetafísicos), sempre tratados como parte de uma narrativa histórica.

Sua avaliação é que, desde a Grécia Antiga (de Aristóteles, não de Platão) até a Renascença, "nenhuma melhoria real ocorreu nos métodos filosóficos" (Cabanis, 1804, pp. 192–3). Ele então identifica Francis Bacon [1561–1626] como o precursor de um plano de reforma que abarcaria "todos os ramos da ciência", e que levaria à legitimação da ciência como fonte de conhecimento válido. Em sua opinião, Bacon "quis refazer o próprio instrumento, por meio do qual nós adquirimos todos nossos conhecimentos; foi realmente com ele que começou a época de regeneração

---

90. Tradução livre de: *Les Jésuites avoient rendu des services dans ce genre: mais ce furent MM. de Port-Royal qui offrirent le premier exemple d'un enseignement philosophique.*

91. Um resumo dos principais desenvolvimentos de *Rapports du physique et du moral de l'homme*, a obra-prima de Cabanis em termos de uma contribuição científica e filosófica, foi discutido no capítulo anterior.

das ciências"[92] (Cabanis, 1804, p. 193). Destaca também Hobbes, Locke, Bonnet e Condillac como aqueles que "sucessivamente aperfeiçoaram as visões de Bacon, e tornaram os processos de análise filosófica mais simples e seguros". Acima de tudo, Cabanis reconhece o valor dos filósofos que, "baseados num conhecimento mais exato das faculdades e operações da mente humana", estabeleceram as regras para "um modelo do verdadeiro método de pesquisa"[93] (Cabanis, 1804, p. 193–4).

Cabanis (1804, p. 194) propõe que essa perspectiva integrativa do conhecimento humano, crucial para a compreensão do então incipiente pensamento científico, seja chamada de "história natural do entendimento". Nesse sentido, sua síntese do processo histórico de surgimento da ciência moderna é certamente notável (Cabanis, 1804, pp. 164–5):

> A genialidade de Bacon e de Descartes trouxeram uma grande movimentação à racionalidade humana. Descartes agitou a Europa com suas ideias inovadoras, já Bacon só foi compreendido muito mais tarde. [...] A aplicação da álgebra na geometria das curvas e, além disso, um sistema que procurava as leis de seus fenômenos nas próprias leis do movimento deviam operar a mesma revolução nas ciências físicas. [...] A arte experimental, tão recomendada por Bacon, foi introduzida por Galileu, seu contemporâneo, e pelos discípulos da Escola florentina. Pesquisas foram feitas, segundo procedimentos mais regulares e mais seguros. Enfim, a geometria (impropriamente chamada de infinito),

92. Tradução livre de: *il a voulu refaire l'instrument lui-même, au moyen duquel nous acquérons toutes nos connoissances: et c'est bien véritablement à lui, que commence l'époque de leur régénération.*

93. Tradução livre de: *ont successivement perfectionné les vues de Bacon, et rendu les procédés de l'analyse philosophique plus simples et plus sûrs [ ] sur une connoissance plus exacte des facultés et des opérations de l'esprit humain [ ] le modèle de la vraie et seule méthode applicable à toutes les sciences.*

pressentida e mesmo indicada por Fermat, Descartes, Pascal e outros, foi descoberta logo depois por Leibnitz e por Newton.[94]

Nesta e noutras numerosas passagens do *Coup d'œil*, Cabanis expressa admiração e respeito profundos por René Descartes [1596–1650] e sua obra. Na Seção IX do Capítulo III *Visões Gerais sobre o ensino da arte de curar* — intitulada "Falsa aplicação das outras ciências na medicina. Hipóteses dos mecânicos e antigos químicos" — há um exemplo ainda mais eloquente dessa reverência a Descartes, apontado como quase criador de uma nova ciência. Cabanis comenta (1804, pp. 245):

> Como já vimos, a filosofia de Descartes reinava quase que exclusivamente nesta época. Aplicando um novo instrumento às áreas importantes e difíceis da ciência da extensão, Descartes fez disso uma ciência completamente nova. Um novo cálculo, mais ousado em suas visões, mais potente em seus efeitos, parecia colocar realmente a geometria no topo das ciências.[95]

---

94. Tradução livre de: *Le génie de Bacon et celui de Descartes avoient imprimé un grand mouvement à l'esprit humain: Descartes surtout agitoit l'Europe par ses idées nouvelles; car Bacon ne fut bien compris que beaucoup plus tard. [...] L'application de l'algèbre à la géométrie des courbes, et un système du monde qui cherchoit les loix de ses phénomènes, dans celles même du mouvement, devoient opérer la même révolution dans les sciences physiques. [...] L'art expérimental, si recommandé par Bacon, y fut introduit par Galilée son contemporain, et par les disciples de l'Ecole florentine. On dirigea les recherches d'après des procédés plus réguliers et plus sûrs. Enfin, la géométrie, dite improprement de l'infini, qu'avoient pressentie et même indiquée Fermat, Descartes, Pascal, et quelques autres, fut trouvée bientôt après, par Leibnitz et par Newton.*

95. Tradução livre de: *Comme nous l'avons déjà vu, la philosophie de Descartes régnoit à-peu-près exclusivement pendant cette époque. En appliquant un nouvel instrument à des parties importantes et difficiles de la science de l'étendue, Descartes en avoit fait une science, en quelque sorte, toute nouvelle. Un nouveau calcul, plus hardi dans ses vues, plus puissant dans ses effets, sembloit mettre bien plus véritablement encore la géométrie à la tête des sciences.*

Criticamente, ele descreve o processo pelo qual a filosofia de Descartes, após ser censurada e perseguida pelos poderes eclesiais, gradualmente entrou em voga (Cabanis, 1804, pp. 245–6):

> Como os médicos poderiam ser simples espectadores diante deste entusiasmo geral? Eles viam a maioria dos grandes fenômenos da natureza serem submetidos ao cálculo. Para poderem ser capazes de aplicá-lo, não bastava que os fenômenos da natureza seguissem uma ordem regular? O surgimento, os retornos e as mudanças dos fenômenos não deviam oferecer pontos de vista constantes, sob os quais pudéssemos analisá-los sem problemas?[96]

Cabanis intenciona atribuir ao legado cartesiano a responsabilidade pelo grave desvio supostamente ocorrido na matematização inicial da clínica médica — tema de seu livro de estreia, *Du degré de certitude de la Médecine*. Com sua ironia usual, ele observa que "Quando a filosofia de Descartes [...] transformou-se até numa espécie de superstição: a medicina foi arrastada pela corrente geral de opinião, e tornou-se cartesiana"[97] (Cabanis, 1804, p. 168). Como sempre, revelando argúcia e precisão argumentativa, ele valoriza os avanços metodológicos da análise numérica proporcionada pela abordagem cartesiana dos fenômenos mórbidos. No entanto, destaca seus limites de aplicação, "quando os métodos de investigação são perfeitamente seguros", observando que frequentemente não podemos repetir sua aplicação nos mesmos objetos (Cabanis, 1804, pp. 269–70).

---

96. Tradução livre de: *Comment les médecins seroient-ils restés tranquilles spectateurs de l'enthousiasme général? Ils voyoient soumettre au calcul, la plupart des plus grands phénomènes de la nature. Pour être susceptibles de son application, ne suffit-il pas que ses phénomènes suivent un ordre régulier; que leur apparition, leurs retours, leurs changemens offrent des points de vue constans, sous lesquels on puisse les considérer a loisir?*

97. Tradução livre de: *Quand la philosophie de Descartes [...] se transforma même en une sorte de superstition, la médecine fut entraînée par ce torrent; elle devint cartésienne*

> Ocorre o mesmo com a medicina como para os outros objetos de nossos estudos. Repetindo o exame dos fatos e das opiniões, não somente não nos arriscamos em perder alguma das verdades descobertas, mas também descobrimos muitas outras que estão encerradas nas observações, que nem mesmo desconfiávamos. As reais riquezas das ciências se encontram nas verdades constantes e reconhecidas, e não no aparelho dos sistemas. Elas são medidas pela exatidão e não pelo número ou pela aparente grandeza das ideias. [...] É assim que os conhecimentos se apuram cada vez mais. Sem dúvida, nada seria mais vantajoso do que fazer, de tempos em tempos, uma severa revisão dos conhecimentos, mesmo que não nos dessem nenhum motivo de incerteza.[98]

Ao definir o escopo da análise cartesiana dessa maneira, Cabanis fornece uma chave central para compreender a abordagem histórico-filosófica como o único meio capaz de articular conhecimento científico, prática clínica e ensino médico, em suas respectivas dimensões epistemológica, semiológica e pedagógica. Avançando a partir dessa perspectiva, Cabanis demonstra uma impressionante visão antecipatória, pois já chamava a atenção para duas categorias que, dois séculos depois, se tornariam centrais na epistemologia contemporânea: singularidade e causalidade.

Para ele, em "*la réalité des choses*" — que Henderson traduz simplisticamente como "na natureza" — os humanos de fato percebem apenas casos

98. Tradução livre de: *Il en est de la médecine comme des autres objets de nos études. En y répétant l'examen des faits et des opinions, non-seulement nous ne risquons de perdre aucune des vérités découvertes, mais nous devons, par cela même, en découvrir nécessairement beaucoup d'autres, qui sont renfermées dans les observations, et que nous n'y soupçonnons peut-être même pas. Les richesses réelles des sciences sont dans les vérités constantes et reconnues, et non dans l'appareil des systèmes; elles se mesurent sur l'exactitude, et non sur le nombre, ou sur l'apparente grandeur des idées. [ ] C'est ainsi que les connoissances s'épurent de plus en plus: et rien sans doute ne seroit plus avantageux que de faire, de temps en temps, une sévère révision de celles même qui ne laissent aucun motif d'incertitude dans les esprits..*

singulares, indivíduos concretos ou espécimes. Ao comentar que supostas identidades de doenças só existem "nos cérebros de observadores irrefletidos ou desatentos" (Cabanis, 1804, p. 209), ele antecipa restrições lógicas a modelos ontológicos de saúde-doença, que só encontrariam objeções epistemológicas consistentes na terceira década do século XX. Para concluir um argumento tão impecável, Cabanis (1804, p. 209) recorre a um dos gênios de seu tempo: "Como dizia Leibnitz, não há duas folhas que se assemelhem".[99]

Sobre causa, causalidade, causalismo e conceitos correlatos, Cabanis elabora uma perspectiva própria, embora orientado pelos filósofos empiristas ingleses John Locke e David Hume, por quem demonstra grande afinidade. Sua concepção da questão da causalidade (ainda hoje uma problemática crucial da epistemologia) é tão consistente e precisa, seu estilo de apresentação tão claro e conciso, que não posso deixar de reconhecer sua atualidade (Cabanis, 1804, p. 150):

> Os fenômenos da vida dependem de uma causa. Falando mais claramente, eles são a sequência e a consequência de outro fato anterior que conhecemos somente através dos fatos subsequentes que estão ligados a ele, quer dizer, através dos próprios fenômenos. Esta causa recebeu diferentes nomes, nas diferentes épocas da medicina e da filosofia. Hipócrates a chamava natureza impulsiva, ενορμον. Depois, ela foi denominada, sucessivamente, como *alma* ou *anima*, *sensibilidade*, *poder nervoso*, *princípio vital*, *solido vivo* etc. (itálicos no original).[100]

99. Tradução livre de: *Voilà ce qui faisoit dire à Léibnitz qu'il n'y pas deux feuilles qui se ressemblent a tous égards.*

100. Tradução livre de: *Les phénomènes de la vie dépendent d'une cause, ou pour parler plus exactement, sont la suite et la conséquence d'un autre fait antérieur, que nous ne connoissons que par les faits subséquens qui lui sont liés; c'est-à-dire par ces phénomènes eux-mêmes. Cette cause a reçu différens noms, aux différentes époques de la médecine et de*

Tomando como exemplo geral o processo clínico de diagnóstico, Cabanis demonstra que a causalidade se define no escopo das conjecturas e que os processos de determinação se estabelecem a partir de trajetórias, instâncias e etapas de atribuição de validade e representatividade. Assim sendo (Cabanis, 1804, 213–4):

> Um homem sente dores, após um grande número de circunstâncias que podem tê-las ocasionado. Se estas dores cessarem naturalmente, em meio a muitas outras circunstâncias que se misturam e se confundem, a ignorância e a irreflexão podem achar que é fácil desvendar a verdadeira causa do mal e da cura. Se a mudança favorável chegar após o emprego de certos remédios, que a analogia nos fez julgar úteis, a conjectura terá pouco peso tanto quanto os exemplos forem pouco numerosos, com o mesmo êxito em casos semelhantes. Somente com o tempo e através de observações repetidas em diversas circunstâncias, que ela poderá atingir um alto grau de probabilidade.[101]

Desse modo, Cabanis indica que a ideia de causalidade se manifesta no plano estatístico das probabilidades e no plano metodológico dos experimentos terapêuticos. Partindo de uma crítica lógico-filosófica do

---

la philosophie. Hippocrate l'appeloit nature impulsive, ενορμον. Elle a depuis été nommée successivement ame, sensibilité, solide vivant, force nerveuse, principe vital, &c.

101. Tradução livre de: *Un homme éprouve des douleurs, à la suite d'un grand nombre de circonstances qui peuvent également les avoir occasionnées: si ces douleurs cessent naturellement, au milieu de beaucoup d'autres circonstances qui se mêlent et se confondent, l'ignorance et l'irréflexion peuvent seules regarder comme facile, de démêler et la véritable cause du mal, et celle de la guérison. Si le changement favorable arrive ensuite de l'emploi de certains remèdes, que l'analogie avoit fait présumer utiles, la conjecture d'après laquelle nous prononçons qu'ils l'ont été réellement, a d'autant moins de poids que les exemples du même succès, dans des cas semblables, sont moins nombreux: et ce n'est qu'avec le temps, et par des observations répétées dans diverses circonstances, qu'elle peut atteindre à un très-haut degré de probabilité.*

causalismo, a abordagem de Cabanis sobre a causalidade revela uma forte influência do ceticismo anti-indutivista humeano (Cabanis, 1804, p. 212):

> A palavra *causa* não deve nos fazer olhar os fenômenos da natureza como se estivessem contidos uns nos outros, produtos e geradores, sucessivamente. Na verdade, existem para nós somente fatos que se apresentam simultaneamente ou em uma ordem sucessiva. Tudo o que a observação racional pode fazer é estabelecer, entre eles, relações de analogia ou de diferença, de independência recíproca ou de subordinação e encadeamento. Dois fatos se assemelham ou se diferem, eles aparecem sempre juntos ou ocorrem frequentemente isolados. Se virmos um fato acontecer constantemente após outro fato, nós diremos que um é o efeito e o outro é a causa. Entretanto, estes nomes não lhes dão novas qualidades, eles expressam somente a ordem de sua sucessão.[102]

Postulando uma resposta ao problema de Hume, por meio de uma expectativa de superação do indutivismo, Cabanis (1804, pp. 215–6) defende uma versão prática da lógica dedutiva, como segue:

> As regras muito gerais tiradas das semelhanças são corrigidas por outras regras tiradas das diferenças. Descemos até os fatos individuais; as distinções e as próprias exceções se classificam; forma-se, a partir daí,

---

102. Tradução livre de: *Ce mot, cause, ne doit point nous faire regarder les phénomènes de la nature, comme contenus les uns dans les autres, comme tour-à-tour engendrés et générateurs: car il n'existe véritablement pour nous, que des faits, qui se présentent, ou simultanément, ou dans un ordre successif. Tout ce que peut l'observation raisonnée, est d'établir entr'eux, des rapports d'analogie ou de différence, d'indépendance réciproque ou de subordination et d'enchaînement. Deux faits se ressemblent, ou ils diffèrent; ils paroissent toujours ensemble, ou ils surviennent souvent isolés. Si nous voyons un fait arriver constamment à la suite d'un autre, nous disons que le premier est l'effet, le second la cause. Mais ces noms ne leur donnent pas des qualités nouvelles: ils expriment seulement l'ordre de leur succession.*

outros sistemas mais parciais; deste conjunto de operações sucessivas, cujos efeitos se retificam ou se compensam mutuamente, tira-se resultados que se tornam mais exatos e mais completos.[103]

Como estratégia orientadora da pesquisa científica, ele propõe uma nova ordem de exposição dos fatos, por meio de métodos confiáveis de observação, experiência e raciocínio — componentes de uma agenda pedagógica renovada. O valor da precisão e do rigor na metodologia científica (o que hoje chamamos de etapa de coleta de dados ou produção de evidências, dentro do processo de pesquisa) é apresentado por Cabanis (1804, p. 17) com clareza e detalhamento:

> O observador pode ainda verificar, através de meios seguros, todos os objetos de suas pesquisas. Ele pode avaliar, com precisão, o efeito dos medicamentos e traçar regras que aproximem, cada vez mais, sua administração com alto grau de certeza, classificando-os com método. Ele pode avaliar também os casos com suas nuances e os próprios remédios em suas diversas associações.[104]

Cabanis então introduz a questão do valor instrumental da teoria, ou dos sistemas teóricos, na produção do conhecimento científico e na demarcação de sua validade pragmática. Para tanto, ele oferece um caminho

---

103. Tradução livre de: *Les règles trop générales tirées des ressemblances, se corrigent par d'autres règles tirées des différences. On descend jusqu'aux faits individuels: les distinctions, les exceptions elles-memes se classent; il s'en forme d'autres systêmes, toujours plus partiels: et de cet ensemble d'opérations successives, dont les effets se rectifient, ou se compensent mutuellement, on tire des résultats qui deviennent de jour en jour, plus exacts et plus complets.*

104. Tradução livre de: *L'observateur peut encore ici, vérifier par des moyens sûrs, tous les objets de ses recherches: il peut évaluer avec précision l'effet des médicamens, et se tracer des règles qui rapprochent de plus en plus, leur administration d'un haut degré de certitude, en classant avec méthode, et les cas avec leurs nuances, et les remèdes eux-mêmes dans leurs diverses associations.*

duplo. Por um lado, ele elabora um argumento sobre a contradição entre singularidade e universalidade em termos dialéticos. Por outro lado, busca estabelecer o nexo causal não como atributo intrínseco das doenças, mas como propriedade de modelos teóricos capazes de referenciar os fenômenos saúde-doença. Sua conclusão é mais uma vez simples e precisa (Cabanis, 1804, pp. 208–9):

> Então, não se trata mais de valores abstratos, onde o certo é permanecer sempre no estado em que eles foram fixados. Não se trata mais do círculo ou do triângulo geométrico, das relações de números incapazes de mudar e nem da pleurite, definida por uma frase que nos faz lembrar a tosse, a dor de lado, a expectoração de sangue. São, na realidade, conjuntos de fenômenos, sempre diferentes, sempre individuais e específicos que se oferecem aos nossos olhos. Mais estamos preparados a ver, menos encontraremos estas pretensas identidades de doenças que existem somente no cérebro dos observadores irrefletidos ou desatentos. Resumindo, acabamos percebendo somente indivíduos na realidade das coisas.[105]

Objetos puramente racionais — assim como certas propriedades elementares que podem ser examinadas em relação aos objetos da ciência — se esgotam no nível da construção conceitual. No entanto, a situação inevitavelmente muda "quando tentamos aplicar nossos conhecimentos a objetos comuns" (Cabanis, 1804, p. 208). Ele ilustra o argumento com uma

---

105. Tradução livre de: *On n'agit plus alors, sur des valeurs abstraites, dont le propre est de rester toujours telles qu'elles ont été fixées. Ce n'est plus le cercle, ou le triangle géométrique; ce ne sont plus des rapports de nombres incapables de changer. Ce n'est point également cette pleurésie définie par une phrase, qui rappelle la toux, le point de côté, l'expectoration sanglante: ce sont des ensembles de phénomènes, toujours différens, toujours individuels et spécifiques, qui s'offrent à nos yeux: et plus nous sommes en état de bien voir, moins nous retrouvons ces prétendues identités de maladies, qui n'ont d'existence que dans le cerveau des observateurs irréfléchis ou inattentifs. En un mot, on finit par ne reconnoître que des individus dans la réalité des choses.*

exposição detalhada sobre o diagnóstico do conjunto de sintomas conhecido pela palavra abstrata *pleurisia* — desde as sensações que se tornam sintomas, até a evolução clínica, prognósticos, indicações terapêuticas, distribuição espacial (Cabanis, 1804, pp. 201–3). Isso não pertence mais a categorias, ou valores abstratos, ou objetos geométricos formais, como um círculo ou um triângulo, ou a relações algébricas entre números e símbolos, ou conceitos teóricos. Segundo Cabanis, somente a rigorosa análise científica, filosófica e histórica pode permitir a definição, descrição, reconhecimento e distinção dos sinais e sintomas patognomônicos que "permaneceram por muito tempo confundidos, sob a máscara enganosa de uma denominação comum" (Cabanis, 1804, p. 204).

RECRIANDO *LA MÉTHODE*

Para Cabanis, o principal desafio epistemológico do momento histórico em que viveu e sobre o qual refletiu era claro: recriar a perspectiva cartesiana superando seu viés teológico e metafísico. Para tanto, recorrendo implicitamente aos *idéologues* e remotamente aos *Encyclopédistes*, identifica três famílias de métodos que poderiam realizar a desejada integração entre conhecimento científico e expertise clínica: (I) métodos de observação; (II) métodos experimentais; (III) métodos de raciocínio. Depois de confirmar que já havia lidado com os dois primeiros métodos, Cabanis propõe decompor os métodos de raciocínio, que ele chama de "procedimentos de análise filosófica", em quatro modos: (1) descrição; (2) decomposição-recomposição; (3) análise histórica; (4) dedução ou "análise das análises".[106]

Dada a clareza com que Cabanis elabora cada definição, incluo esta longa mas necessária passagem (1804, pp. 277–8; itálicos no original):

106. O termo "análise das análises" não faz parte do glossário cabanisiano; é minha interpretação da intenção metanalítica do componente dedutivo dos quatro tipos de análise de Cabanis.

> Então, por exemplo, podemos olhar um corpo sob o simples ponto de vista de sua grandeza, de sua forma, das relações de suas partes, de sua situação em relação a um ou vários outros corpos, das semelhanças ou diferenças que a natureza aplicou entre estes corpos. O que faz então a análise? Ela *descreve* com exatidão este corpo, lhe indica o lugar que ocupa em relação àqueles que consideramos estarem juntos dele. A isto damos o nome de *análise descritiva*. Se as pesquisas não se limitam às qualidades externas e a estas relações de situação; se quisermos conhecer os elementos que compõem um corpo, quer dizer, as partes da matéria cuja íntima combinação o constitui; se separarmos estas diversas partes para examinar a natureza de cada uma, ou pelos menos os caracteres que nos são manifestados; então, o resultado da análise não será mais uma simples descrição deste corpo. Para estudá-lo sob este ponto de vista, é necessário decompô-lo. Se chegarmos a recompô-lo, combinando novamente suas partes constitutivas, a análise será perfeita. [...] Podemos chamá-la de análise de *decomposição e recomposição*.[107]

É pertinente verificar o que a díade decomposição-recomposição evoca diretamente do pensamento de Descartes — ela condensa a segunda e

107. Tradução livre de: *Ainsi, par exemple, on peut envisager un corps sous le simple point de vue de sa grandeur, de sa forme, des relations de ses parties entre elles, de sa situation à l'égard d'un ou de plusieurs autres corps, des ressemblances, ou des différences que la nature a mises entre eux. Que fait alors l'analyse? Elle décrit exactement ce corps; elle lui assigne la place qu'il occupe, relativement à ceux que l'on considère conjointement avec lui. C'est donc ce qu'on peut appeler analyse de description. Si les recherches ne se bornent pas à ces qualités extérieures, à ces rapports de situation; si l'on veut connoître les élémens dont un corps est composé, c'est-à-dire les parties de matière dont l'intime combinaison le constitue; et si l'on sépare ces diverses parties, pour examiner la nature de chacune d'elles, ou du moins les caractères par lesquels elles se manifestent à nous: le résultat de l'analyse n'est plus une simple description de ce corps. Pour l'étudier sous ce point de vue, il faut le décomposer: et si l'on parvient à le recomposer, en combinant de nouveau ses parties constitutives, qu'on avoit d'abord isolées, l'analyse est parfaite. [ ] On peut l'appeler analyse de décomposition et de recomposition.*

a terceira regras do *Discurso do Método* em um único movimento de produção de conhecimento científico válido (Descartes, 2001). Cabanis continua (1804, pp. 278–9; itálicos no original):

> Porém, os objetos de nossas pesquisas nem sempre se oferecem simultaneamente ao nosso olhar. [...] Algumas vezes, quando se analisa certos corpos, o observador estudará as mudanças que eles sofreram. Ele terá a necessidade, então, de traçar o quadro das mudanças anteriores. No estudo destes fenômenos, queremos descobrir se existe alguma relação entre eles ou verificar se não há nenhuma. No quadro destas mudanças, ele procura reconhecer todas as propriedades com as quais a natureza dotou os corpos. Quando as observações e as experiências necessárias para completar um trabalho são realmente reunidas, temos como resultado histórias bem argumentadas. Daí se sucedem os fatos relativos aos objetos de nossas pesquisas, que se desenvolverão em uma ordem natural. Nós a denominaremos *análise histórica*.[108]

Cabanis claramente prioriza a dedução como foco e meta de todo o processo analítico, incorporando e subsumindo os outros modos de análise. Isso se dá porque a análise dedutiva também compreende descrição de objetos, decomposição e recomposição de ideias, bem como resultados

---

108. Tradução livre de: *Mais les objets de nos recherches ne s'offrent pas toujours simultanément à nos regards. [...] Quelquefois même, lorsqu'il s'agit de l'étude de certains corps, c'est par les changemens qu'ils subissent sous l'œil de l'observateur qu'on les étudie; c'est le tableau raisonné des changemens antérieurs qu'ils peuvent avoir subis, qu'on a pour but de tracer. Dans l'étude de ces phénomènes, on veut découvrir s'ils ont des relations entre eux, ou vérifier s'ils n'en ont réellement pas. Dans le tableau de ces changemens, on cherche à reconnoître toutes les propriétés dont les corps ont été doués par la nature; et lorsqu'on a véritablement réuni les observations et les expériences nécessaires pour compléter l'un ou l'autre genre de travail, il en résulte des histoires raisonnées, où la succession des faits relatifs à tels ou tels objets de nos recherches, se développe dans l'ordre naturel. C'est ce que nous appellerons analyse historique.*

que só podem ser fornecidos pela análise histórica. De um ponto de vista lógico, podemos portanto justificar a interpretação da abordagem dedutiva como uma "análise das análises". Aqui está o que Cabanis escreveu a esse respeito (1804, pp. 279–80; itálicos no original):

> não são mais os objetos diretos e materiais de nossas sensações que se tornam o sujeito de nossas pesquisas. Nós operamos sobre os produtos de nosso entendimento, ou melhor, sobre seus signos. Este é o único meio pelo qual podemos representá-los e submetê-los ao exame. Quando os signos são bem-feitos, expressam e circunscrevem com precisão as ideias, podemos sempre confirmar se cada uma destas abarca uma ou várias outras ideias. Seguimos, sem problema, a ordem de seu encadeamento. Vamos, de consequência em consequência, com total certeza. Também podemos, a cada instante, tornar perceptível a demonstração de todos os resultados. Este conjunto de operações de nossa inteligência pode ser chamado de *análise dedutiva*.[109]

Ao apresentar, de forma detalhada e sistemática, as aplicações de cada um desses conceitos na prática médica, especialmente no campo da terapêutica, Cabanis expressa sua reverência e desejo de contribuir com a filosofia sensualista de Condillac. A esse respeito, Cabanis levanta alguns pontos que me parecem fundamentais para apreciar a rigorosa construção filosófica do *Coup d'œil*. Em pelo menos quatro aspectos, ele antecipa

109. Tradução livre de: *ce ne sont plus les objets directs et matériels de nos sensations, qui deviennent le sujet de nos recherches: nous opérons sur des produits de notre entendement, ou plutôt sur leurs signes, seul moyen par lequel nous puissions nous les représenter, et les soumettre à l'examen. Quand les signes sont bien faits, quand ils expriment nettement et circonscrivent avec précision les idées, on peut toujours s'assurer si chacune d'elles en renferme véritablement une ou plusieurs autres; on suit, sans peine, l'ordre de leur enchaînement; on marche de conséquence en conséquence, avec une entière certitude; et l'on peut à chaque instant, rendre sensible la démonstration de tous les résultats. Cet ensemble d'opérations de notre intelligence, peut s'appeler analyse de deduction.*

questões epistemológicas gerais que poderíamos considerar altamente contemporâneas: uma compreensão aproximativa ou gradual da complexidade; uma perspectiva historicista do conhecimento; a habilidade de integrar ciências físicas e ciências simbólicas; e uma concepção holística e dialética da realidade.

Em primeiro lugar, a estrutura integrativa da leitura cabanisiana da proposta metodológica de Condillac implica uma abordagem gradual da complexidade: da descrição mais simples à dedução mais complexa e abrangente. No entanto, essa articulação interanalítica não opera de forma linear e gradualista. Para ele (Cabanis 1806, 257), a análise histórica implica simultaneamente descrição e dedução, porque ela "decompõe e recompõe os objetos, ou os fenômenos e mudanças, que ela tem por objetivo encadear em sua ordem natural e traçar em seus quadros fiéis".[110]

A divisão cartesiana mente-corpo era uma questão central para o materialismo iluminista. A formulação dessa questão como um problema filosófico, realizada pelo próprio Cabanis (1804, pp. 150–1), é uma ilustração exemplar de como aplicar o método dedutivo de análise (itálicos no original):

> Quando se estabeleceu de maneira formal e dogmática a distinção entre espírito e matéria, a *alma* foi definida como espírito. Os filósofos, como os teólogos, passaram a vê-la como imaterial. O corpo e a alma foram separados. Para explicar as funções dos diferentes órgãos do corpo, admitiu-se, segundo o país e a época, diferentes causas ou forças materiais conectadas à alma, seu superior comum. Opiniões mais dogmáticas estabeleceram que o pensamento era uma função exclusiva da alma, essencial à sua existência. Seu exercício ininterrupto, durante toda a vida, só cessa realmente com a dissolução do corpo.

110. Tradução livre de: *décompose et recompose encore sans cesse, les objets, ou les phénomènes et les changemens qu'elle a pour but d'enchaîner dans leur ordre naturel, ou de retracer dans ses fidèles tableaux.*

> A partir deste momento, a palavra *alma* não podia mais se limitar a designar a causa primeira ou a abstração dos fenômenos vitais. Ela passou a significar o princípio do pensamento, o próprio pensamento. Na linguagem comum, esta palavra servia para expressar o ser moral ou o conjunto das ideias e dos sentimentos.[111]

Em segundo lugar, Cabanis afirma a relevância de uma perspectiva historicista (que ele chama de abordagem histórico-filosófica) capaz de guiar a construção de um dado campo científico, em permanente mudança. Nos parágrafos iniciais do *Coup d'œil*, ele comenta (1806, p. 3) que "novos fatos observados, ou novas ideias adquiridas" acabam por desestabilizar os fundamentos de uma dada ciência, para então renová-los inteiramente. Ele também observa que "o número sempre crescente desses fatos e dessas ideias nos força", de maneira metódica e disciplinar, "de tempos em tempos, a rever e a simplificar as classificações que os encadeiam e os métodos que têm por objetivo facilitar seu estudo".[112] A metáfora da ciência como viagem, que Cabanis (1804, pp. 3–4) emprega para explicar o caráter

---

111. Tradução livre de: *Quand on eut établi d'une manière formelle et dogmatique, la distinction de l'esprit et de la matière, l'ame fut l'esprit; et les philosophes, de concert avec les théologiens, la regardèrent comme immatérielle. Le corps en fut donc séparé, par cela même qu'il étoit le corps; et pour expliquer les fonctions de ses différens organes, on admit, suivant les pays et les temps, différentes causes, ou forces, matérielles ainsi que lui, mais soumises par des connexions inconnues, à l'ame leur supérieur commun. Des opinions plus dogmatiques encore ayant établi que la pensée est une fonction exclusivement propre à l'ame, essentielle à son existence, et dont l'exercice, continué sans interruption pendant toute la durée de la vie, ne cesse véritablement qu'à la dissolution du corps: dès ce moment, le mot ame ne pouvoit plus se borner à désigner la cause première, ou l'abstraction des phénomènes vitaux; il signifia le principe de la pensée, la pensée elle-même; et dans le langage commun, on s'en servit pour exprimer l'être moral, ou la collection des idées et des sentimens.*

112. Tradução livre de: *les nouveaux faits observés, ou les nouvelles idées acquises [...] le nombre toujours croissant de ces faits et de ces idées force, de temps en temps, à revoir et à simplifier les classifications qui les enchaînent, et les méthodes qui ont pour objet de faciliter leur étude.*

histórico e construtivista do processo de pesquisa, é interessante, pertinente e, surpreendentemente, extremamente atual:

> A ciência se assemelha, neste caso, a um viajante curioso que, ao recolher na estrada tudo que lhe interessa, vê aumentar a cada instante sua bagagem e é frequentemente forçado a examiná-la, seja para se livrar de objetos inúteis ou que têm duplo emprego, seja para organizar melhor os objetos dos quais não pode abrir mão, a fim de que ocupem menos espaço e que seu transporte, ou seu emprego, se torne mais fácil e mais cômodo.[113]

Dessa forma, Cabanis parece antecipar, em mais de um século, os conceitos de obstáculo epistemológico e ruptura epistemológica de Gaston Bachelard, posteriormente apropriados (sem o devido crédito) pela abordagem de Thomas Kuhn sobre as revoluções científicas. Além disso, em sua concepção de ciência como produto histórico de um materialismo racional culturalmente referenciado, Bachelard (1963) parece ser um verdadeiro herdeiro (não declarado, talvez relutante) da linhagem de Cabanis e dos *idéologues*.

Em terceiro lugar, (retomando um argumento-chave de sua contribuição pioneira para a teoria fisiológica das emoções, em *Rapports*) Cabanis argumenta que, para se tornar científica, a arte de curar deve aproveitar o melhor da relação entre as ciências naturais e a filosofia moral — esta última é equivalente ao que hoje chamamos de humanidades e ciências sociais. Por um lado, para ele, a medicina deve usar a linguagem precisa da ciência para produzir conhecimento relevante; por outro lado, tomar emprestado o tom

---

113. Tradução livre de: *La science ressemble dans ce cas, à un voyageur curieux qui, sur sa route recueillant tout ce qui l'intéresse, voit se grossir à chaque instant son bagage, et se trouve fréquemment forcé d'en faire l'examen, soit pour se débarrasser des objets inutiles, ou qui font double emploi, soit pour disposer dans un meilleur ordre d'arrangement ceux dont il ne peut se détacher, afin qu'ils occupent moins d'espace, et que leur transport, ou leur emploi devienne plus facile et plus commode.*

comunicativo e popular do discurso moral deveria aumentar a efetividade do cuidado em saúde. Em suas palavras (Cabanis, 1804, pp. 6–7):

> Colocada entre a física e a moral, trata-se agora de reconhecer e mostrar, com evidência e exatidão, suas relações verdadeiras com cada uma destas ciências. É preciso que a medicina faça uso da linguagem severa e exata da primeira, e do tom comunicativo e, por assim dizer, vulgar da segunda. É preciso que ela se ilumine com tudo o que a filosofia racional tem de mais rigorosamente determinado em suas teorias e, também, do que sua aplicação diária à natureza sensível oferece de mais fino e delicado.[114]

Como condição crucial para sustentar uma prática clínica cientificamente fundamentada, as teorias diagnósticas e terapêuticas devem ser legitimadas por meio da avaliação constante de seus resultados — empregando controle metodológico preciso, bem como vigilância epistemológica cuidadosa e constante. É necessário, pois, determinar com rigor o significado das palavras usadas na ciência, para "poder banir inteiramente de sua linguagem aquela vagueza e obscuridade, que tanto a desfiguram"[115] (Cabanis, 1804, pp. 7–8).

Em quarto lugar, a epistemologia cabanisiana é baseada numa concepção holística e dialética da realidade — diretamente referente a Heráclito e Francis Bacon. (Essa visão ressoa com as teorias da complexidade que se tornaram cada vez mais influentes na ciência contemporânea.) De fato, para

114. Tradução livre de: *Placée entre la physique et la morale, ce sont sur-tout ses rapports véritables avec l'une ou l'autre de ces deux sciences qu'il s'agit maintenant de reconnoître et de montrer avec évidence et avec exactitude. Il faut qu'elle emprunte le langage sévère et précis de la première, le ton communicatif et pour ainsi dire vulgaire de la seconde. Il faut qu'elle s'éclaire de tout ce que la philosophie rationnelle a de plus rigoureusement déterminé dans ses théories, et de ce que son application journalière à la nature sensible, offre de plus délicat et de plus fin.*

115. Tradução livre de: *pouvoir bannir entièrement de sa langue ce vague et cette obscurité qui la défigurent presque par-tout.*

Cabanis (1804, p. 22), o pesquisador que estuda cientificamente a natureza não pode "nem separar aqueles objetos que se ligam por relações fixas, nem dividir aqueles que formam um todo".[116] Essas ideias são apresentadas com muita clareza logo no início do *Coup d'œil* (Cabanis, 1804, pp. 35–6):

> Na natureza das coisas, todas as verdades formam, sem dúvida, uma cadeia onde os elos estão infalivelmente unidos. No estado atual de nossos conhecimentos, podemos compreender e acompanhar somente algumas partes isoladas desta cadeia.[117]

E assim prossegue Cabanis (1804, p. 36):

> Tudo leva a crer que se chegarmos a ordenar e estreitar os conhecimentos em verdadeiros elementos, não descobriremos mais intervalos nem separações entre suas partes. Será somente, por assim dizer, um corpo organizado no qual diversos elementos serão feitos um para o outro e no qual todos os movimentos se apoiam mutuamente. Enfim, nesse arranjo metódico e completo, com todas as verdades alcançando um pequeno número de princípios que lhes servirão de base ou de ancoragem comum, o espírito seguirá sem problemas os diferentes elos e as numerosas ramificações. O direito de apreendê-los em seu conjunto não será mais atributo exclusivo do gênio.[118]

116. Tradução livre de: *on ne peut ni séparer les objets qui se tiennent par des rapports constans, ni scinder ceux qui forment un tout.*

117. Tradução livre de: *Dans la nature des choses, toutes les vérités forment sans doute une chaîne, dont les anneaux sont invinciblement unis entr'eux. Dans l'état actuel de nos connoissances, nous ne pouvons saisir et suivre que des parties isolées de cette chaîne.*

118. Tradução livre de: *tout porte à croire que si l'on parvient à mettre en ordre et à resserrer toutes les connoissances humaines dans de véritables élémens, on ne découvrira plus entr'elles, d'intervalles ni de séparations: ce ne sera plus, pour ainsi dire, qu'un corps organisé, dont les divers membres sont faits l'un pour l'autre, et dont tous les mouvemens se prêtent un appui mutuel. Enfin, dans cet arrangement méthodique et complet, toutes*

Por fim, a narrativa autoral, abrangente e panorâmica do *Coup d'œil* revela — para além de seu caráter reconhecidamente descritivo e historiográfico — uma obra valorativa e fundacional (na medida em que estabelece as bases filosóficas para uma reforma profunda da medicina e da educação médica). O empreendimento de Cabanis é conceder o status de medicina científica às milenares *Ars curandi* [artes de curar] e reinventar a educação como parte de uma missão política emancipatória. Nesse sentido, *Coup d'œil* constitui um meticuloso ensaio prospectivo, orgânico aos esforços do Iluminismo para uma recomposição de valores, guiado pelas novas contribuições da *Idéologie*, e alinhado à matriz cultural faustiana da burguesia ascendente.

COMENTÁRIOS ADICIONAIS

Cabanis sempre revelou um notável interesse em contribuir para a concretização do grande projeto de vida dos seus saudosos amigos e parceiros políticos Mirabeau e Condorcet: a reorganização do sistema educacional francês em todos os setores e níveis. Uma vez eleito para o *Institut de France*, empreendeu um processo auto-imposto de preparação intelectual para uma cruzada político-ideológica, procurando aplicar as regras de análise formuladas por Locke e Condillac, em linha com a lógica de raciocínio cartesiana, a todo o corpus do conhecimento humano, com foco na medicina e na educação. A demanda feita por Garat para Cabanis escrever, revisar e divulgar essa pequena obra-prima (definitivamente não um esboço) simplesmente o encorajou a seguir em frente com um projeto ambicioso e eminentemente político: nada menos que a libertação da humanidade por meio da educação. *Coup d'œil* foi o resultado desse empreendimento intelectual e político.

---

les vérités venant aboutir à un petit nombre de principes, qui leur serviront comme de base, ou de point d'attache commun, l'esprit en suivra sans peine les différens chaînons et les ramifications nombreuses; et le droit de les embrasser dans leur ensemble, ne sera plus l'attribut exclusif du génie.

Como o canto do cisne da curta mas densa obra cabanisiana, o *Coup d'œil* quase se desculpa por se assemelhar a um rascunho. No entanto, seu autor em nada abdica de uma visão panorâmica, integrando ciência, política, medicina e educação. Essa obra realmente constitui uma espécie de testamento intelectual, na forma de um estudo piloto para parte específica (o ensino superior na área da saúde) de uma ampla reforma educacional, que por sua vez fazia parte de uma agenda de reforma social determinada pelo refluxo de uma revolução política. Além disso, o texto implicava um esforço para restaurar e reforçar os valores políticos e ideológicos que, para Cabanis e seus aliados, haviam sido ameaçados pelas propostas radicais dos jacobinos, politicamente à esquerda da Assembleia Nacional (Quinlan, 2007).

Para Cabanis, a revolução da saúde e a reforma do ensino médico eram um passo necessário para modernizar a medicina do ponto de vista científico. Mas isso só poderia ser alcançado desenvolvendo primeiro uma pedagogia tão criativa quanto rigorosa, capaz de formar sujeitos para operar os conceitos filosóficos, os métodos científicos e as estratégias políticas de uma nova ordem social, tal como concebida pelos *idéologues*. A desejável harmonia entre ciência rigorosa e pedagogia eficiente seria uma "reunião preciosa, e talvez indispensável, para impedir que a prática de uma ciência, cujos objetos são tão variados e móveis, torne-se mais um flagelo para a humanidade"[119] (Cabanis, 1804, p. 7). Para tanto, insiste nosso *médecin-philosophe* (1804, p. 7):

> é preciso que a perfeição do seu ensino forme para a prática espíritos profundos, amplos, firmes e flexíveis, que encontrem nas luzes de uma razão transcendente, esse conhecimento da vida e essa sabedoria de

119. Tradução livre de: *réunion précieuse, et peut-être indispensable, pour empècher que la pratique d'une science dont les objets sont si variés et si mobiles, devienne un fléau de plus pour l'humanité.*

aplicação, sem os quais todos os dons da natureza e da arte parecem quase inúteis.[120]

Conforme discutido no início deste capítulo, a ambigüidade do título *Coup d'œil* e as aparentes inconsistências nos objetivos do livro são, em última instância, enganosas, pois a obra compreende uma ponderada análise histórica, filosófica e política da educação médica e de seus métodos de ensino-aprendizagem. As formulações de Cabanis para a construção de soluções pedagógicas eficazes, alicerçadas em bases filosóficas, éticas, políticas e científicas, foram inovadoras e ousadas para a época. Essas formulações e soluções constituem a parte final do *Coup d'œil*, e são o assunto do próximo capítulo.

120. Tradução livre de: *il faut que la perfection de son enseignement forme pour la pratique, des esprits tout ensemble profonds, étendus, fermes et souples, qui joignent aux lumières d'une raison transcendante, cette connoissance de la vie et cette sagesse d'application, sans lesquelles tous les dons de la nature et de l'art semblent presqu'inutiles.*

CAPÍTULO 6
A REFORMA CABANIS

Ao longo de todo o século XVIII, uma longa e dolorosa era da aristocracia decadente, a medicina foi ensinada como uma matéria retórica, representada por doutrinas relutantes em aceitar as novas descobertas científicas e as críticas filosóficas do Iluminismo. Por motivos pouco pedagógicos, a educação médica era estruturada em torno de discursos sombrios, palestras pomposas e recitações decoradas. Na França, o sistema de ensino médico consistia em escolas de baixa qualidade, onde uma nobreza decadente competia por cátedras como fonte segura de renda, já que apenas professores titulares eram autorizados a ministrar cursos pagos. Conforme descrito por Foucault (1963, p. 48), "o ensino canônico ministrado na Faculdade já não [respondia] às demandas práticas". O treinamento prático ocorria fora dos ambientes acadêmicos formais. Aprendizes médicos tinham de seguir as visitas domiciliares de "um médico renomado, que exigia compensação [monetária]". A preparação dos exames de qualificação era igualmente cara. Tudo isso inflou os custos da educação médica.[121]

121. Essa descrição crítica do estado precário do ensino médico na França do final do século XVIII é surpreendentemente semelhante ao contexto dos Estados Unidos na época dos estudos de Abraham Flexner [1866–1959]. O famoso Relatório Flexner ajudou a desconstruir essa realidade durante a década de 1910 (Almeida Filho, 2010). Mais incrível ainda, um cenário comparável continua atual em muitas partes do mundo, como no caso do Brasil, mais de cem anos depois (Almeida Filho, 2011).

Laurence Brockliss (1998, p. 71), o mais proeminente dos historiadores britânicos especializados na Revolução Francesa, também faz um duro comentário crítico sobre as condições de formação profissional nas faculdades de medicina das universidades francesas antes da Revolução de 1789. Ele destaca dois aspectos:

> Por um lado, o sistema era maculado pela corrupção, pois os professores eram preguiçosos e os diplomas eram concedidos sem um exame adequado dos conhecimentos do candidato. Por outro lado, e as duas questões estão interligadas, o currículo das faculdades de medicina era completamente inadequado como treinamento para a prática médica.[122]

O *Ancien Régime* deixou o legado da política como monopólio de uma casta aristocrática e da educação superior como um dos poucos privilégios desfrutados pela nova burguesia ascendente do século XVII. Na tentativa de superar esse estado de coisas, a agenda dos líderes políticos da Revolução Francesa incluiu inicialmente medidas radicais, como a extinção de sociedades científicas, corporações e guildas, o fechamento de academias, universidades e faculdades, e a aprovação de planos de reforma institucional (Foucault, 1963, p. 75). Tais medidas foram complementadas por duas estratégias de médio e longo prazo: uma delas foi o já mencionado rigor de normatização e regulamentação, que condicionou o direito ao exercício da profissão médica à formação profissional reconhecida pelo Estado; a outra, uma profunda reorganização da estrutura do ensino e do próprio sistema de ensino — o assunto deste capítulo.

Em apenas seis anos, entre 1794 e 1800, as ideias, soluções e ações que constituiriam uma grande reforma educacional na França foram

---

122. Tradução livre de: *On the one hand, the system was marred by corruption in that professors were lazy and degrees were awarded without a proper examination of the candidate's knowledge. On the other, and the two were not unconnected, the curriculum of the medical faculties was completely inadequate as a training for medical practice.*

sintetizadas em vários *rapports*, propostas, documentos, projetos e leis aprovadas. Materializaram-se pela primeira vez na reorganização das faculdades e das academias científicas e literárias, como as várias classes do *Institut National de France*, com a participação ativa de Georges Cabanis, seus colegas *idéologues* e outros contemporâneos.

Aproveitando suas cátedras na *École de Santé de Paris* e posteriormente na *Faculté de Médecine*, além da posição de colaborador do *Comité d'instruction publique*, com assento no influente *Conseil des Cinq-Cents*, Georges Cabanis mostrou-se uma importante figura política e intelectual de seu tempo. Como observa Alain Larcan (2006, p. 88), "as reformas médica e educacional decorrentes da revolução e do Consulado [...] muito devem a Cabanis". Não obstante a orientação e contribuição individual dele, a desconstrução e a recriação da medicina francesa na transição da Revolução de 1789 para a Restauração, passando pela curta e intensa era napoleônica, foram uma obra coletiva e multifacetada, em termos filosóficos, científicos e pragmáticos. Ainda assim, dada a liderança ativa de Georges Cabanis na elaboração, proposição, discussão, aprovação e implementação de uma série de atos legislativos e iniciativas políticas relacionadas à educação, o distanciamento histórico nos permite analisar esses esforços como a Reforma Cabanis.

UMA CRÍTICA DA EDUCAÇÃO MÉDICA

Como vimos no capítulo anterior, *Coup d'œil* molda e sintetiza um ambicioso e intrincado projeto de resgate da história da prática médica e de definição filosófica das ciências e dos saberes que a fundamentam. Somente após essas cuidadosas considerações históricas, filosóficas, políticas e práticas é que o médico-filósofo se sentiu apto a expor sua concepção pedagógica, que denominou de "aplicação de métodos analíticos na arte de curar" (Cabanis, 1804, p. 194). Isso, por sua vez, serviu de base para propostas adicionais de organização curricular.

Cabanis conclui o Capítulo II do *Coup d'œil* com uma seção sobre a história da educação médica, intitulada *État de l'enseignement* [Situação do ensino]. Ele abre a seção analisando criticamente o sistema de educação médica que surgiu a partir do Renascimento. Para ele, aquele modelo de educação, baseado numa pedagogia retórica, deveria ter sido sepultado pela Revolução junto com o *Ancien Régime*. Em sua avaliação, Cabanis (1804, p. 177) descreve, quase com indignação, um *status quo* inerte e profundamente conservador, apegado às tradições e à pompa, resistente a mudanças de qualquer natureza:

> Em todos os séculos, as escolas quase sempre se deixaram levar pelos sistemas dominantes. Por uma fatalidade singular, quase sem exceção, elas partilharam todos os erros desses sistemas, sem aproveitar muito das novas verdades. [...] O ensino era confiado, desde o renascimento das Letras, a corpos lentos, obstinados em seus princípios e que, além disso, tinham interesse, por vaidade ou por política, a repelir as novas ideias. Sendo assim, o ensino esteve quase sempre atrasado em relação às luzes de cada século.[123]

Segundo Cabanis (1804, p. 184), podia-se ver no *establishment* médico e nas instituições de treinamento "o progresso do banditismo, da loucura e do furor que se reporoduzem sob todas as formas".[124] Em suas vívidas palavras (Cabanis, 1804, pp. 184–5):

---

123. Tradução livre de: *Dans tous les siècles, les écoles se sont laissé plus ou moins entraîner par les systèmes dominans: cela devoit être. Mais par une fatalité singulière, elles ont, presque sans exception, partagé toutes leurs erreurs, sans beaucoup profiter des vérités nouvelles [...] L'enseignement confié dès la renaissance des Lettres, à des corps lents dans leur marche, opiniâtres dans leurs principes, et qui d'ailleurs avoient intérêt, soit par vanité, soit par politique, à repousser les idées nouvelles; l'enseignement dut presque toujours rester en arrière des lumières de chaque siècle.*

124. Tradução livre de: *les suites du brigandage, de la déraison et de la fureur, qui se reproduisent sous toutes les formes.*

> Hoje que os charlatões, prontos a se apoderar da opinião instável, devem ser mais do que nunca contidos pelas leis e desmascarados pelas luzes; hoje que o lugar dos antigos erros não foi ainda completamente ocupado por verdades reconhecidas.[125]

Os centros dessa inércia conservadora eram as universidades, onde o poder pedagógico das autoridades permanecia forte e intocado, produzindo verdades incontestáveis em suas doutrinas. Nesses ambientes, os postulados dos discursos valiam mais que os fenômenos da natureza (Cabanis, 1804, p. 357):

> a maior parte das aulas, se pudermos dar este nome, eram dadas nas salas das universidades. Assim, nada podia confirmar as asserções do professor, quando tinham fundamento. Nada podia combatê-las, quando eram contrárias às observações. Compreendia-se um livro, mas não se via a natureza.[126]

Com elegante sarcasmo, ele critica o professor arrogante que "elabora as mais interessantes verdades, no melhor linguajar, frequentemente em vão". Em seguida, destaca a passividade dos alunos: "a mente de seus ouvintes, entorpecida em atenção passiva, guarda somente leves traços do que foi dito" (Cabanis, 1804, p. 308). E depois conclui, caricaturando impiedosamente os efeitos negativos desse modelo retórico de ensino (Cabanis, 1804, p. 310):

---

125. Tradução livre de: *aujourd'hui que les charlatans, prêts à s'emparer de l'opinion flottante, doivent être contenus avec plus de soin que jamais par les loix, en même temps qu'ils seront démasqués par les lumières; aujourd'hui que la place des anciennes erreurs renversées n'est point encore occupée complètement par des vérités reconnues.*

126. Tradução livre de: *les leçons de ce qu'on osoit appeler de ce nom, se donnoient ordinairement dans les salles des universités. Là, rien ne pouvoit confirmer les assertions du maître, quand elles étoient fondées; rien ne pouvoit les combattre, quand elles étoient contraires aux observations: on entendoit un livre; on ne voyoit pas la nature.*

acontece, às vezes, que as aulas tomam um caráter trivial e mesmo desagradável, por causa da uniformidade e (é preciso dizer?) pela própria facilidade dos procedimentos. A atenção do aluno, que nenhum traço curioso e nenhuma dificuldade reanima, languesce e se extingue pelos próprios meios que deveriam facilitar seu exercício e suas operações.[127]

Para Cabanis, a egrégia cátedra e os solenes professores representavam alegoricamente instituições e atores que, no passado recente, haviam renunciado uma era de ouro clássica, quando uma filosofia moral altamente honrosa ainda seguia os princípios maiores da *Ars curandi*. Reiterando sua grande admiração por Hipócrates, Cabanis (1804, p. 179) afirma que, na escola de Cós, "a medicina era ensinada segundo os melhores princípios". Lá, "o espírito filosófico, e não os sistemas, dirigia o ensino", baseado em "observação, experiência atenta, cultura dos sentidos, arte de raciocinar". Mais adiante, ao idealizar a educação médica na Grécia clássica, ele resgata um perfil ideal de professor-médico-filósofo, capaz de superar "tais classificações vãs e sutis" e "tantas divisões inúteis" da medicina (Cabanis, 1804, p. 353). Tomado por esse espírito nostálgico de um passado não vivido, Cabanis (1804, pp. 353–4) comenta que os mestres hipocráticos

> estavam longe de imaginar que a história das doenças, o conhecimento dos sinais e a ciência das indicações pudessem ser distintos e tratados à parte. Eles imaginavam, tampouco, que a medicina prática pudesse ser ensinada do alto de uma cátedra, longe dos objetos sobre os quais ela devia agir.[128]

---

127. Tradução livre de: *il arrive souvent encore que les leçons prennent un caractère trivial et peut-être rebutant, par l'uniformité, et (faut-il le dire?) par la facilité même des procédés. L'attention de l'élève qu'aucun trait piquant, aucune difficulté ne ranime, languit et s'éteint par les moyens même qui devoient en faciliter l'exercice et les opérations.*

128. Tradução livre de: *étoient bien loin d'imaginer que l'histoire des maladies, la connoissance des signes et la science des indications pussent être distinguées et traitées à part: ils*

No *Coup d'œil*, Cabanis acredita que os representantes da pomposa didática da universidade clássica, perturbados pelos avanços da nova ciência, estavam prestes a ser superados por um novo tipo de professor, mais comprometido com uma formação ampla e socialmente útil de seus alunos do que com a afirmação de seu próprio conhecimento magistral. Em estilo belo e refinado, ele descreve assim o mestre ideal (Cabanis, 1804, pp. 310–1):

> O professor deve se permitir, às vezes, apresentar repentinamente ideias inusitadas, surpreendentes por sua grandeza ou novidade; de tempos em tempos, deve ignorar algumas intermediações, a fim de estimular o interesse e despertar a curiosidade de seus alunos. Conforme o caráter dos objetos, o professor deve passar da análise à síntese e da síntese à análise, corrigindo sempre as indicações mais audaciosas da síntese com a ajuda das formas mais regulares e seguras da análise.[129]

Otimista, talvez iludido pelo espírito das *Lumiéres*, Cabanis vislumbra o sucesso dessa figura ideal voltairesca de mestre, romantizado como um conselheiro respeitoso, mas ao mesmo tempo indutor da criatividade em alunos talentosos (Cabanis, 1804, p. 311):

> Este professor manterá os alunos em uma atividade mais real e mais constante, desenvolverá mais os seus pensamentos, sem correr o risco de que eles tomem o caminho errado. Talvez, este seu método

---

pensoient encore moins que la médecine-pratique, dont elles sont, pour ainsi dire, les membres indivisibles, pût s'enseigner du haut d'une chaire, loin des objets sur lesquels elle doit agir.

129. Tradução livre de: *le professeur qui se permet quelquefois de présenter tout-à-coup des idées inattendues, et frappantes par leur grandeur, ou par leur nouveauté; qui fait de temps en temps, disparoître quelques intermédiaires, pour exciter l'intérêt et piquer la curiosité des élèves; et qui tour-à-tour, suivant le caractère des objets, passe de l'analyse à la synthèse, de la synthèse à l'analyse, en rectifiant toujours, pour peu qu'il reste quelque doute, les indications plus hardies de celle-là, par les formes plus régulières et plus sûres de celle-ci.*

seja mais apropriado para a natureza e para a maneira de proceder do ser humano.[130]

Sem indicar referências históricas, Cabanis (1804, pp. 355–6) menciona hospitais criados e mantidos por "imperadores do Oriente [que ...] se dedicavam ao alívio dos pobres doentes, ao progresso da arte e à instrução dos jovens alunos". Ele destaca a medicina árabe, "cujas escolas do Oriente e da Espanha tinham sempre um hospital na vizinhança", como exemplo a ser seguido na organização de espaços de saúde, pesquisa e formação profissional. Cabanis (1804, pp. 356–7) também atenta para a demora na adoção desse modelo de ensino médico pelas universidades europeias:

> Porém, foi só um tempo depois que verdadeiras escolas clínicas, que faziam parte do ensino das universidades, foram formadas sobre um plano digno das luzes e da filosofia do século. Não quer dizer que não se sentia, antes da sua formação, a necessidade de ver as doenças para conhecê-las, de acompanhar os tratamentos para compará-los, julgá-los, repeti-los ou corrigi-los. Alguns professores, esclarecidos e zelosos, transportaram o ensino da verdadeira medicina prática para os hospitais.[131]

---

130. Tradução livre de: *ce professeur tient l'esprit des élèves dans une activité plus réelle et plus constante; donne plus d'essor à leur pensée, sans risquer de lui faire prendre une fausse route: et peut-être sa méthode est-elle aussi mieux appropriée à la nature et à la manière de procéder de l'esprit humain.*

131. Tradução livre de: *Mais c'est depuis peu seulement, que de vraies écoles cliniques, faisant partie de l'enseignement des universités, ont été formées sur un plan digne des lumières et de la philosophie du siècle. Ce n'est pas qu'on ait jamais cessé de sentir la nécessité de voir des maladies, pour les connoître; de suivre des traitemens, pour les comparer, les juger, les répéter, ou les corriger soi-même: mais le zèle de quelques professeurs éclairés avoit seul transporté quelquefois, l'enseignement de la vraie médecine-pratique dans les hôpitaux.*

Neste momento, vale explorar a proposta de uma pedagogia cabanisiana como método observacional análogo ao método clínico, talvez entendido como uma aplicação judiciosa e criativa do método científico a casos ou eventos singulares. Indubitavelmente, as perspectivas que advogariam a reforma da medicina deveriam ser aquelas a direcionar seu ensino. Em suas palavras (Cabanis, 1804, p. 307):

> Sem dúvida, as visões que defendem a reforma da medicina são as mesmas que devem dirigir seu ensino. Só elas podem fornecer um bom plano de escolas e um bom sistema de aulas para cada área.[132]

Aqui, Cabanis evidentemente pretende delimitar, dentro da pragmática comum, uma equivalência secundária entre métodos práticos de cuidado e de ensino-aprendizagem — equalizando a prática terapêutica da clínica e a prática pedagógica da educação médica. Ele escreve (Cabanis, 1804, p. 308):

> A verdadeira instrução dos jovens médicos é aquela que eles recebem no leito dos doentes e não nos livros, nem em uma fria escola, e sim na presença da própria natureza, quer dizer, no aspecto dos diversos temas de seus trabalhos. A grande influência do mestre se encontra no método de observação que ele traça, na maneira pela qual ele próprio considera os temas, como ele faz interrogar a natureza, como ele dirige a atenção e os ensaios de seus alunos.[133]

---

132. Tradução livre de: *Sans doute, les vues d'après lesquelles la médecine doit être réformée, sont les mêmes qui doivent diriger son enseignement: elles seules peuvent fournir un bon plan d'écoles et un bon systême de leçons dans chaque partie.*

133. Tradução livre de: *Comme la véritable instruction des jeunes médecins est celle qu'ils reçoivent, non dans les livres, mais au lit des malades; non dans une froide école, mais en présence de la nature elle-même, c'est-à-dire à l'aspect des divers sujets de leurs travaux: la grande influence du maître est toute entière dans la méthode d'observation qu'il leur trace,*

Enquanto a aplicação das regras da clínica permite um diagnóstico preciso, uma terapêutica correta e um cuidado eficaz, o conhecimento racional e a sabedoria moral desenvolvem-se com base nas regras da didática. A aplicação dessas regras de didática (outra fórmula para a noção, ainda muito atual, de apropriação do conhecimento na ação) deve ser confirmada na interação mestre-aprendiz, da mesma forma que as regras da clínica devem ser aplicadas à beira do leito de pacientes. Nesse sentido, Cabanis mapeia com precisão o alcance do ensino (1804, p. 353):

> O papel do professor se limita a indicar e a fixar os objetos que devem ser examinados e reconhecidos, a mostrá-los aos alunos, do ponto de vista apropriado, e a traçar um bom método de observação e exame.[134]

Cabanis também chama a atenção para as consequências pedagógicas da distinção, epistemologicamente pertinente, entre fenômenos (o que hoje se chamaria de evidência) e conceitos (doutrinas, interpretações ou pontos de vista). Com isso, busca enfatizar e reforçar uma metodologia científica, para construir uma pedagogia igualmente científica capaz de compartilhar princípios epistemológicos comuns com a pesquisa clínica. Para Cabanis (1804, p. 279):

> Enfim, não devemos considerar os objetos em si, mas as ideias que foram desenvolvidas. Elas podem surgir em nosso cérebro como sensações imediatas. Em outras palavras, após ter percebido distintamente estas sensações, podemos compará-las, determinar suas relações,

---

dans la manière dont il considère lui-même les sujets avec eux, dont il leur fait interroger la nature, dont il dirige leur attention et leurs essais.

134. Tradução livre de: *Le rôle du professeur se borne à bien indiquer et à fixer les objets qui doivent être examinés et reconnus; à les montrer à l'élève, sous le point de vue convenable; à lui tracer une bonne méthode d'observation et d'examen.*

reconhecer quais são as novas ideias que cada uma traz e deduzir, assim, longas séries de verdades que nascem umas das outras.[135]

Enriquecido por observações disciplinadas e registros meticulosos, e refinado por meio de ciclos de reavaliação com conceitos e pensamentos relevantes, "este método prático chega a retificar, com o tempo, o que os outros métodos, presos à teoria, apresentam como absoluto e rigoroso" (Cabanis, 1804, pp. 216–7). Mais adiante, a respeito do conhecimento que os aprendizes de medicina desenvolvem por si mesmos, sob a orientação de um sábio professor, Cabanis (1804, pp. 308–9) completa seu argumento sobre a eficácia pedagógica do método de observação:

> Entretanto, as verdades que eles [estudantes] mesmos procuraram, encontraram e reconheceram, com a coordenação do professor e através de uma sequência de combinações ativas, estas sim permanecerão eternamente em suas memórias. Por este meio, os conhecimentos não serão somente mais nítidos e mais sólidos, eles serão mais originais e mais semelhantes ao jeito particular de cada indivíduo. O hábito de tirar o conhecimento dos próprios objetos faz com que a mente renuncie a qualquer outra maneira de adquiri-lo.[136]

---

135. Tradução livre de: *Enfin, nous pouvons considérer, non les objets eux-mêmes, mais les idées que nous nous en sommes faites. Ces idées peuvent se comporter dans notre cerveau, comme des sensations immédiates; c'est-à-dire que nous pouvons, après les avoir perçues distinctement, les comparer, déterminer leurs rapports, reconnoître quelles sont les idées nouvelles que chacune de celles-là renferme, et déduire ainsi de longues séries de vérités qui naissent les unes des autres.*

136. Tradução livre de: *Mais celles qu'ils [les auditeurs] ont cherchées eux-mêmes sous sa direction, qu'ils ont trouvées et reconnues par une suite de combinaisons actives, resteront éternellement dans leur mémoire. Par ce moyen, les connoissances ne sont pas seulement plus nettes et plus solides; elles ont aussi quelque chose de plus original, de plus analogue à la tournure particulière de chaque individu: et l'habitude de les tirer toujours des objets eux-mêmes, dégoûte l'esprit de toute autre manière de les acquérir.*.

Para Cabanis (1804, pp. 216), "um instinto feliz, mais do que ciência", é o que permite a esse método de ensino ensaiar regras provisórias. No entanto, no caso das regras reais, o método de observação, em certa medida, confunde-se com a ideia de talento, o que acontece quando "o espírito filosófico as conecta e organiza e, sobretudo, aprimora sua aplicação" (Cabanis, 1804, pp. 216–7). Essa dupla valorização do instinto e da inteligência, como fonte de talento e como condição de resolução, introduz um elemento não analítico em uma proposta de pedagogia analítica. Isso torna justificável e até aconselhável colocar ênfase no fazer (sob a devida supervisão de mestres compreensivos e experientes), como um projeto de ensino-aprendizagem.

Nesse modelo pedagógico, a formação dos futuros médicos deve ocorrer de forma consistente e equilibrada, por meio da apresentação e discussão de uma sequência de exemplos. Esse processo de aprendizagem deve esgotar todas as combinações possíveis, expondo repetidamente aspectos elementares. Nesse processo didático, é preciso, antes de tudo, que os exemplos e observações de problemas concretos deixem na memória do aluno imagens indeléveis, por meio de "uma sequência de associações ativas" (p. 308). O aprendiz deverá então ser capaz de reconhecer, num *Coup d'œil* (golpe de vista), o caráter distinto de cada doença, em meio a todas as complicações que podem mascará-la (Cabanis, 1804, pp. 217–8):

> É deste modo que se formam, sob o comando de mestres hábeis, os médicos capazes de curar. É preciso confessar que estes mestres perceberão que não podem partilhar, com os seus auditores, certas sensações finas e fugidias. São tipos de raciocínios inexprimíveis em termos precisos, julgamentos que parecem se confundir com as impressões diretas.[137]

137. Tradução livre de: *C'est ainsi que se forment, sous la direction de maîtres habiles, des médecins capables de guérir. Encore ces maîtres, il faut l'avouer, éprouveront-ils souvent qu'on ne peut faire partager à ses auditeurs, certaines sensations fines et fugitives; qu'il est des espèces de raisonnemens inexprimables en termes précis, des jugemens qui paroissent se confondre avec les impressions directes.*

Assim como as doenças assumem uma grande diversidade de formas mórbidas, a formação médica também é composta por disciplinas de diferentes tipos, distintas na forma como podem ser ensinadas e aprendidas. Para Cabanis (1804, pp. 354–5) alguns assuntos "se desenvolvem bem nas lições escritas ou nas sábias conversas de um bom professor"; outros assuntos importantes podem ser reproduzidos em livros, muitas vezes e de novas formas. Para alguns temas, cabe ao professor realizar apresentações orais e explicações conceituais, que devem ser detalhadas, mas "sem se tornarem longas e cansativas", e sempre "adaptadas às diferentes capacidades dos alunos". No entanto, assuntos desse tipo "são em pequeno número; e, em todas as outras [matérias], o professor só poderá ser bem entendido se estiver na presença dos objetos"[138] (Cabanis, 1804, pp. 354–5). A conclusão desse argumento é quase poética (Cabanis, 1804, p. 355):

> Tentar descrever um músculo, uma doença, uma operação química para aquele que nunca viu esta operação, esta doença e nem este músculo, é querer fazê-lo experimentar o sabor de um fruto que ele não conhece ou o odor de um perfume que ele nunca sentiu.[139]

No final daquele capítulo, crucial para o objetivo do *Coup d'œil*, Cabanis reafirma a pertinência de um plano pedagógico essencialmente baseado na prática, necessário a um processo de aprendizagem permanentemente ativo, orientado para uma compreensão filosófica e científica (isto é, fisiológica) dos vários modos de doença. Em tom preciso e claro, com

138. Tradução livre de: *Mais les matières de ce genre sont en petit nombre: dans toutes les autres, le professeur ne peut être bien entendu qu'en présence des objets.*

139. Tradução livre de: *Vouloir peindre un muscle, une maladie, une opération chimique à celui qui n'a vu ni cette opération, ni cette maladie, ni ce muscle, c'est vouloir faire goûter la saveur d'un fruit à celui qui ne le connoît pas, ou l'odeur d'un parfum, à celui qui ne l'a jamais respiré.*

a devida firmeza, Cabanis (1804, p. 353) argumenta que reformar o ensino médico é, naquele momento histórico, necessário e urgente:

> No estudo da prática, onde os fenômenos e os pontos de vista são tão variados e tão fecundos, esta posição é, sem dúvida, indispensável e até mesmo vantajosa.[140]

Na medida em que a formulação de teorias e quadros conceituais é responsabilidade do pesquisador (o médico-filósofo), e que o professor é chamado a criar instrumentos, técnicas e métodos para uma educação transformadora, é responsabilidade do Estado regular e coordenar as políticas e instituições responsáveis pela formação dos profissionais de saúde. Sobre questão tão importante, Cabanis escreve (1804, p. 185):

> cabe ao governo, sem dúvida, indicar o objetivo e pôr em movimento as mentes. Ele deve, ainda, equilibrar o ensino e a legislação, a fim de que possam se ajudar mutuamente, se corrigir ou se aperfeiçoar. Enfim, ele deve também ajudar os verdadeiros médicos, para que sua arte seja totalmente reformada, já que ela exige mais vigilância e encorajamento.[141]

Finalmente, trata-se de conceber e implementar uma profunda e ampla reforma do ensino médico, o que implica uma reengenharia institucional do sistema de cuidados, uma reforma do ensino público (através de *un bon plan*

---

140. Tradução livre de: *Dans l'étude de la pratique, où les phénomènes et les points de vue sont si variés et si féconds, ce parti sans doute est bien plus indispensable; il y seroit aussi bien plus avantageux encore.*

141. Tradução livre de: *c'est au gouvernement sans doute, qu'il convient d'indiquer le but, et d'imprimer le mouvement aux esprits. C'est à lui de mettre d'accord l'enseignement et la législation, afin qu'ils se secondent mutuellement, en attendant qu'ils puissent se corriger, ou se perfectionner. C'est donc encore à lui, de venir au secours des vrais médecins, pour l'entière réforme de leur art, qui, par sa nature, exige à la fois, et plus de surveillance, et plus d'encouragemens*

d'écoles), e praticamente uma revolução no modelo de ensino-aprendizagem (como base para *un bon système de leçons*) (Cabanis, 1804, p. 307).

SOBRE O OBJETO DA EDUCAÇÃO MÉDICA

A reforma ou revolução da educação médica defendida por Georges Cabanis estaria baseada nos eixos organizadores da agenda filosófica e política da *Idéologie*: uma consistente ontologia materialista, uma robusta teoria fisiológica do pensamento, uma economia política republicana e uma abordagem científica da pedagogia. A aplicação desse procedimento para a construção de uma teoria pedagógica peculiar é apresentada no Capítulo III, intitulado "Visões gerais sobre o ensino da arte de curar". O capítulo é composto por quinze seções, das quais as primeiras doze discutem questões epistemológicas do saber e da prática médicas.

Na abertura daquele capítulo, cerne de *Coup d'œil*, Cabanis (1804, p. 191) define explicitamente a educação como "arte de conduzir a inteligência humana", de certa forma interpretando-a à luz de sua teoria fisiológica, como apresentada em *Rapports du physique et du moral de l'homme*. Como tal, a educação torna-se "necessariamente, objeto de um estudo penoso; é uma arte, cuja teoria exige todas as forças da atenção, e a prática, todos os escrúpulos da experiência"[142] (Cabanis, 1804, p. 191). Essa definição indica um paralelo com a concepção de que a medicina é uma arte técnica, que, iluminada pela ciência, tem a missão e a capacidade de regular e aperfeiçoar o corpo humano histórico. Assim, Cabanis considera entre os objetivos da educação médica promover a aprendizagem não apenas dos processos racionais da ciência, mas, sobretudo, das demais lições necessárias à prática clínica: aprender a agir, aprender a observar e aprender a sentir. Em suas palavras: "É preciso aprender não

142. Tradução livre de: *nécessairement l'objet d'une étude penible: c'est un art dont la théorie exige toutes les forces de l'attention, et la pratique tous les scrupules de l'experience.*

somente a combinar, a balancear, a concluir, mas é preciso ainda aprender a ver, a ouvir, a tocar, enfim, a sentir"[143] (Cabanis, 1804, p. 191).

O tópico da aprendizagem pelo sentimento é expandido numa seção intitulada "Relações entre medicina e moral". Segundo Cabanis (1804, p. 335), esses dois ramos da mesma *science de l'homme* repousam sobre o conhecimento compartilhado da constituição humana:

> É na fisiologia que elas devem procurar a solução de todos seus problemas, o ponto de apoio de todas suas verdades especulativas e práticas. Da sensibilidade física ou da organização que determina e modifica a fisiologia, resultam as ideias, os sentimentos, as paixões, as virtudes e os vícios.[144]

Superando suas raízes filosóficas, Cabanis vai além do sensualismo condillaciano, pois desenvolve, principalmente em *Rapports*, uma concepção original do objeto-modelo integrativo das *sciences de l'homme*. Na formulação dessa hipótese, Cabanis (1804, p. 186) afirma que o ser humano

> é dotado não somente da faculdade de sentir e transformar suas sensações em pensamentos, em raciocínio, em séries de afecções morais, mas é dotado também da faculdade de partilhar as ideias e os sentimentos de outrem, de se identificar com o que lhe é transmitido, de repetir e se apropriar de operações ou de narrativas que a ele se assemelham.[145]

---

143. Tradução livre de: *Il faut apprendre non seulement à combiner, à balancer, à conclure; il faut apprendre à voir, à entendre, à toucher, en un mot à sentir.*

144. Tradução livre de: *C'est dans la physiologie, qu'elles doivent chercher la solution de tous leurs problèmes, le point d'appui de toutes leurs vérités spéculatives et pratiques. De la sensibilité physique, ou de l'organisation qui la détermine et la modifie, découlent, en effet, les idées, les sentimens, les passions, les vertus et les vices.*

145. Tradução livre de: *est doué, non-seulement de la faculté de sentir et de transformer ses sensations en pensées, en raisonnement, en séries d'affections morales; mais encore de celle de*

No jargão atual das neurociências aplicadas à educação, essa "faculdade de participar" e a capacidade de se apropriar de "ideias e sentimentos dos outros" correspondem vagamente à noção corrente de inteligência socioemocional. A descrição teórica de Cabanis dos processos de percepção e compreensão compreende um conjunto extraordinariamente consistente de hipóteses sobre a neurofisiologia da aprendizagem. Por sua minúcia, aqui está a seção inteira (Cabanis, 1804, pp. 187–8):

> Pelos sentidos recebidos da Natureza, ou pela sensibilidade que faz com que todos os órgãos contribuam na ação de seu cérebro, o homem aprende a conhecer os objetos. Suas sensações são a causa direta e seus órgãos, sensíveis, são os instrumentos imediatos de sua instrução. Apressado pelas necessidades ou pela ávida curiosidade que o estimula, o homem não demora a criar outros instrumentos, produtos artificiais de suas tentativas e meditações que podem aumentar muito a energia ou o poder de ação de seus órgãos. Estes novos instrumentos são aplicados diretamente nos próprios sentidos ou ampliam e facilitam as operações da inteligência. Às vezes, até parece que eles fazem eclodir novas faculdades. Estes diversos instrumentos podem ser aperfeiçoados pela cultura, pela experiência e pela reflexão. É de seu aperfeiçoamento sucessivo que depende o aperfeiçoamento do gênero humano.[146]

---

partager les idées et les sentimens d'autrui, de s'identifier avec ceux qui lui sont transmis, de répéter et de s'approprier les opérations dont il est le témoin, ou que des récits fidèles lui retracent.

146. Tradução livre de: *C'est par les sens qu'il a reçus de la Nature, ou plutôt par la sensibilité qui fait concourir tous ses organes à l'action de son cerveau, que l'homme apprend à connoître les objets. Ses sensations sont la cause occasionnelle directe, et ses organes, en tant que sensibles, les instrumens immédiats de son instruction. Mais, pressé par les besoins, ou par cette avide curiosité qui l'aiguillonne sans cesse, l'homme ne tarde pas, dans l'état social, à se créer d'autres instrumens, produits artificiels de ses tentatives et de ses méditations, lesquels peuvent augmenter beaucoup l'énergie, ou la puissance d'action de ses organes. Ces nouveaux instrumens tantôt s'appliquent directement aux sens eux-mêmes proprement dits; tantôt ils étendent et facilitent les opérations de l'intelligence:*

Nessa perspectiva, a educação aparece como uma arte política. Atravessada pela cultura, a educação baseia-se na filosofia moral e na fisiologia animal, capaz de promover efetivamente o progresso humano. Dentro da cultura, tendo a linguagem como ferramenta de comunicação interpessoal, por meio de processos de interação social, o sujeito humano "pode tirar proveito dos trabalhos de seus predecessores como dos de seus contemporâneos". Portanto, por meio do aprendizado por imitação, repetição e compreensão, tanto na família como em pequenos grupos sociais, e recebendo instrução sistemática em instituições estatais, a educação permite ao ser humano "enriquecer com a experiência dos séculos"[147] (Cabanis, 1804, p. 186). Concluindo esse parágrafo crucial, Cabanis (1804, pp. 186–7) comenta que:

> Se os meios que ele possui para comunicar com seus semelhantes fossem suficientemente aperfeiçoados, um indivíduo poderia viver no passado, no presente e mesmo no futuro. Ele coexistiria de alguma maneira com todo o gênero humano.[148]

Em uma das seções mais interessantes daquele capítulo — a Seção VIII, intitulada "Grande influência das línguas sobre as ciências. Sua reforma" — Cabanis nos desvia para um rico e denso caminho ao redor do papel da linguagem na nomenclatura das ciências modernas, reafirmando uma das principais contribuições dos *idéologues*, com a clara intenção de

---

ils paroissent même quelquefois, faire éclore, pour ainsi dire, des facultés toutes nouvelles comme eux. Tous ces divers instrumens sont également susceptibles de se perfectionner par la culture, par l'expérience, par la réflexion: et c'est de leur perfectionnement successif que dépend celui du genre humain.

147. Tradução livre de: *Il peut faire tourner à son profit, les travaux de ses prédécesseurs, comme ceux de ses contemporains [...] il s'enrichit de l'expérience des siècles.*

148. Tradução livre de: *si les moyens qu'il a pour communiquer avec ses semblables étoient suffisamment perfectionnés, un individu pourroit vivre dans le passé, dans le présent et même dans l'avenir; il coexisteroit, en quelque sorte, avec tout le genre humain.*

superar o anacronismo de se ensinar medicina e ciências por meio de uma língua morta que tem fortes laços clericais. Para Cabanis (1804, pp. 220–1):

> Em quase todas as áreas da medicina, a língua é mal-feita. Ela gradualmente se alterou devido à falsa aplicação das palavras emprestadas das outras ciências e, também, a um certo jargão, insignificante e ridículo, que as crenças populares fizeram com que os praticantes [da medicina] o adotassem.[149]

De passagem, ele aproveita para remeter o leitor a sua crítica à "barbárie das escolas", camuflada por um pedantismo arrogante (Cabanis, 1804, p. 221):

> Além disso, a barbárie das escolas foi levada aos extremos: falava-se de uma maneira, ao mesmo tempo, afetada e burlesca, escrevia-se com um estilo obscuro e trivial, grosseiro e pomposo. Visto o estado dos espíritos e das coisas, como poderia nascer uma língua médica reconhecida pelo seu bom gosto e pela razão?[150]

Lembremos que, quando era um jovem aspirante a médico, Cabanis fora obrigado a defender seus exames e apresentar suas teses em latim. Lembremo-nos também que, em sua clínica dedicada aos pobres no entorno de Paris, ele certamente enfrentou o desafio de se comunicar com seus pacientes contando apenas com um glossário de termos técnicos criado

149. Tradução livre de. *Dans presque toutes les parties de la medecine, la langue est mal faite. Elle s'est altérée de plus en plus, par la fausse application des mots empruntés aux autres sciences, et par un certain jargon, insignifiant et ridicule, que le coupable respect des préjugés populaires a trop souvent fait adopter aux praticiens.*

150. Tradução livre de: *D'ailleurs la barbarie des écoles étoit alors portée au comble: on y parloit d'une manière, à la fois empesée et burlesque; on écrivoit d'un style obscur et trivial, grossier et fastueux. De cet état des esprits et des choses, pouvoit-il naître une langue médicale avouée par le bon goût et par la raison?.*

para ratificar e reforçar o elitismo do nascente poder médico. Em suma, a reforma da medicina implica uma reforma da linguagem científica e da nomenclatura médica, assim como a revolução do ensino médico pressupõe o abandono do jargão hermético e do maneirismo linguístico, representado pelo latim como *lingua franca*. Em ambos os casos, a adoção do idioma nacional é necessária para se alcançar mais rigor, clareza e precisão.

As três seções restantes do Capítulo III resumem as ideias de Cabanis sobre o "ensino analítico" aplicado à educação médica, e são: XIII "Exposição mais curcunstanciada dos procedimentos de análise filosófica, aplicados à medicina"; XIV "Aplicação das quatro espécies de análise aos diferentes objetos de trabalho da medicina"; XV "Ensino analítico da medicina."

Um dos pontos mais importantes da pedagogia cabanisiana refere-se diretamente à estratégia analítica cartesiana para produzir conhecimento. Compreende a orientação de apresentar os problemas aos alunos sempre por ordem de familiaridade, ou seja, partindo dos objetos mais conhecidos ou mais fáceis de conhecer: "Sucessivamente e gradualmente, passar para aqueles que demandam uma observação mais profunda, os sentidos mais aguçados ou mesmo novos instrumentos"[151] (Cabanis, 1804, p. 307). Guiados pelo professor, os estudantes estabelecerão suas conclusões pela sua ordem de geração, organizando-as sob a forma de problemas simples, para passarem àqueles mais complexos, que sucessivamente requerem sentidos mais aguçados ou o auxílio de instrumentos de observação. Nas palavras de Cabanis (1804, pp. 307–8):

> É preciso se aplicar a desenvolver as ideias na ordem de sua geração. Ora, esta ordem é a mesma que aquela na qual os objetos e suas partes se apresentam a nós. Depois de termos compreendido a cadeia que os liga, devemos percorrê-la desde o primeiro elo até o último, tomando cuidado

151. Tradução livre de: *passer que successivement et graduellement, par leur secours, à ceux qui demandent une observation plus profonde, des sens plus exercés, ou même quelquefois de nouveaux instrumens.*

para não passar por cima de nenhuma das ideias intermediárias que a mente não sugere diretamente ou, por assim dizer, necessariamente.[152]

Apesar de sua admiração e autodeclarada filiação ao pensamento de Descartes, nosso *médecin-philosophe* não perde a oportunidade de criticar as propostas de aplicação direta da noção original de análise ao campo da educação, o que levaria a uma fragmentação atomizadora do conhecimento. Em suas palavras (Cabanis, 1804, pp. 345–6):

> A multiplicidade das matérias, e talvez a ideia que dividindo e distinguindo podia-se simplificá-las, esclarecê-las e facilitar seu estudo, levou os escolásticos a separar o que nunca devia ter sido separado. Ao mesmo tempo, outras razões, também impensadas, os levaram a misturar objetos que não tinham nenhuma relação entre eles. [...] Entretanto, o uso prevaleceu nos livros sistemáticos. A divisão, da qual eu falo, é ainda observada com bastante rigor e ninguém se pergunta se ela se encontra na natureza ou se ela resulta das vantagens reais de seu emprego.[153]

Outras explorações sobre pedagogia e didática podem ser encontradas no bosquejado Capítulo IV "Considerações particulares relativas a vários

---

152. Tradução livre de: *Il faut s'attacher à développer les idées dans l'ordre de leur génération: or, cet ordre est le même que celui dans lequel les objets en masse, et leurs parties en détail, se présentent à nous. Il faut surtout, après avoir saisi la chaîne qui les lie, la parcourir depuis le premier anneau jusqu'au dernier, en évitant de franchir tout intermédiaire que l'esprit ne supplée pas aussi-tôt, et, pour ainsi dire, necessairement.*

153. Tradução livre de: *La multiplicité des matières, peut-être aussi l'idée qu'en divisant et distinguant toujours, on devoit arriver à les simplifier, à les éclaircir, à faciliter leur étude, engagea souvent les scolastiques à séparer ce qui ne devoit point l'être; en même temps que d'autres raisons, aussi peu réfléchies, les portoient plus souvent encore, à confondre des objets qui n'avoient aucun rapport entr'eux [...] Cependant, l'usage a prévalu dans les livres systématiques: la division dont je parle est observée encore avec assez de rigueur; et personne ne se demande si elle est dans la nature, ou s'il résulte des avantages réels de son emploi.*

ramos da medicina", onde as diferentes disciplinas do conhecimento médico são listadas e descritas. Cabanis apresenta uma proposta de organização do currículo médico que, em termos gerais de estrutura, vigorou por pelo menos dois séculos, e que ainda prevalece em alguns contextos de formação.

As principais cadeiras de ciências básicas listadas no *Coup d'œil* são anatomia, fisiologia, farmacoquímica, patologia, semiótica, botânica e zoologia. As cadeiras clínicas incluíam nosologia, terapêutica, cirurgia, *materia medica*, farmácia, higiene, medicina veterinária. Além disso — principalmente para fins de incorporação da prática cirúrgica experimental — o ensino da medicina humana tinha que estar vinculado ao da medicina veterinária. As disciplinas auxiliares, classificadas como "Objetos acessórios", eram história natural (biologia), física, matemática, métodos filosóficos, filosofia moral (incluindo ética), línguas, letras, e artes. Quatro dessas inserções requerem contextualização: (1) *Materia Medica*, que aparentemente se refere ao conjunto de recursos e ferramentas aplicados ao tratamento e à cura; (2) Medicina Veterinária, destacada como uma área de desenvolvimento experimental de métodos cirúrgicos, que poderia figurar entre as disciplinas médicas pelo seu potencial de fornecer analogias com tratamentos aplicados a animais; (3) Ciências Morais, que inclui temas psicológicos e sociológicos (ideias, sentimentos, paixões, virtudes e vícios) de interesse médico; (4) Filosofia Moral, que hoje corresponderia ao campo da ética e da deontologia médicas.

A disciplina de anatomia ganha destaque nessa parte propositiva do *Coup d'œil*, recuperando vários elementos estruturantes da proposta rejeitada de Vicq d'Azyr para a reforma do ensino médico. Segundo Cabanis (1804, p. 319):

> Esta ciência, ligada ao ensino da medicina, apresenta diferentes pontos de vista que merecem ser examinados. 1º) Ela faz parte das descrições físicas e entra na história natural propriamente dita. 2º) Como base e texto das explicações fisiológicas, ela forma um ramo necessário da física animal. 3º) Enfim, servindo de guia para a arte de curar e, sobretudo,

para sua parte cirúrgica, ela se mostra agora inseparável da prática, garantindo o sucesso desta.[154]

A análise cabanisiana da interligação da anatomia num modelo curricular baseado em disciplinas revela intenção de integração dos assuntos, essencial para a formação clínica competente baseada na prática. De acordo com Cabanis (1804, pp. 319–20):

> No primeiro ponto de vista, esta ciência [a anatomia] pertence à análise descritiva. É uma espécie de topografia curiosa, mas inanimada. No segundo, ela toma um caráter mais interessante, aproximando-se da medicina e da cirurgia. No terceiro, ela está, todo o tempo, ligada aos diversos objetos de estudos das áreas citadas acima, associada à maioria dos trabalhos destas áreas, embora nem sempre represente o papel essencial que lhe é atribuído.[155]

Disciplinas que são axiais para o conhecimento da ciência médica e capazes de organizar o campo médico são apresentadas de modo articulado, formando, "quando combinadas, a parte prática da medicina". A patologia é definida como "a doutrina das afecções mórbidas"; semiótica

---

154. Tradução livre de: *Cette science, en tant que liée à l'enseignement médical, présente différens points de vue, sous lesquels elle mérite d'être examinée. 1°. Elle fait partie des descriptions physiques ; et elle rentre dans l'histoire naturelle proprement dite. 2°. Comme base et texte des explications physiologiques, elle forme une branche nécessaire de la physique animale. 3°. Enfin, servant de guide à l'art de guérir, et surtout à sa partie chirurgicale, elle paroît maintenant inséparable de la pratique, dont elle assure souvent le succès.*

155. Tradução livre de: *Sous le premier point de vue, elle appartient à l'analyse de description: c'est une espèce de topographie curieuse, mais inanimée. Sous le second, elle prend un caractère plus intéressant; et déjà elle se rapproche de la médecine et de la chirurgie. Sous le troisième, elle est à chaque instant, liée aux divers objets de leurs études; elle s'associe à la plupart de leurs travaux, quoiqu'elle n'y joue pas toujours, sans doute, le rôle essentiel qu'on lui attribue ordinairement.*

como “a doutrina dos sintomas”; e terapêutica como “a arte de deduzir das duas primeiras os métodos adequados de tratamento” (Cabanis, 1804, p. 345). Como disciplina principal, o objetivo da fisiologia é produzir “uma visão sistemática das diferentes funções do corpo” (Cabanis, 1804, p. 345). Evidentemente, a rápida e intensa evolução do conhecimento científico nesse período determinou mudanças de conteúdo e até ajustes na estrutura curricular, devido principalmente ao desmembramento de matérias e à emergência de novas disciplinas.

Demonstrando abertura para modos alternativos de compreensão e práticas da arte médica, além de uma saudável atitude de precaução epistemológica, Cabanis (1804, p. 309) faz um alerta pragmático sobre os riscos de se deixar dominar pelo método. Para ele, devemos evitar cair no extremo oposto, ou seja, de considerar o método analítico como uma estratégia dogmática e exclusiva de construção da verdade, pois embora seja, sem dúvida, “o melhor e mais seguro jeito de formar nossas ideias, ainda assim não é o único”.[156]

Finalmente, havia chegado o momento de completar etapas cruciais na transição de uma reforma da medicina para uma revolução na educação médica, determinada pelo progresso das ciências físicas e morais. Como a recriação do sistema institucional de educação pública da França havia sido objeto de uma luta política específica, a concepção e implementação de um projeto pedagógico revolucionário precisava ser compreendido como um processo em si.

UMA PEDAGOGIA REVOLUCIONÁRIA

Na realidade, Cabanis pretendia o *Coup d'œil* como uma contribuição para a nova pedagogia política necessária para a reforma do ensino médico — que por sua vez era crucial para a sustentabilidade da revolução que estava

156. Tradução livre de: *la meilleure et la plus sûre de former nos idées; mais elle n'est pas la seule.*

sendo realizada nos sistemas de saúde da França durante a transição do Iluminismo para a Modernidade. Em tom francamente utópico, Cabanis reafirma sua esperança de que a educação se consolide como um direito humano fundamental, capaz de garantir os demais direitos políticos de cidadania necessários a uma sociedade mais livre, igualitária e fraterna. Para alcançar tal estado, dentro de um projeto político sintetizado pelo lema "*liberté, égalité, fraternité*", uma verdadeira pedagogia política revolucionária era requerida.

O primeiro ponto desse projeto político utópico diz respeito à necessária convergência filosófica (ou ideológica, em termos mais precisos) entre a reforma da medicina e a revolução da educação médica, como estratégias de promoção das liberdades políticas e da igualdade social. Decididamente, para libertar a ciência em geral (e a ciência médica em particular), nosso *médecin-philosophe* pretendia "livrá-la, tanto de seu falso jargão, quanto de seu ornamento científico" (Cabanis, 1804, p. 352), para engajá-la politicamente no esforço de "colocá-la, tanto quanto possível, sempre ao alcance de todos"[157].

O segundo ponto é a natureza dessa revolução no que diz respeito ao modelo de ensino-aprendizagem. O projeto de uma pedagogia política implica uma didática analítica e uma estrutura curricular consistente, com uma base epistemológica que integre física e moral, seguindo um mesmo sistema de métodos racionais, com tripla amplitude de aplicação comum: na pesquisa, na clínica e na educação. Foi com esse objetivo que Cabanis (1804, p. 187–93; p. 218–32) propôs recorrer às "operações da inteligência", "operações da memória" e "operações de julgamento" para criar um método experimental e prático, fruto da observação contínua dos objetos da prática médica e do uso repetitivo de instrumentos de pesquisa e de estratégias de ensino para as "operações usuais" das ciências (Cabanis, 1804, p. 250).

---

157. Tradução livre de: *de la débarrasser à la fois, et de son faux jargon, et de son attirail scientifique.*

O terceiro ponto implica a questão da metodologia pedagógica. Para Cabanis, o que se poderia de fato chamar de pedagogia revolucionária compreendia basicamente uma espécie de didática naturalista guiada por um materialismo sensorial, realizada por meio de um método de observação supervisionada, em ambientes reais de prática clínica. O elogio ao poder pedagógico da natureza aparece em múltiplas e diversas referências ao longo do *Coup d'œil*. Justificando o aforismo de Fourcroy "*peu lire, beaucoup voir et beaucoup faire*" [ler pouco, ver muito e fazer muito], Cabanis (1804, p. 308) prescreve:

> A verdadeira instrução dos jovens médicos é aquela que eles recebem no leito dos doentes e não nos livros, nem em uma fria escola, e sim na presença da própria natureza, quer dizer, no aspecto dos diversos temas de seus trabalhos. A grande influência do mestre se encontra no método de observação [que ele traça...].[158]

Insistindo na consideração da natureza como fator de aprendizado, Cabanis (1804, p. 361) comenta que uma boa educação médica

> se dá às custas, se podemos assim dizer, da própria natureza, e por isso, até certo ponto, é independente dos talentos do professor. No exercício contínuo de sagacidade e de julgamento do aspecto dos quadros [clínicos], todos compostos de fatos, os alunos contrairão o hábito de melhor percebê-los e terão repugnância por qualquer raciocínio que não

158. Tradução livre de: *Comme la véritable instruction des jeunes médecins est celle qu'ils reçoivent, non dans les livres, mais au lit des malades; non dans une froide école, mais en présence de la nature elle-même, c'est-à-dire à l'aspect des divers sujets de leurs travaux: la grande influence du maître est toute entière dans la méthode d'observation [qu'il leur trace ...].*

esteja conforme. Eles irão adquirir o verdadeiro espírito filosófico que está fundado, na medicina, sobre este hábito e este gosto.[159]

Esse aprendizado deve ocorrer de forma inconsciente ou espontânea, não intencional, em situações de observação permanente de fatos concretos. Em tal ambiente colaborativo, uma produção científica sistemática se tornaria mais viável por meio de trocas e comunicação franca. Em suas palavras (Cabanis, 1804, pp. 361–2):

> através de numerosos testes, serão verificadas a potência e a utilidade de todos os meios conhecidos. Serão feitas tentativas indicadas pela analogia. Correspondências, ou comunicações rápidas, serão estabelecidas entre esta multidão de observadores, todos igualmente interessados em não esconder o fruto de suas pesquisas. Destes ricos materiais, deverão surgir corpos de doutrina mais completos, mais regulares, mais exatos, que cada vez mais se aproximarão da natureza. Como serão mais capazes de se curvarem e se adaptarem a todas as circunstâncias, estes corpos de doutrina reunirão, em proveito de um sábio dogmatismo, todas as vantagens do verdadeiro empirismo racional.[160]

---

159. Tradução livre de: *que la nature elle-même en fait, pour ainsi dire, les frais, et que cette même instruction est, jusqu'à un certain point, indépendante des talens du professeur. Dans cet exercice continuel de leur sagacité et de leur jugement; à l'aspect de tableaux, tous composés de faits, les élèves contractent l'habitude de les mieux voir et le dégoût de tout raisonnement qui ne s'y conforme pas: ils acquièrent, en quelque sorte malgré eux, le véritable esprit philosophique qui se fonde en médecine, sur cette habitude et sur ce goût.*

160. Tradução livre de: *par de nombreux essais, on vérifie la puissance et l'utilité de tous les moyens connus; on hasarde des tentatives indiquées par l'analogie; il s'établit des correspondances, ou des communications rapides, entre cette foule d'observateurs, tous également intéressés à ne pas enfouir le fruit de leurs recherches: et de ces riches matériaux, doivent sortir nécessairement des corps de doctrine plus complets, plus réguliers, plus exacts, qui chaque jour se rapprocheront de plus en plus, de la nature, et qui plus susceptibles de se plier et de s'adapter à toutes les circonstances, réuniront aux avantages d'un sage dogmatisme, tous ceux du véritable empirisme rationnel.*

Essa pedagogia naturalista certamente seria revolucionária, mas Cabanis (1804, p. 355) admite que ela não é necessariamente inovadora, pois

> Os gregos ensinavam a medicina prática no próprio leito dos doentes. É por isto que eles davam o nome de clínica. A natureza fornecia o texto das lições e os dogmas se confirmavam ou se corrigiam a partir dos fatos. [...] Em Roma, onde a arte de curar não era somente praticada pelos gregos, o mesmo método foi constantemente usado. Os médicos mais reconhecidos levavam seus alunos para a casa dos doentes. Eles os acostumavam, assim, a ver a natureza sob seus diferentes aspectos.[161]

O quarto ponto refere-se ao espaço ideal para a realização desse aprendizado. Como vimos, logo após a Revolução de 1789, Georges Cabanis fora membro ativo da comissão encarregada da reforma dos hospitais de Paris, bem como autor do relatório final.[162] Novas ideias sobre mudanças na educação médica já estavam naquele relatório, como narra o próprio Cabanis (1806, pp. 325–6):

> Num pequeno trabalho sobre hospitais, publicado nos primeiros momentos da Revolução, propus o estabelecimento de escolas clínicas na França, apontando suas vantagens e demonstrando sua necessidade. Este é o desejo de todos aqueles que se interessam pelo progresso da medicina.[163]

---

161. Tradução livre de: *Les Grecs enseignoient donc la médecine-pratique au lit même des malades: c'est pour cela qu'ils lui donnoient le nom de clinique. La nature fournissoit le texte des leçons; et les dogmes se confirmoient, ou se rectifioient par les faits. [...] A Rome, où l'art de guérir n'étoit guère pratiqué que par les Grecs, la même méthode fut constamment en usage. Les médecins les plus accrédités menoient leurs élèves chez les malades; ils les habituoient ainsi à voir la nature, sous ses différens aspects.*

162. Infelizmente, a concepção criativa e o planejamento cuidadoso oferecidos pelos reformadores (principalmente Georges Cabanis e Phillippe Pinel) enfrentaram oposição e logo foram descartados pelas autoridades, levando à demissão da comissão.

163. Tradução livre de: *Dans un petit écrit sur les hopitaux, publié vers les premiers moments de la révolution, j'ai proposé l''établissement des écoles cliniques en France : j'en*

A nova "escola clínica" se diferenciaria de uma escola cheia de regras ou de um ambiente acadêmico tradicional, configurando-se como espaço de práticas onde o atendimento médico faria parte de uma rede de pequenos hospitais filiados a grandes hospitais centrais, todos devidamente preparados como centros de treinamento clínico e cirúrgico. O funcionamento dessa rede de treinamento clínico é descrito no capítulo final do *Coup d'œil* (Cabanis, 1804, pp. 359–60):

> Motivações especiais poderiam ter transformado, facilmente, todos os hospitais em pequenas escolas práticas. Nada seria mais vantajoso. Os jovens encontrariam, por toda parte, esta verdadeira instrução prática, a mais necessária de todas. Entrando nas grandes escolas, eles trariam o hábito da observação. As outras partes do conhecimento médico se organizariam com muito mais ordem e clareza em suas mentes. Assim, eles recolheriam os materiais com os sentidos aguçados, por este mesmo hábito, e com um julgamento habituado a ser exercido sobre impressões imediatamente produzidas pelos objetos.[164]

O quinto ponto concerne ao próprio conceito de educação como política. Conforme analisado na seção anterior deste capítulo, Cabanis definia a educação como uma arte baseada nas novas ciências da natureza que estavam sendo fundadas ou sistematizadas naquele momento. Para ele, a

---

fait sentir les avantages ; j'en ai démontré la necessité. C'étoit le voeu de tous le bons esprits qui s'intéressoient aux progrés de l'art [médicale].

164. Tradução livre de: *Des encouragemens particuliers pourroient transformer facilement en outre, tous les hospices en autant de petites écoles pratiques: rien ne seroit plus avantageux. Les jeunes gens trouveroient partout alors, cette véritable instruction pratique, la plus nécessaire de toutes. En entrant dans les grandes écoles, ils y porteroient l'habitude de l'observation: et les autres parties des connoissances médicales s'arrangeroient avec d'autant plus d'ordre et de clarté dans leur esprit, qu'ils en recueilleroient les matériaux avec des sens cultivés par cette même habitude, et avec un jugement habitué à s'exercer sur des impressions immédiatement produites par les objets.*

educação igualitária para todos os cidadãos, independentemente de raça, gênero e origem social, é o antídoto contra todo tipo de injustiça e contra uma organização totalitária de sociedade. O corolário deste conceito permite considerar fundamentalmente a educação como uma arte política baseada na filosofia moral, destinada a promover a *perfectibilité* [perfectibilidade]. Nesse sentido, a educação é a preparação do espírito humano para o exercício de igualdade, liberdade, virtude e felicidade, intimamente unidas como valores comuns para a humanidade. Em suas palavras (Cabanis, 1804, p. 336):

> a opressão, as preferências iníquas, o vício, a infelicidade, igualmente inseparáveis e ligados como em um invencível e fatal sistema, dependem sempre dos golpes desferidos, sobre nossa natureza; da subversão das relações estabelecidas entre o homem e seus semelhantes — sua organização comum.[165]

No plano político, num presságio otimista, postula que o valor da educação será inevitavelmente reconhecido, numa época em que o conhecimento seja considerado necessário para a plena existência humana. Cabanis (1804, p. 184) afirma que a educação

> será tão diretamente necessária para a existência e felicidade dos cidadãos que eles irão procurá-la por toda parte. Desde então, ela se tornará para os homens que estarão em condições de propagá-la um ramo da indústria igualmente honroso e útil. A partir daí, os governos

165. Tradução livre de: ... *l'oppression, les préférences iniques, le vice, le malheur, également inséparables et liés, comme dans un invincible et fatal système, dépend toujours d'atteintes évidentes et directes portées à notre nature ; de la subversion des rapports qu'établit entre l'homme et ses semblables, leur commune organisation.*

poderão se concentrar em interesses mútuos, tais como, o progresso da ciência e o aperfeiçoamento gradual da opinião.[166]

Para fazer dessa utopia social um projeto transformador, restava uma tarefa que era, sem dúvida, hercúlea, nada trivial: um cuidadoso trabalho de costura política em várias frentes, sobretudo no nível parlamentar, em sua função legislativa, naquele rico momento de reconstrução de uma nova sociedade civil e um novo Estado republicano, após a queda do *Ancien Régime*.

Por fim, é comovente ver como Georges Cabanis, no crepúsculo de sua vida, plenamente consciente de seu legado, reafirma grande otimismo, certamente uma inspiração rousseauniana. Ali, ele demonstra muita confiança nos valores do progresso humano, tão característicos daquela conjuntura histórica, da qual foi um protagonista de decisiva importância. Em suas palavras esperançosas (Cabanis, 1804, p. 312):

> Essas reflexões não são, talvez, descabidas, neste momento em que todos os amigos das luzes celebram a excelência e a grande utilidade do método analítico. Todos aqueles que cuidam do progresso das ciências, e também do seu ensino, veem este método como a única luz que pode guiar seguramente o ser humano e fazê-lo sair para sempre do caos das opiniões hipotéticas; como o único meio de cultivar ou empregar nossas faculdades intelectuais, que é capaz de introduzir hábitos de reflexão justa, não apenas em todos os estudos da classe esclarecida e pensante da humanidade, mas em todos os trabalhos do artesão e do fabricante — em resumo, em todas as ideias, propensões e ações do

166. Tradução livre de: *sera si directement nécessaire à l'existence et au bonheur des citoyens, qu'ils iront la chercher partout avec empressement. Dès-lors, elle deviendra pour les hommes qui seront en état de la propager, une branche d'industrie également honorée et profitable: dès-lors, les gouvernemens pourront s'en reposer sur ces intérêts mutuels, et des progrès de la science, et du perfectionnement graduel de l'opinion.*

homem, considerado como um ser social. Eu concordo inteiramente com essa opinião e essas belas esperanças.[167]

REFORMA CABANIS

A reforma do ensino médico nos anos pós-revolucionários pode ser entendida como o estágio inicial para uma reestruturação politicamente viável do ensino superior na França. Ela foi tornada possível pela ação política dos profissionais de saúde durante e após a luta revolucionária, e pela subsequente reengenharia da sociedade francesa, aproveitando a centralidade que a ciência e a medicina tinham na visão da ordem social emergente. No relatório final de um raro colóquio sobre a educação no Iluminismo francês, Laurent Versini (2006, p. 130) denomina as reformas dos sistemas de saúde e de educação em saúde, que foram aprovadas durante os regimes do Diretório e do Consulado, de Reforma Cabanis-Fourcroy. Como mencionei anteriormente, propus nomeá-la simplesmente de *Reforma Cabanis* (Almeida-Filho, 2018).

A Reforma Cabanis, apresentada em propostas, relatórios e documentos, compreende cinco componentes estruturais: (1) licenciamento profissional por meio de certificação acadêmica; (2) um modo peculiar de organização institucional; (3) a reorganização dos ambientes de saúde para fins de ensino-aprendizagem; (4) uma nova estrutura curricular; (5) uma filosofia pedagógica inovadora. Examinemos cada um desses elementos, recuperando e sintetizando alguns dos pontos analisados até aqui:

---

167. Tradução livre de: *Ces réflexions ne sont peut-être pas déplacées, dans un moment où tous les amis des lumières célèbrent de concert, avec tant de raison, l'excellence et la grande utilité de la méthode analytique; où tous ceux qui s'occupent du progrès des sciences et de celui de leur enseignement, la regardent comme le seul flambeau qui puisse guider sûrement l'esprit humain, et le faire sortir pour toujours, du chaos des opinions hypothétiques; comme la seule manière, soit de cultiver, soit d'employer nos facultes intellectuelles, qui puisse introduire les habitudes du bon sens, non-seulement dans tous les travaux des savants et des penseurs, mais encore dans tous ceux des artisans et des manouvriers, dans toutes les idées, dans tous les pechans, dans tous les actes de l'homme social. Je partage entièrement cette opinion et ces belles esperances.*

Licenciamento profissional por meio de certificação acadêmica

Inicialmente voltada para o exercício da medicina, a Reforma Cabanis introduziu a ideia de que o diploma universitário fosse certificado como uma licença válida em âmbito nacional, que, ao ser formalmente reconhecido, tornaria-se um dispositivo legal que autorizava o exercício profissional. O licenciamento da prática médico-cirúrgica, através de certificação concedida por instituição de ensino superior credenciada, permitiria maior controle do Estado — seja diretamente, seja por meio de mecanismos mediadores, como exames periódicos ou revisões de competência — sobre um aspecto central da vida civil, necessário para modernizar as relações de trabalho e proteger a saúde das pessoas. Nesse modelo, que articulou educação e sociedade, as instituições de ensino superior tinham a responsabilidade de emitir diplomas ou certificados, formal e tacitamente reconhecidos como válidos e, portanto, com o poder de autorizar o exercício profissional. A noção do diploma médico como instrumento regulador rapidamente se espalhou por outras profissões. Isso implicou, por um lado, relevância social com responsabilidade civil, e por outro, acesso a mercados de trabalho de impacto econômico prioritário e acúmulo de capital político.

Organização institucional

O ensino médico deveria ocorrer em faculdades independentes, com o máximo grau de autonomia face à regulamentação do Estado e do órgão universitário central. Essa autonomia se estenderia aos aspectos pedagógicos da prática acadêmica, bem como à condução das atividades docentes. No modelo cabanisiano de educação superior, os alunos que se enquadrassem no perfil ideal (estabelecido por conselhos acadêmicos formados por professores catedráticos) ingressariam diretamente nas faculdades ou escolas médicas. Quanto à sua estrutura interna, as faculdades estariam organizadas em regime de cátedras, definidas como unidades produtivas de instrução. Cada cátedra seria gerida acadêmica e administrativamente por um único líder intelectual, capaz de dominar todo o conhecimento sobre um assunto — o professor catedrático. O perfil de competência dos profissionais formados nesse modelo estaria pautado numa prática diagnóstica baseada na semiologia, guiada pelo conhecimento científico naturalista, e confirmada por respostas terapêuticas e correlações anátomo-clínicas.

Reorganização dos ambientes de saúde para fins de ensino-aprendizagem

A fim de modernizar o modelo de formação dos profissionais de saúde, seria necessário criar novos ambientes de ensino-aprendizagem e redefinir os ambientes existentes. Isso implicava a apropriação de espaços externos — os hospitais — colocados então sob controle institucional governamental e ajustados para atividades didáticas. Esses espaços restaurados e renovados deveriam contemplar uma nova prática clínica baseada no conhecimento nosológico sistemático. Além disso, os hospitais (que antes da Revolução estavam sob o domínio religioso) precisariam ser secularizados e transformados em instituições de saúde. O ensino das disciplinas básicas e clínicas continuaria a ser realizado em anfiteatros e salas de aula, organizados de acordo com as respectivas cátedras.

Com a unificação de medicina e cirurgia, Cabanis e Fourcroy recomendaram a implantação de salas de cirurgia, além das *salles d'autopsie* preconizadas por Vicq d'Azyr (1790). Em lugar da relação mestre-aprendiz (ou seja, a formação clínica quase artesanal que consistia em acompanhar médicos de família nas visitas domiciliares), com a invenção do internato médico (*internat des hôpitaux*), que mais tarde evoluiu para o conceito moderno de residência médica, a Reforma Cabanis pretendia tornar obrigatória a instrução profissional feita em hospitais. No entanto, na prática, o acesso aos melhores *internats* não era para todos, mas reservado a um pequeno grupo de estudantes de certa condição econômica ou linhagem familiar, que se tornou o núcleo de uma elite, os mandarins médicos (Weisz, 1995).

Nova estrutura curricular

Uma nova estrutura curricular deveria ser construída em torno do conceito de que o conhecimento pode ser decomposto em suas partes constituintes. Na dimensão cognitiva, isso significava a divisão de disciplinas, enquanto na dimensão institucional, isso implicava a organização de cátedras. Nesse sentido, uma disciplina compreendia um corpo de conhecimento e expertise restrito aos *discipuli* de um *magister* — o professor catedrático. No caso do saber prático da medicina (foco original da Reforma Cabanis), as disciplinas deveriam ser diferenciadas com precisão. Para efeitos de estrutura curricular, seriam agrupadas em história natural (ciências básicas), ciências clínicas e terapêuticas, e ciências morais (Cabanis, 1804).

Consistentemente, no intuito de ser analítica, a pedagogia revolucionária cabanisiana produziu uma arquitetura curricular desmembrada em assuntos, numa trajetória gradual e linear, congruente com a análise de decomposição-recomposição justificada por uma epistemologia cartesiana de base disciplinar. Para as abordagens de cuidado em saúde, a principal consequência desse modelo disciplinar de organização curricular foi a fragmentação da prática (inicialmente a cirúrgica, e depois a clínica) em especialidades médicas, que discutiremos a seguir.

Filosofia pedagógica inovadora

A Reforma Cabanis implicou uma estratégia pedagógica inovadora, que ele denominou (inspirado em Garat, como vimos anteriormente) de "método analítico de ensino", equivalente à análise racional dos *idéologues*. O conhecimento científico só poderia ser validado se decomposto e recomposto em ordem cartesiana linear, da matéria mais simples ao conteúdo mais complexo, numa operação sistemática e exaustiva típica do enciclopedismo. Assim, uma espécie de pedagogia analítica (que nunca foi realmente implementada) baseada na disciplinaridade envolveria a fragmentação, análise e posterior ordenação de blocos de conteúdo, modos de prática e, acima de tudo, conhecimento — a serem memorizados, armazenados, codificados e classificados de acordo com as doutrinas científicas correntes. No entanto, Cabanis (1804, p. 309) adverte para não chegarmos ao extremo oposto, ao levar a prática deste método à *pédanterie*.

Como indicado em vários de seus escritos anteriores — remontando ao seu primeiro trabalho, *Du degré de certitude de la médecine* — Cabanis vislumbrou a formação de um novo tipo de médico, aquele que poderia se relacionar com os pacientes de maneira menos hierárquica e distante. Tal como defendido nos discursos do *Travail* (que, como vimos, foi atribuído a Mirabeau, mas escrito por Cabanis), isso exigiria a superação da retórica como modelo pedagógico — com o consequente abandono do latim como cripto-língua técnica, codificado como elemento de diferenciação e elitização pela corporação profissional.

Dessa forma, a Reforma Cabanis buscou a integração de propostas parciais, cada uma de caráter conjuntural e portadora tanto de sentido prático quanto de forte vocação política. Articulava, de forma precisa, objetiva e até criativa, diversos movimentos de reforma do ensino público e de organização da saúde que haviam sido propostos no período pós-revolucionário, inspirados no racionalismo cartesiano e nos seus desdobramentos. Desse modo, tentava harmonizar medidas e soluções por vezes contraditórias, ou que eram, pelo menos, componentes formais de modelos conceitualmente antagônicos ou complementares.

Desde o primeiro discurso de Mirabeau-Cabanis — além da emblemática rejeição do latim como *lingua franca* científica — a Reforma Cabanis propôs transcender a universidade como conceito e organismo coordenador, delineando uma estrutura institucional descentralizada baseada em faculdades e escolas isoladas. Do Plano Condorcet, veio a defesa de uma rede pública que oferecesse educação gratuita em todos os níveis, com acesso universal. No âmbito da educação superior, isso envolveria uma multiplicidade de instituições isoladas e especializadas, dedicadas à formação profissional. Do Plano Thouret-Pinel que redefiniria o papel dos hospitais, Cabanis adotou a organização das alas por classificação nosológica, que serviriam como ambientes instrucionais adequados para a ilustração comparativa dos casos. Do Plano Vicq d'Azyr que favorecia a unificação medicina-cirurgia, acedeu à preeminência da anatomia comparada como eixo metodológico das ciências básicas,[168] e subscreveu ao resgate das academias e sociedades científicas, banidas pela Revolução. Do Plano Fourcroy, Cabanis incorporou integralmente a orientação terapêutica da farmacoquímica, resultando numa tripla condensação de medicina-cirurgia-farmácia.

Tanto no plano filosófico-conceitual quanto no político-pedagógico, a Reforma Cabanis revela claramente sua linhagem intelectual, manifestada na forma de propostas concretas nas diversas dimensões e etapas da esperada revolução médica e da correspondente reforma da educação médica. Do ponto de vista conceitual, e desde o início, a Reforma foi delimitada pelas filosofias naturalistas do Iluminismo e pelas biociências emergentes — que foram instituídas sob o rótulo de "história natural" no início do período moderno. Nessa reforma, elementos de filosofia moral eram necessários para uma educação cidadã e politicamente engajada do novo médico, com vistas a consolidar (e talvez superar) a agenda liberal da revolução burguesa. Sobre isso, George Rosen (1946, p. 332) comenta:

> É à luz desses ensinamentos que se deve considerar o programa de reforma e reconstrução da educação médica iniciado e executado na França durante os anos entre a reação termidoriana e a ascensão de Napoleão.[169]

---

168. Deve-se notar aqui que Cabanis não propôs a anatomia patológica que, somente após o aperfeiçoamento das técnicas microscópicas, se tornaria central na medicina parisiense, a partir da década de 1820.

169. Tradução livre de: *It is in the light of these teachings that one must consider the program of reform and reconstruction in medical education which was initiated and carried out in France during the years between the Thermidorian reaction and the rise of Napoleon.*

Em princípio, a Reforma Cabanis restringia-se ao ensino médico. Segundo Versini (2006, p. 128), ela compreendia "uma metodologia geral que reunia médicos, cirurgiões, parteiras, veterinários, sem separar corpo e mente ou medicina e moral". Assim sendo, era bastante singular em suas aspirações intelectuais para pesquisa e formação profissional. Não obstante, seus princípios básicos e elementos estruturantes permaneceram válidos por mais de um século e foram reafirmados (e, em muitos aspectos, distorcidos) nas reformas posteriores. Em consequência, foi efetivamente inspiradora e talvez catalisadora de uma reforma geral do sistema educacional francês, dado o enorme capital político acumulado pelos médicos-políticos após a queda do *Ancien Régime*.

A centralidade da medicina e dos médicos na visão da sociedade burguesa emergente era tanta, que influenciou, sem dúvida, a recriação do ensino superior no período entre a Convenção e o Diretório. Sob esse regime de transição, essa conjuntura histórica específica — uma sociedade liberal pós-aristocrática resultante de um novo modo de produção — trouxe consigo a consolidação de uma arquitetura curricular linear e exclusiva destinada à formação em carreiras profissionais, por meio de um ensino superior cada vez mais especializado. Isso foi particularmente verdadeiro na esfera da educação médica, durante séculos dominada por faculdades com alto grau de independência política e institucional.

DISCIPLINAS E ESPECIALIZAÇÕES

Após a Revolução Francesa e seu desenlace, a luta por uma educação libertária, liderada pelos jacobinos entre 1790 e 1792, acabou sendo superada na dimensão política, com a criação das *grandes écoles* especializadas e a reativação de academias e sociedades científicas — que ressurgiram no alvorecer da era napoleônica com poder ainda maior (Barnard, 1969). Naquele momento, estava em curso um complexo processo simultâneo: a regeneração institucional do Estado, do regime jurídico, dos proto-modelos de saúde e do sistema educacional.

De fato, como vimos, a reforma do ensino médico serviu de paradigma para todo o sistema de ensino superior francês. Graças à Reforma Cabanis, o novo regime podia ter a certeza de que o ensino superior seria dominado pelas novas profissões legitimadas e controladas pelo Estado burguês. Isso também trouxe como saldo o favorecimento da tradição acadêmica, que em alguma medida fora proscrita nos anos iniciais da Revolução, mas logo foi restaurada pelo Consulado e pelo sequente Império.

A Reforma Cabanis promoveu o surgimento e a consolidação do que chamo de regime linear de educação terciária, que afetou todos os cursos e carreiras profissionais oficialmente reconhecidos na jovem *République*. Nesse regime, a instrução centrava-se em escolas e institutos isolados. Os alunos não se formavam numa universidade, mas sim numa faculdade, que operava sob a hegemonia e o controle de uma determinada profissão sancionada pelo Estado. Portanto, o modelo cabanisiano de educação superior não tinha lugar para a ideia de Universidade — ou seja, o antigo formato de instituição de ensino geral, tipicamente com a missão de iniciar os sujeitos na cultura erudita.[170] Pertinência, utilidade, qualidade e validade do conhecimento ou assunto da instrução seriam julgadas por academias e corporações profissionais. A produção de conhecimento e o desenvolvimento tecnológico seriam melhor conduzidos e coordenados por sociedades científicas ou órgãos estatais — o que, como veremos a seguir, acabou acontecendo.

O próprio Cabanis demonstrou diversas vezes ser contra a divisão da medicina no que hoje se chama de "especialidades médicas". Sobre essa questão, ele comenta com desgosto que, no Egito Antigo, a profissão da medicina era "dividida em tantos ramos diferentes quanto houvesse doenças ou órgãos acometidos" (Cabanis, 1804, p. 54). Conforme comenta Larcan (2006, p. 80):

---

170. Aliás, em *Coup d'œil*, o termo "universidade" tem apenas cinco ocorrências, várias referentes a tempos remotos da história da medicina e nenhuma delas compondo suas propostas de reforma da educação superior.

> Cabanis faz um forte pleito em favor da natureza geral do ensino da medicina para médicos, cirurgiões, farmacêuticos, e provavelmente também incluísse aí veterinários (cuja proximidade ele enfatiza) e certamente parteiras ... [Ele] nem mesmo aceita a frequentemente reconhecida separação *de facto* entre condições oculares ou dentárias, naquela época.[171]

Apesar disso, como uma espécie de ironia histórica, a principal consequência da Reforma Cabanis, pelo menos na esfera de influência do modelo francês de educação, foi a hegemonia de um ensino disciplinar fragmentado dentro das universidades. Anteriormente a sede das ciências, das artes e da cultura, com perspectiva ampla e integradora, a universidade passou a fomentar a formação técnico-profissional especializada, ou seja, uma instituição profissionalizante de perspectiva reducionista, orgânica ao novo modo de produção tendente à industrialização massiva.

A origem da especialização na formação profissional de nível universitário, principalmente na área da saúde, ainda é motivo de muita discussão. Uma hipótese mais antiga, sugerida por Max Weber [1864–1920] em seu pequeno clássico *Science as a Vocation* (2004 [1919]), atribui o surgimento da especialização profissional à especialização acadêmica, com diferenciação e surgimento de subdivisões entre as disciplinas científicas — uma consequência da Reforma Humboldt no sistema universitário prussiano. Nessa perspectiva, subsequentemente à difusão internacional do modelo de universidade de pesquisa, a especificação disciplinar das ciências pode ter-se estendido à estrutura curricular do ensino médico e, posteriormente, à organização das práticas profissionais em saúde (Habinek, 2010).

George Weisz (2006) propõe uma trajetória inversa: a especialização começou em Paris entre 1830 e 1850, particularmente no campo

171. Tradução livre de: *Cabanis makes a strong plea for the overall nature of the teaching of medicine for doctors, surgeons, pharmacists, and likely to be considered for veterinarians (he emphasizes kinship) and of course midwives .... [He] does not even accept the often recognized de facto separation of eye or dental conditions at that time.*

profissional da saúde. Só um sistema de saúde complexo e diversificado com faculdades de medicina e hospitais, grande o suficiente para desenvolver instituições especializadas, poderia receber uma população de pacientes numerosa e variada, em termos de nosologia, portanto útil para a pesquisa de qualidade necessária para apoiar disciplinas científicas especializadas (Weisz, 2006). No processo de diferenciação interna entre cirurgia, clínica médica, farmácia e medicina veterinária, a organização dos ambientes de formação profissional foi determinada por um mercado de trabalho já competitivo, daí a consolidação de trajetórias curriculares especializadas.

Nessa segunda hipótese, a tríplice reforma (institucional, prática e pedagógica) realizada por Cabanis e seus companheiros pode ser destacada como um movimento crucial de articulação entre uma estrutura epistemológica (ou ideológica, no sentido empregado pelos *idéologues*) fundada em as disciplinas científicas básicas da formação médica, e um contexto onde as práticas profissionais eram especializadas e exclusivas. Em outras palavras, podemos considerar que a Reforma Cabanis também pode ter induzido a tendência de dividir e diferenciar as especialidades médicas, o que se tornaria uma característica predominante do campo da saúde no século XX.

Vários historiadores (Dhombres, 1989; Faure, 1994; Brockliss, 1998) demonstraram que, sob o *Ancien Régime*, muito antes da Revolução de 1789, as mais prestigiadas faculdades de medicina tinham um poder considerável em relação às universidades na França. O cientista social Patrice Pinell (2009) analisa o que ele chama de "*le sous-espace universitaire du champ médical*" [o subespaço universitário do campo médico], e destaca "a singularidade que constitui a faculdade de medicina dentro da universidade francesa: ser uma Instituição de Estado dominada *de facto* por uma Instituição Local".[172] Assim, a Reforma Cabanis resultou em escolas mé-

172. Tradução livre de: *la singularité que constitue la faculté de médecine dans l'université française : être une Institution d'État dominée de facto par une Institution Locale.*

dicas dotadas de autonomia política e autoridade legal para decidir sobre normas, cursos e disciplinas.

Após as reformas de Bonaparte, o consenso político e social alcançado pela solução conservadora induziu, assim, modelos de educação superior com forte viés vocacional, que respondessem às demandas imediatas do Estado e, posteriormente, da nova economia. Tais modelos de formação profissional eram também orgânicos à mentalidade conservadora da Restauração Bourbon e, ao mesmo tempo, congruentes com a nascente ideologia burguesa: objetiva, patrimonialista, individualista e laica (pelo menos no que diz respeito ao produtivismo material). A universidade foi, portanto, deslocada como pólo político, deixando de ser o eixo institucional do ensino superior sob a florescente ordem social capitalista no início da modernidade.

Com o tempo, o sistema francês de educação terciária acabou se estruturando como uma rede de instituições autônomas, como o *Collège de France*, a *École Polytechnique* e a *École Normale Supérieure*. Não vinculadas a universidades, elas serviram principalmente para atender às demandas da revolução industrial, além de formar os chamados "profissionais liberais" e os quadros da burocracia estatal. Para consolidar essa situação, restava apenas reorganizar o arcabouço legal e a estrutura institucional do sistema educacional como um todo.

CAPÍTULO 7
CABANIS ENCONTRA HUMBOLDT[173]

Paris, Dia 8 de Floreal, Ano V; 27 de maio de 1798. É um domingo de chuvas e ventos. Desde a Revolução, os domingos deixaram de ser feriados religiosos.[174]

O Doutor Georges Cabanis se dirige a uma importante reunião na sede do Ministério do Interior, convocada por Venceslas Jacquemont de Moreau, Diretor Geral de Instrução Pública e membro do *Institut National de France*. A pedido do Conde de Tracy, o anfitrião organizou um colóquio para que alguns dos mais ativos e ilustres intelectuais da França da época pudessem debater com o aristocrata prussiano Barão Wilhelm von Humboldt. O objetivo declarado do encontro é confrontar as principais (e rivais) vertentes do Iluminismo, as *Lumières* francesas

173. A reunião descrita neste capítulo ocorreu de fato no local e data registrados. Utilizei informações sobre Georges Cabanis com base em fontes primárias documentadas, provenientes de vários estudos biográficos (Guillois, 1971; Staum, 1980; Pouliquen, 2013; Saad, 2016). As características pessoais de Wilhelm von Humboldt aqui descritas são baseadas na monumental biografia escrita por Paul Sweet (1979).

174. A vida cotidiana durante a Revolução Francesa e nas décadas seguintes foi estudada por Jean Robiquet (1964). Numa perspectiva ampla, abrangendo todo o século XVIII, esse contexto é descrito com eficiência na Wikipédia (https://en.wikipedia.org/wiki/Paris_in_the_18th_century). Também utilizei um relato detalhado sobre a topografia da paisagem parisiense da época, encontrado no Mapa Histórico de Paris (http://paris-atlas-historique.fr/10.html).

de Diderot, Helvétius e Condillac, e os *Aufklärungen* germânicos de Gottfried Wilhelm Leibniz, Immanuel Kant e Johann Wolfgang von Goethe. Juntamente com Cabanis e Destutt de Tracy, outros *idéologues* foram convidados: o artista Joachim Lebreton, fundador e editor de *La Décade philosophique*, o filósofo e professor de lógica Pierre Laromiguière, e o abade Emmanuel-Joseph Sieyès, padre parisiense, representante do povo nos *États généraux*, jurista e filósofo autodidata que havia se tornado um fervoroso militante da causa constitucionalista na *Assemblée nationale*.

Este notável acontecimento é aqui narrado em tom literário, com a intenção de recriar a riqueza contextual de um embate entre os dois mais importantes quadros filosóficos da modernidade, competindo pela hegemonia cultural na Europa por volta de 1800. Voltando ao nosso experimento mental de imersão, convido agora o leitor a se colocar não no lugar de Cabanis, mas no do jovem von Humboldt.

HUMBOLDT EM PARIS

Em novembro de 1797, Friedrich Wilhelm Christian Karl Ferdinand, primogênito Barão von Humboldt, mudou-se para Paris com sua esposa Karoline von Dacheröden e dois filhos pequenos. Por mais de três anos, Humboldt participaria da intensa vida cultural, intelectual e política parisiense, cumprindo ricos e metódicos programas de estudo, contatos, *soirées* e debates, visitando museus e bibliotecas, e frequentando regularmente as sessões do *Institut National de France*, os debates no *Conseil des Cinq-Cents* e as apresentações da *Comédie-Française* e do *Théâtre de la République*. Antes de retornar à Alemanha no verão de 1801, sua temporada na França só foi interrompida por viagens de pesquisa à Espanha, para realizar estudos de campo sobre a língua basca que lançaram as bases da linguística moderna. Durante sua segunda estada na França, von Humboldt manteve um diário intelectual e pessoal que merece ser melhor avaliado pelos historiadores. É um registro detalhado, elegante e sincero de praticamente todos os seus passos nessa temporada parisiense, uma etnografia histórica impressionante do epicentro cultural de um dos períodos em que a história do mundo se acelerou — a virada política dos países ocidentais na passagem do século XVIII para o XIX.[175]

Wilhelm von Humboldt havia sido apresentado aos círculos da intelectualidade parisiense por meio de uma carta de recomendação dirigida a Madame Vandeul, filha de Diderot, o célebre líder da *Encyclopédie*, enviada por seu amigo Goethe. Guiado inicialmente por Angélique de Vandeul, o simpático, culto e afável alemão tem acesso aos *salons* de Madame de Staël, da Marquesa de Condorcet, de Madame Helvétius e outras patronas das *soirées* mais prestigiosas da França no final do século XVIII. Sobre uma dessas anfitriãs, com sutil ironia, von Humboldt escreve em seu diário:

> Madame ... é de trato gentil e refinado, mas percebe-se que ela é bastante firme e determinada, podendo rapidamente se tornar áspera e rude. Às vezes, ela mostra um certo desdém por estrangeiros e pelo outro. No geral, portanto, muito francesa.[176]

Sua presença constante e interessada nas *soirées* logo o tornou reconhecido e celebrado, mesmo antes de completar dois meses em Paris. No salão de Madame de Condorcet, Humboldt é apresentado a Dominique Garat, influente líder político, fundador e primeiro diretor do Comitê de Educação Pública no período do Diretório. Ao saber que o Garat é de origem basca e tem o *euskara* como língua nativa, realiza com ele uma série

---

175. Esse diário faz parte das Obras Completas (*Gesammelte Schriften*) de von Humboldt, publicadas pela Real Academia Prussiana de Ciências a partir de 1903, num volume organizado por Albert Leitzmann e lançado em 1916. Existe uma edição em francês, organizada e traduzida por Elisabeth Beyer (2013), que serviu de fonte bibliográfica para este texto.

176. Tradução livre de: *Mme Condorcet est d'un commerce aimable et raffiné, mais l'on voit qu'elle est suffisamment ferme et décidée pour vite devenir dure et grossière. On note parfois chez elle un Certain d dain pour l'étranger et pour autrui. Dans l'ensemble, donc, fort française .*

de entrevistas que, ao final, alimentam seu formidável interesse pelas línguas e seu impacto nas matrizes da cultura, na estrutura do pensamento, e na natureza do conhecimento. De Garat, que se tornaria seu amigo para vida, Wilhelm ouviu dizer de propostas recentes para organizar o sistema público de educação francês. Curioso e perspicaz, descobre que, em todas essas iniciativas, há a presença forte e sempre discreta do médico, poeta e político Pierre-Jean-Georges Cabanis.

Levando uma encantadora mensagem de recomendação feita por Garat, von Humboldt procura Madame Helvétius, que, no intervalo de uma das *soirées* em sua Mansão de Auteuil, finalmente o apresenta a Cabanis. Sempre aberto ao debate, sua intenção é discutir a obra de Condillac sobre a objetividade do conhecimento, que pretende estudar em paralelo com a obra de Locke. Ele está particularmente interessado nos processos de geração e transmissão do verdadeiro conhecimento. Nessa data, em seu diário, narra com entusiasmo seu primeiro contato com Cabanis, descrito como *personnage intéressant*, celebrado como *le parfait matérialiste*. Acima de tudo, ele está surpreso por Cabanis ter conhecido Diderot, Voltaire, d'Alembert, Franklin, Turgot e Condillac, e ainda mais surpreso por ele ter sido um parceiro político e amigo íntimo de Mirabeau e Condorcet. O tom dessa anotação confirma que o primeiro encontro de Humboldt com Cabanis foi agradável, amigável e, em alguma medida, íntimo.

A valorização do "materialismo perfeito" que von Humboldt nos transmite é certamente fruto de seu diálogo direto com Cabanis. Apesar de ter assistido à maioria das sessões do *Institut National de France* no Louvre, ainda não conhece a teoria fisiológica dos *idéologues*. A série de conferências proferidas por Cabanis na classe de Ciências Morais e Políticas do *Institut* aconteceu entre janeiro de 1796 e setembro de 1797, portanto antes da chegada de Humboldt a Paris. Porém, a partir desse contato inicial, o jovem intelectual de Berlim e Weimar certamente teria tido acesso aos manuscritos dessas conferências e, possivelmente, aos rascunhos dos novos *Rapports*, que só seriam apresentados ao *Institut national* a partir de agosto de 1798.[177]

UM ENCONTRO METAFÍSICO

> Destutt de Tracy não é exatamente uma cabeça das mais admiráveis, talvez nem mesmo uma cabeça metafísica ... ele dá a impressão de ser um homem benevolente e sensível, mas sem grande energia. Seu rosto não anuncia nada, assimétrico, gasto, até desagradável, e ele usa uma longa trança ao modo prussiano.[178]

Para ajudá-lo a representar o ponto de vista da filosofia alemã, von Humboldt convidou dois amigos com quem havia morado em Jena, que estavam em Paris naquela época: Carl Gustav von Brinkman [1764–1847], diplomata sueco de origem teutônica, poeta e filósofo, discípulo de Schleiermacher; e Claude-Camille Perret [1769–1834], professor de filosofia em Dijon, que teve Fichte como orientador de doutorado e, à época, um dos poucos conhecedores da obra kantiana na capital francesa.

Na época do colóquio, von Humboldt tinha apenas trinta anos. Naquele momento de primavera política, o barão é apenas mais um rosto na horda de ricos herdeiros, estudiosos diletantes, aspirantes a escritores e jovens filósofos que vieram para Paris com o advento do Diretório, tão logo o Terror se esvaiu. Ilustre, embora desconhecido na França pós-revolucionária, já era celebrado na Alemanha como um jovem prodígio,

---

177. Como sabemos, juntamente com outros textos, esses relatos viriam a compor os *Rapports du physique et du moral de l'homme* de Cabanis, publicados somente após a partida de Humboldt da França.

178. Tradução livre de: *n'est pas exactement une tête des plus admirables, peut-être point même une tête métaphysique. [ ] il donne l'impression d'être un homme bienveillant et sensible, sans grande énergie toutefois. Son visage n'annonce rien, assymétrique, usé, voire désagréable, et il porte une longue natte à la prussienne.*

ensaísta criativo e amigo íntimo de Schiller e Goethe, proeminentes fundadores do romantismo alemão.

Na véspera do encontro, revelando uma expectativa positiva, Humboldt escreveu em seu diário que se preparava para *une rencontre métaphysique* [um encontro metafísico]. A longa noite, quase sem dormir, havia permitido ao impaciente berlinense rever sua agenda de interesses e avaliar por que aquela oportunidade era tão fundamental para ele. Além da metafísica e da filosofia política, tão maltratadas em suas recentes discussões com o próprio Conde de Tracy e mais tarde com Madame de Staël, Humboldt cultiva uma predileção especial por duas questões que lhe parecem fundamentais para o projeto iluminista de uma antropologia natural: os fenômenos da linguagem e os processos de formação cultural dos sujeitos.

O desafio de criar uma ciência geral da linguagem fascina o jovem intelectual. No entanto, como os manuais da *Idéologie* sobre o papel da gramática nas *sciences de l'homme* ainda não haviam sido publicados — nem o próprio von Humboldt imaginava que se tornaria o autor de numerosos ensaios e tratados pioneiros de lingüística moderna — não há menção a esse tema na agenda do colóquio. Sua desconfiança se deve ao mero desconhecimento da agenda dos *idéologues*, haja vista o reduzido intercâmbio entre o grupo de intelectuais que participou da Revolução Francesa e a nova geração de pensadores alemães que foram representados, já com brilhantismo e talento, nos escritos humboldtianos sobre filosofia política, ainda inéditos na época. De fato, entre 1792 e 1795, o talentoso jovem, calouro na universidade, escreveu três brilhantes ensaios que só seriam divulgados e reconhecidos muito tempo depois de sua morte: *Über Denken und Sprechen* [Sobre o pensamento e a linguagem], antecipando sua original concepção estrutural da linguagem; *Ideen zu einem Versuch, die Grenzen der Wirksamkeit des Staates zu bestimmen* [Ideias para uma tentativa de determinar os limites da ação do Estado], prenunciando uma contribuição para a teoria política do liberalismo; e *Theorie der Bildung des Menschen* [Teoria da formação do ser humano], a base de sua neo-humanista filosofia da educação.

Nessa linha quase enciclopédica, durante o início de sua estada em Paris, von Humboldt trabalha no esboço de uma obra ainda mais ambiciosa intitulada *Plan einer vergleichenden Anthropologie* [Plano de uma antropologia comparada], onde a linguagem seria o eixo central de uma ciência do comportamento humano (talvez uma nova ciência que se chamaria psicologia, ele hesitou) ou, quem sabe, a fundação de uma teoria original do conhecimento e, portanto, uma nova pedagogia. O grande projeto não foi efetivamente concluído, mas a estrutura argumentativa do esboço original acabou sendo útil para seu profícuo trabalho em filosofia da linguagem, reconhecida hoje como uma das principais matrizes teóricas da linguística contemporânea.[179]

Por outro lado, interessa-lhe a possibilidade de uma ciência geral da educação, sobretudo como parte de uma das mais importantes consignações políticas do Iluminismo, a concepção liberal de que a educação é fator de liberdade individual e matriz dos direitos fundamentais da pessoa humana, tanto na perspectiva rousseauniana de perfectibilidade, recuperada pela primeira geração de intelectuais revolucionários franceses, quanto na ideia alemã de formação intelectual (*Bildung*) como condição emancipatória do homem político. Nesse sentido, o ávido von Humboldt estuda sistematicamente Mirabeau e Condorcet, observando com particular interesse aspectos de construção política, regulamentação legal e viabilidade organizacional de suas propostas. De fato, *Travail sur l'éducation publique*, atribuído ao Conde de Mirabeau, havia sido uma das principais fontes para seu ensaio pioneiro sobre o Estado, contribuindo com diversas citações e até uma epígrafe sobre a responsabilidade política da República pela educação de seus futuros cidadãos em bases igualitárias.

Naquele momento, prestes a entrar num colóquio com alguns dos mais brilhantes intelectuais que contribuíram para a queda da monarquia

179. As raízes históricas da contribuição de von Humboldt para a ciência moderna da linguística foram magistralmente analisadas por Hans Aarsleff (2016).

francesa, Humboldt ainda não sabia que os discursos de Mirabeau sobre educação na verdade haviam sido escritos por Georges Cabanis — que não apenas cuidara de Mirabeau como médico, como também fora um dos líderes de seu Atelier, aquele grupo de jovens intelectuais voluntários, encarregados de organizar as notas e redigir os discursos do grande tribuno da Revolução Francesa.

O BARÃO, O DOUTOR E A *IDÉOLOGIE*

Von Humboldt não esconde seu desagrado ao ver que os líderes dos *idéologues* estão atrasados para a reunião (tipicamente francês, deve ter pensado). O Conde de Tracy e o Doutor Cabanis viriam juntos porque eram vizinhos em Auteuil, já que Cabanis morava na mansão de Madame Helvétius. A tediosa espera é preenchida pelas trivialidades, protocolos e *mésures* de uma burguesia que recentemente aprendeu a se comportar como uma elite política e cultural.

Destutt de Tracy finalmente aparece sozinho na porta do salão, encantadoramente descuidado (portanto, tão francês, teria pensado o jovem Wilhelm, já quase zangado); alto, magro, olhos claros, cabelos compridos presos por uma fita de veludo preto, exibindo uma elegância militar, sem dúvida confirmando sua patente de Marechal de Campo.[180] O nariz grande e fino, somado ao hábito de olhar o interlocutor de alto a baixo, conferem-lhe um ar de estudada arrogância, apenas atenuado pela voz grave e envolvente. Parecendo insincero de propósito, ele pede desculpas pelo

---

180. Para descrever as características pessoais (aparência física, roupas, gestos) daqueles que participaram do colóquio, tomei os muitos retratos e impressões litográficas que foram produzidas para praticamente todas as figuras públicas da sociedade parisiense. Esta questão tem sido sistematicamente estudada por Amy Freund (2014). Segundo ela: "O retrato foi central para a cultura francesa entre 1789 e 1804 porque enfrentava o problema fundamental da ideologia política revolucionária — como fazer novas pessoas para a nova França" (Freund, 2014, p. 9).

atraso: com as chuvas, as estradas que passam pelo Bois d'Auteil rapidamente ficam quase intransitáveis.

Ao vê-lo na soleira da porta, von Humboldt se preocupa com a ausência de Cabanis, mas logo descobre que o médico foi interceptado no final da escada por um grupo de ex-pacientes. Ele controla a impaciência, muda rapidamente de estratégia e cumprimenta o conde com o jeito despojado que se tornou a nova etiqueta cidadã, fazendo questão de agradecer a oportunidade de conhecer mais a fundo a nova filosofia pós-revolucionária francesa. Numa ação desconcertante e quase grosseira, abandona o conde e fica na porta à espera de Cabanis.

O Doutor Cabanis sobe lentamente os últimos degraus da escada, andando um pouco encurvado. Seus cabelos curtos e ondulados, olhos brilhantes, rosto pálido cuidadosamente barbeado que conserva traços de juventude, completam um corpo esguio — revelando fraqueza e uma disposição quase adoentada. Veste-se com a elegância e a simplicidade estudada dos novos cidadãos, burgueses antes de serem revolucionários; paletó cinza escuro, camisa de gola alta impecavelmente branca, com gravata também branca. Vaidoso, mas discreto e sóbrio, exibe um lenço fino feito de algodão felpudo, importado de Portugal, tingido no tom escarlate escuro de uma madeira extraída das florestas do Brasil que, de tão explorada, tornou-se rara.[181] Um de seus primeiros biógrafos assim o descreve nessa fase da vida (Guillois, 1894, pp. 189–190):

> Cabanis já passava dos quarenta anos; era muito alto, os cabelos ainda pretos, a cintura permanecia fina, os olhos azuis, que guardavam toda a vivacidade, não acusavam a idade madura, somente a indicavam e acentuavam, por assim dizer, a elevação dos ombros e a languidez de seu

181. Esta descrição abertamente subjetiva de Georges Cabanis tem como base o retrato pintado por Merry-Joseph Blondel, óleo sobre tela, por volta de 1800. O detalhe é obviamente ficcional, uma alegoria em referência à futura ligação brasileira com o pensamento cabanisiano, hipótese chave deste ensaio.

passo. Por outro lado, seu coração e seu espírito mantinham esse frescor de impressões, aquela flor de bondade, de doçura e de afeto que o faziam ser chamado, por Manzoni, de "o angelical Cabanis".[182]

Ao chegar no alto da larga escadaria de mármore desgastado, suja de pegadas de botas, Cabanis avista Humboldt e o cumprimenta com um aceno de cabeça discreto, ainda distante. O ilustre médico-filósofo não consegue afastar um sentimento de nostalgia, provocado pela forte empatia que sente pelo jovem barão, recém-chegado a Paris, mas já reconhecido por seu talento, inteligência e desenvoltura — muito parecido com ele, duas décadas atrás. Ele se revê aos vinte e poucos anos, celebrado como uma sensação nos salões de Paris, recebido pela bela Anne-Catherine Helvétius em Auteuil, onde conheceu Voltaire, Benjamin Franklin, seu mentor Mirabeau e seu amigo-irmão Condorcet. Como o Barão von Humboldt, o jovem Cabanis havia estudado os clássicos gregos e sonhava em ser poeta. Efusivamente, mas com evidente respeito, Cabanis dirige-se a Humboldt, saudando-o em perfeito alemão, pronunciando todas as sílabas como na Prússia Oriental.

Com uma rápida saudação, em nome da República, o Conde de Tracy anuncia o início do colóquio. O abade Sieyès, o mais velho dos presentes, primeiro a falar, lembra que o seleto público é formado por intelectuais ávidos por conhecer melhor a obra de Kant, aproveitando para comparar seu equivalente na França, Étienne de Condillac, também abade, o saudoso mentor de sua juventude. Em seguida, Cabanis fala e faz uma saudação quase afetuosa ao jovem estudioso, agradecendo-lhe a disposição

---

182. Tradução livre de: *Cabanis avait dépassé la quarantaine; il était trés grand, ses cheveux noirs encore, sa taille restée mince, ses yeux bleus, qui avaient gardé loute leur vivacité, n'accusaient pas l'âge mûr qu'indiquaient seulement et que soulignaient, pour ainsi dire, l'élévation de ses épaules et l'alanguissement de sa démarche. Son cœur, en rematch, et son esprit avaient gardé cette fraîcheur d'impressions, cette fleur de bonté, de douceur et d'affection qui le faisaient appeler, par Manzoni, « l'angélique Cabanis ».*

em apresentá-los ao grande filósofo alemão, ainda mais depois da recém-publicada tradução francesa de *Zum ewigen Frieden* (Pela paz perpétua), na qual o eminente Herr Professor Kant elogia corajosamente os princípios da Revolução de 1789. Então, numa ordem confusa de precedência por idade, título caduco de nobreza e posição na hierarquia burocrática da *République*, Tracy e os outros ideólogos apresentam suas saudações, tentando ser gentis e espirituosos.[183]

Quando chega sua vez, já no meio da tarde, Humboldt inicia sua palestra falando devagar e com firmeza, num francês gramaticalmente impecável, apesar do leve mas indisfarçável sotaque norte-alemão. Com base na *Crítica da razão pura*, a fim de organizar a discussão, propõe que o debate se dê em três campos: metafísica, filosofia política e teoria do conhecimento. Em cada um deles, elenca os pontos considerados cruciais: na metafísica, as fontes da verdade e a ontologia do espírito; na filosofia política, o papel do Estado, os limites políticos da *égalité* e a ideia kantiana de autonomia como condição da *liberté*; e na epistemologia, a relação entre linguagem e pensamento, a natureza do conhecimento humano e as liberdades de pensar, falar, pesquisar, ensinar. Encerra seu discurso em tom eloquente, propondo trazer questões filosóficas abstratas e gerais à dimensão particular da linguagem e ao plano prático da educação. Ele retribui as amáveis palavras de Cabanis, agradece-lhe as orientações sobre as obras de Mirabeau e Condorcet e, em atitude humilde (certamente bem calculada), pede aos interlocutores que o ajudem a compreender as diferenças entre *instruction* e *éducation* na língua francesa, para que possa comparar os termos com a ideia alemã de *Bildung*.

O Conde de Tracy contesta veementemente a interpretação proposta pelo jovem intelectual de tomar a teoria do conhecimento de Condillac como inevitavelmente empirista. Incapaz de esconder sua antipatia pelo

183. Esta reconstrução ficcional do colóquio ritualizado é baseada em vários relatos historiográficos de reuniões de *savants* nos primeiros anos da França pós-revolucionária. Ver nota 13.

arrogante militar, quase perdendo a paciência, o Barão von Humboldt declara que o pensamento filosófico francês, ao promover uma visão dominada pelo utilitarismo político, jurídico, científico e ideológico — sem considerar a espontaneidade do sujeito transcendental reconhecida por Kant — é "vergonhosamente inferior" à filosofia alemã. A réplica vem áspera, numa barragem densa e viva: primeiro Lebreton, depois os outros *idéologues*. Todos concordam que a crítica kantiana abala o velho pensamento, mas não coloca nada em seu lugar, infelizmente. Claro, depois da revolução, a sociedade precisa ser reconstruída, mas primeiro temos que fazer a revolução; e os pobres reformadores alemães continuam sujeitos a uma história envergonhada de submissão aos soberanos.

O jovem barão nota que alguns dos presentes na sala não reforçam o coro enérgico dos *idéologues*. Em vão, ele tenta direcionar as discussões para alguma conclusão pontual, mesmo que provisória. Cabanis permanece em silêncio. Só Sieyès parece entendê-lo, mas apenas em momentos fugazes, sobre questões coincidentes com sua própria concepção de *analyse métaphysique*, marcadamente cartesiana. Desolado, von Humboldt desiste e declara que, filosoficamente, falam línguas diferentes. Aproveitando uma pausa, ele reitera suas preocupações com a educação e, ao fazê-lo, pretende engajar o médico-filósofo, que ouvira recentemente no Conselho, apresentando seu *Rapport sur le mode d'organisation des écoles de médecine* (Relatório sobre o modo de organização das escolas de medicina). No entanto, naquele momento, Cabanis ainda parece distante, talvez absorto nas conspirações que logo resultariam no golpe de 18 de Brumário, ou apenas melancólico durante um crepúsculo chuvoso e frio. Infelizmente, o velho abade precisa sair mais cedo e, portanto, não participa dos debates que se seguiram à sugestão de Perret de que deixassem de lado as proposições sintéticas e analíticas.

E o debate continua: réplicas e tréplicas se sucedem; às vezes o tom de voz se eleva, mãos e corpos se movem calorosamente. As divergências são amplificadas pelo álcool: o vinho tinto entre os franceses e a cerveja quente apreciada pelos dois alemães. Mas as vozes se enfraquecem ao longo do *tour-de-force* daquele colóquio, que parece não ter fim. Trousson (2007) descreve a situação embaraçosa com um comentário irônico:

> Era hora de se aquecer, e lá estavam eles, se agarrando com a metafísica alemã, a matemática ou a necessidade de um princípio nas ciências. Foi naturalmente um belo diálogo de surdos, e o encontro sem dúvida teria divertido Voltaire.[184]

ELES NÃO CONSEGUEM ENTENDER KANT

No dia seguinte, von Humboldt escreve em seu diário que o peculiar *rencontre métaphysique* durou "de dez a quinze horas", avaliando-o como um fiasco quase total.[185] Ele considera que sua expectativa — de poder compartilhar o entendimento das duas escolas filosóficas em torno de elementos cruciais, buscando pontos de convergência — não chegou nem perto. Isso teria ocorrido porque, para ele, em certo sentido, os filósofos franceses simplesmente ignoram a metafísica, de modo que não conseguem compreender Kant ou seus discípulos, reunindo-se em torno de um materialismo imediatista limitado pelo sensualismo radical de Diderot, Condillac e seus herdeiros. Incapaz de esconder sua decepção, sintetiza assim sua interpretação para os motivos do dissenso quase total verificado no colóquio (GS XIV: 486, conforme citado em Beyer, 2013):

> A razão pela qual não conseguimos chegar a um acordo é a seguinte: toda filosofia tem por fundamento a pura intuição do Eu saída de toda experiência, seja expressamente, partindo diretamente dela como faz

184. Tradução livre de: *Le temps de s'échauffer et les voilà s'empoignant sur la métaphysique allemande, les mathématiques ou la nécessité d'un principe dans les sciences. Ce fut naturellement un beau dialogue de sourds et la rencontre eût sans nul doute diverti Voltaire.*

185. Essa grande imprecisão em relação ao tempo gasto na reunião é bastante estranha. O Barão von Humboldt costumava ser metódico e cuidadoso em suas anotações no diário (Lüth, 2007).

> Fichte, seja tacitamente, demonstrando que a explicação dos fenômenos conduz a ela, como no caso de Kant. Os franceses ignoram isso absolutamente, eles possuem tampouco o senso que a ideia e, de fato, nós sempre estivemos em dois mundos diferentes.[186]

A única referência a Cabanis nos diários de Humboldt sobre aquele dia longo e frustrante é seu comentário de que a moralidade pode ser uma questão de simples cálculo. E isso, logo após a anotação: "As observações sobre a moral foram aflitivas" (GS XIV: 486), e talvez embaraçosas. Ele então registra em seu diário que, novamente, os franceses não conseguem entender Kant.

O talentoso berlinense não é apenas inquieto, curioso e metódico, mas principalmente teimoso e determinado. Ele não desiste após o colóquio maljeitoso, e apenas conclui que, deste lado do Reno, os *idéologues* não estão prontos para apreciar a nova dialética que se anuncia na outra margem do rio. Portanto, será necessário aprofundar a luta por uma nova filosofia, reinventar o pensamento lógico, renovar a concepção do conhecimento científico, reformar o Estado e a política, redefinir a educação como *Bildung* e recriar a universidade como instituição de cultura, ciência e civilização. Essa é uma tarefa hercúlea, um desafio abissal. Mas ela não assusta Friedrich Wilhelm, Barão von Humboldt, formado no seio da escola *Sturm und Drang* (Tempestade e Paixão) de seus mentores Schiller e Goethe, herdeiros do grande Immanuel Kant.

Para enfrentar o desafio lançado nessa longa viagem parisiense, Wilhelm não está sozinho. Naquele exato momento, na distante Königsberg, o velho Kant acaba de publicar um texto ousado, sutil e irônico, intitulado *Der*

---

186. Tradução livre de: *La raison pour laquelle nous ne parvenons point à nous mettre d'accord est la suivante : toute philosophie a pour fondement la pure intuition du Moi hors de toute expérience, soit expressément, en partant d'elle directement ainsi que le fait Fichte, soit tacitement, en montrant que l'explication des phénomènes y conduit, comme chez Kant. Les Français ignorent absolument cela, ils en possèdent aussi peu le sens que l'idée et, de fait, nous sommes toujours restés dans deux mondes différents.*

Streit der Fakultäten [O Conflito das Faculdades], reagindo à tentativa de censura do rei da Prússia. O irmão mais novo de Wilhelm, Alexander von Humboldt, visitando-o em Paris no Natal deste ano, traz-lhe um presente precioso: a primeira edição daquele livro que entraria para a história como o manifesto pioneiro em favor da autonomia universitária.

O leal Alexander também lhe dá a notícia de que, naquele ano, um refugiado em Tübingen, outro jovem, também com os nomes Wilhelm e Friedrich, mas de sobrenome Hegel, declarou a intenção de superar as ideias da Revolução de 1789. Acolhendo, assimilando, subvertendo Kant, Hegel começa a escrever sua obra-prima, *Phäenomenologie des Geistes* [Fenomenologia do Espírito], propondo uma dialética original como condição para uma nova concepção da história. O que se seguiu é bem conhecido.

Em 1808, Wilhelm von Humboldt aceita o posto de Diretor de Educação e Religiões no Ministério do Interior do Reino da Prússia. Em pouco tempo, ele promove uma reforma geral do sistema de educação básica, seguindo quase à risca os conceitos iluministas de Mirabeau/Cabanis e Condorcet que haviam sido gerados pela turbulência revolucionária na França e rapidamente foram rejeitados por todos: jacobinos e girondinos, esquerda e direita. No ano seguinte, von Humboldt convocou Schelling, Schleiermacher e Fichte, seus antigos professores de filosofia, para projetar um novo modelo de universidade, propositadamente contrastando com o regime de ensino superior implementado na França pós-revolucionária, que ele conhecia bem na época.

Em 1818, Georg Wilhelm Friedrich Hegel [1770–1831] assume a cadeira de filosofia na Universidade de Berlim, que estava vaga desde 1814, quando o velho Fichte morreu. Professor carismático e palestrante magistral, seus cursos de filosofia, lógica e história atraem estudantes de toda a Europa. Hegel é nomeado reitor da Universidade de Berlim de 1829 até 1830, pouco antes de morrer durante uma epidemia de cólera. Toda uma geração de discípulos e herdeiros intelectuais, que entraram para a história como os Jovens Hegelianos, se enluta. Entre eles, havia outro Karl — este, porém, de sobrenome Marx.

CAPÍTULO 8
A REFORMA EDUCACIONAL DE BONAPARTE

Conforme discutido no Capítulo 2, a fim de substituir a estrutura social herdada do antigo regime que perpetuava os privilégios da nobreza rica, Cabanis e seus companheiros *idéologues* pretendiam, seguindo Mirabeau e Condorcet, reorganizar o sistema educacional francês de forma mais democrática. Isso garantiria a consolidação de uma nova ordem social libertada do antigo regime político aristocrático. No entanto, a restauração política burguesa liberal que sucedeu a era revolucionária não teve um forte compromisso com os segmentos sociais mais pobres, que enfrentavam novas formas de opressão e exploração pelo modo de produção emergente. A neutralização da proposta de revolução na educação foi levada a cabo entre 1802 e 1810, ao lado da ampla e profunda reforma educacional iniciada pelo Consulado e realizada no Império de Napoleão Bonaparte.

A reforma da educação ocupava um lugar de destaque na lista de prioridades políticas de Napoleão Bonaparte (Englund, 2010). Ele procurou principalmente atender às demandas da nova classe média burguesa e favorecer os interesses políticos dos católicos romanos, maioria na sociedade francesa. Isso incluía fortalecer a posição da França como potência militar e industrial mundial, o que implicava sua consolidação como centro global de produção científica e tecnológica (Chanteranne & Papot, 2012).

Em maio de 1802, por decreto, um novo sistema de educação foi instituído, estabelecendo as bases de um modelo de ensino cujos fundamentos e resquícios se mantêm até hoje, não só na França, mas também em vários países de cultura latino-mediterrânea. No nível do ensino primário, as *écoles populaires* seriam de responsabilidade municipal. A rede de escolas secundárias, incluindo escolas particulares e clericais, seria dirigida por uma autoridade central estatal. O ponto forte do novo sistema de ensino era uma rede de *lycées*, inteiramente mantidos e controlados pelo Estado. Substituindo as *écoles centrales* da Reforma Daunou, essa rede pretendia expandir as oportunidades educacionais dos graduados das escolas secundárias. Os *lycées* foram originalmente concebidos como uma transição entre o ensino básico e o ensino superior. Para tanto, seus currículos incluíam línguas, literatura moderna, artes, ciências e outros estudos considerados necessários para uma educação "liberal".[187]

Napoleão pessoalmente esboçou um sistema de educação secundária que diferenciava a instrução pública dada às profissões civis e às carreiras militares (Chanteranne & Papot, 2012). Os candidatos a uma educação civil profissional estudavam línguas, retórica e filosofia; a educação para carreiras nas forças armadas enfatizava matemática, física, química e disciplinas militares específicas, como balística, logística e estratégia. O novo sistema tinha como objetivo formar quadros civis e militares de elite, selecionados de uma classe média que se mostrou economicamente bem-sucedida na conjuntura pós-revolucionária. Foram oferecidas bolsas de estudo aos melhores alunos do ensino médio, com prioridade para os filhos de militares e servidores públicos. O governo daria aos professores um salário fixo, mas também planejava oferecer bônus e outros incentivos aos professores mais exitosos. As escolas dariam grande ênfase ao patriotismo, em paralelo com o alto grau de controle centralizado do novo regime

187. Em seu formato original, os *lycées* foram de alguma forma precursores dos *liberal arts colleges* (faculdades de artes liberais) dos Estados Unidos. Para um tratamento aprofundado desta questão, ver principalmente a coleção *Napoléon et les Lycées*, organizada por Jacques-Olivier Boudon (2004), um reconhecido especialista em historiografia da era napoleônica.

sobre todo o sistema educacional — controle este que mais tarde, durante os anos do Império, só aumentaria. Num acordo com o Vaticano conhecido como *Concordat*, Napoleão restabeleceu o ensino religioso e permitiu que as ordens religiosas dirigissem algumas das escolas.[188]

FOURCROY ATACA NOVAMENTE

Como um revolucionário de primeira linha e uma figura importante da política educacional, científica e cultural da Convenção, Fourcroy foi recrutado pessoalmente por Bonaparte, que o nomeou para o Conselho de Estado do Consulado. Em setembro de 1802, como devoto neobonapartista, assumiu a Direção Geral de Instrução Pública. Cumpriria a missão de redigir, negociar e defender perante os plenários deliberativos uma lei de reforma educacional para todo o Império.[189] A essa altura, ele já havia se distanciado dos *idéologues* e até renunciado publicamente a seu próprio plano de reforma do ensino médico.

Em 1804, com o apoio popular de mais de 3,6 milhões de eleitores num referendo nacional, proporcionalmente ainda a maior vitória eleitoral da história do país, a República Francesa torna-se um Império. Napoleão Bonaparte é coroado Imperador da França e primeiro Rei da Itália, na presença do Papa Pio VII, na Catedral de Notre Dame. Para consolidar o domínio político sobre o país, intensificou as diversas reformas sociais

188. Além de reconhecer o Vaticano como Estado soberano e garantir sua proteção militar, declarando o catolicismo como "religião dos franceses" e incluindo as despesas do clero no orçamento público, a Concordata devolveu à Igreja Católica propriedades expropriadas pela Assembleia Nacional em 1792, incluindo escolas religiosas. Em contrapartida, o Consulado estabeleceu uma *église nationale* [igreja nacional] sob controle do Estado, sujeitando todo o clero a uma constituição civil. Com esse acordo, o Primeiro Cônsul nomearia todos os cardeais, arcebispos e bispos auxiliares do país, embora o Papa tivesse poder de veto nas nomeações. Ver a obra clássica de Markham (2010).

189. Para Boudon (2004), Antoine de Fourcroy foi o verdadeiro *maître d'oeuvre* da reforma educacional bonapartista.

iniciadas durante o Consulado. O projeto de reforma do ensino entrou na pauta do Conselho de Estado em fevereiro de 1806. Os debates duraram meses e, em algumas ocasiões, contaram com a participação ativa do próprio Bonaparte (Boudon, 2004).

Nas diferentes casas legislativas, Fourcroy defendeu incansavelmente que o projeto de lei proposto pelo governo buscava melhorar a legislação anterior que ele mesmo, em grande parte, ajudara a formular. Em diversas ocasiões, argumentou que seria inútil destruir as novas instituições, mas que deveriam ser consolidadas, unindo suas diversas partes, visando estabelecer e reforçar as relações necessárias com a administração geral. Os discursos de Fourcroy muitas vezes terminavam com elogios desenfreados ao imperador, que deveria ser aplaudido por ter concebido ele próprio o novo sistema de instrução pública (Boudon, 2004).

A *Lei de Reforma do Ensino* foi finalmente aprovada pela Assembleia Legislativa em 10 de maio de 1806. O *Décret d'application* dessa lei, que só foi aprovado em 17 de março de 1808, estabeleceu o escopo da Universidade Imperial. A ideia napoleônica de universidade não se referia a uma instituição de ensino, mas caracterizava um órgão que assegurava o monopólio estatal das atividades educativas, integrando e controlando todas as instituições de ensino do Império, formando um corpo docente exclusivamente dedicado ao ensino. Esse decreto também definiu a estrutura hierárquica geral do sistema educacional, que (em perspectiva semelhante ao Plano Condorcet de 1792) apresentava vários tipos de instituições educacionais: *Petites écoles*; *Collèges*; *Instituts* (*Écoles Normales*); *Lycées centraux*; *Lycées des Arts et Métiers*; *Écoles Polytechniques*; *Grandes écoles*; *Facultés*.

Os *collèges* eram escolas secundárias de municípios ou comunas, onde se ensinava francês, latim, geografia, história e matemática. Existiam também escolas independentes denominadas *instituts* (de nível equivalente aos *collèges*), algumas das quais denominadas *écoles normales* (aquelas destinadas à formação de professores do ensino primário). Os *lycées* continuaram a ser mantidos pelo estado, oferecendo alojamento, alimentação e bolsas de estudo, com um curso de seis anos voltado para estudos clássicos e matemática. O que hoje chamamos de formação técnica profissional era realizado por uma categoria especial, o *Lycée des Arts et Métiers*, bem como pelas *écoles polytechniques*, que ministravam o ensino superior para as carreiras de engenharia e militar. *Grandes écoles* eram escolas de formação de uma elite científica e tecnológica para o estado francês, que veio a oferecer ensino superior para carreiras tradicionais em certos campos acadêmicos. Entretanto, as *facultés* eram as únicas instituições autorizadas a formar quadros para as duas áreas de maior prestígio social e capital político à época: o direito e a medicina.

O conceito de "escola normal" foi redefinido e posteriormente ampliado quando a *École normale de Paris*[190] foi recriada pelo decreto de 1808, como parte da *Université imperiale de France*. Visando à "formação na arte de ensinar as ciências e as humanidades", o novo estabelecimento incluía um *pensionnat* [internato] para alunos de todas as províncias, escolhidos a dedo por inspetores credenciados, com base em seus resultados nos *lycées*. A escola funcionava como uma academia militar, seguindo um código rígido que incluía uniforme obrigatório. A instituição nacional de Paris foi inaugurada em 1810, em paralelo com um estabelecimento-irmão inaugurado por Napoleão em Pisa, com o nome de *Scuola normale superiore*. No entanto, o *pensionnat* de Paris foi extinto na Restauração pelo Ministério da Instrução Pública em 1824, uma vez que passou a ser percebido como um epicentro do pensamento liberal influenciado pela *Idéologie*.

A UNIVERSIDADE IMPERIAL

Preocupado sobretudo com a independência das escolas secundárias e dos *lycées*, Napoleão procurou estabelecer um controle ainda mais rigoroso e centralizado do sistema francês de educação (Englund, 2010). Com esse

190. A história da *école normale* de Paris é objeto de toda uma coleção de artigos organizada por Pascale Hummel (1996).

objetivo, ele incluiu na reforma educacional de 1806–1808 o conceito de "Universidade Imperial" — inicialmente definida como um tipo de congregação nacional de professores, uma espécie de carreira estatal que carecia de vínculo institucional específico. O artigo 1º da Lei de Reforma Educacional de 1806 diz: "Será formado, sob o nome de Universidade imperial, um órgão encarregado exclusivamente do ensino e da educação públicos em todo o Império".[191]

Napoleão insistiu na ideia de que, ao ser criada, a universidade "virtual" deveria ter total autonomia em relação aos ministérios, pois responderia diretamente ao imperador (Boudon, 2006). Com declarada lisonja, ainda em 1806, Fourcroy dá a Napoleão todo o crédito pela ideia da Universidade Imperial como um professorado nacional a ser coordenado por um único órgão (citado em Aulard, 1911, pp. 152–153):

> Além das altas considerações políticas que clamam por tal instituição, o estabelecimento de um corpo docente ainda é o único meio de salvar a própria instrução pública da ruína total. Os escombros das antigas corporações de ensino serviram até agora apenas para sustentar o edifício; mas esses recursos se esvaem a cada dia ... Uma corporação, tal como Vossa Majestade idealizou e cujo projeto traçou, pode então por si só regenerar a instrução pública e assegurar a prosperidade.[192]

---

191. Tradução livre de: *Il sera formé, sous le nom d'Université impériale, un corps chargé exclusivement de l'enseignement et de l'éducation publiques dans tout l'Empire.*

192. Tradução livre de: *Outre les hautes considérations politiques qui appellent une pareille institution, l'établissement d'un corps enseignant est encore le seul moyen de sauver l'instruction publique elle-même d'une ruine totale. Les débris des anciennes corporations enseignantes ont su jusqu'à présent pour soutenir l'édifice ; mais ces ressources s'épuisent chaque jour ... Une corporation, telle que celle dont Votre Majesté a conçu la pensée et tracé le plan, peut donc seule régénérer l'instruction publique et assurer la prospérité.*

A Universidade Imperial, ao mesmo tempo órgão de controle geral da rede escolar de um determinado território e corpo docente único para todo o sistema educacional, é uma ideia peculiar e sem paralelo na história ocidental. Mesmo na França, ela não sobreviveu a Napoleão Bonaparte, já que em 1815 o órgão central de controle do sistema educacional francês foi renomeado *Commission nationale d'Instruction publique*, e seus docentes foram distribuídos pela rede institucional. Reagindo ao rigoroso domínio da burocracia estatal do período napoleônico, tão logo a competência legal da Universidade Imperial foi questionada, os diversos órgãos dedicados ao ensino superior retiraram-se do sistema unificado de ensino, afirmando sua autonomia institucional na forma de academias, escolas, institutos e faculdades independentes e isolados (Charle & Verger, 1994).

Nesse sistema de educação superior, que ficou conhecido como "monopólio universitário" (Aulard, 1911), nenhuma instituição educacional poderia se estabelecer fora da Universidade Imperial, ninguém poderia abrir uma escola ou exercer a docência sem ser membro do corpo docente da Universidade ou sem ter se graduado numa de suas faculdades ou escolas de ensino superior. Essa reforma foi precedida por um modelo de ensino específico, exclusivo e especializado, adotado na reforma médica de 1802–1803, momento em que a sociedade francesa aceitava o aumento do controle governamental sobre a formação e a prática de novas categorias profissionais que buscavam consolidar sua hegemonia num contexto político de transição.

Boudon (2007) coletou dados relativos ao cenário do ensino superior francês do final do Primeiro Império. Em 1814–1815, cerca de metade dos 6.000 estudantes franceses de ensino superior frequentavam uma das nove faculdades de direito — predominantemente a Faculdade de Paris, que respondia por quase um quarto de todos os alunos. As três faculdades de medicina (em Paris, Montpellier e Estrasburgo) tinham quase 1.200 alunos, enquanto as três escolas de farmácia registravam menos de 400 alunos. Em 1808, a criação das faculdades de letras e ciências obrigou o governo a recrutar professores fora das chamadas profissões imperiais. Cada faculdade de letras deveria oferecer pelo menos três cadeiras (literatura, filosofia, história), enquanto cada faculdade de ciências teria pelo menos quatro cadeiras (matemática, mecânica, físico-química, história natural). Em 1813, havia apenas 145 professores de ensino superior em todo o país — 89 em letras, 56 em ciências. Em 1814–1815, as 21 faculdades de letras possuíam 1.332 alunos. A Faculdade de Letras de Paris, sediada na Sorbonne, não era a mais importante do Império; apenas 70 alunos foram matriculados, além dos alunos da *École normale supérieure*. As nove faculdades de ciências tinham um corpo discente muito menor, totalizando 326, já que a maioria dos alunos atraídos para carreiras científicas estava em escolas militares como a *École Polytechnique de Paris*. Finalmente, nove faculdades de teologia recrutavam alunos principalmente dos seminários e escolas católicos.

REVISÕES E REFORMAS

O modelo francês de ensino superior — que se materializou durante o período napoleônico e se expandiu no Segundo Reinado — não só reforçou a supressão da universidade pela Revolução de 1789, como trouxe uma forte diferenciação de qualidade entre as diversas unidades de ensino superior e entre formação profissional versus educação científica acadêmica (Charle & Verger, 1994). Com um regime institucional dominado por academias, faculdades e escolas isoladas e independentes das universidades, é justamente nessa fase histórica (início do século XIX) que uma arquitetura curricular linear de formação de carreira profissional foi introduzida em todo o subsistema francês de ensino superior. Foi somente durante a Terceira República, surgida após a derrota na guerra contra a Alemanha em 1870, que modificações substanciais no sistema de ensino superior permitiram a recuperação, ainda que parcial, da ideia original de universidade na França (Weisz, 1983).

Louis Liard [1846–1917], nomeado Diretor do Ensino Superior em 1884, sumarizou as bases de uma nova proposta para reformar o ensino superior na França num livreto intitulado *Universités et Facultés*. Ele comparou os dois formatos institucionais para demonstrar que a opção francesa pelo ensino superior baseado em faculdades foi um grande erro histórico, que deveria ser rapidamente corrigido (Liard, 1890). Mais tarde, admitindo uma suposta superioridade do modelo de educação superior dos Estados Unidos para o desenvolvimento econômico, científico-tecnológico e social, Liard (1894) propôs uma teoria republicana da universidade,

> Concebida como um vasto organismo, uno e múltiplo ao mesmo tempo. Uno como o espírito humano donde vem toda a ciência, múltiplo como os diversos objetos sobre os quais esse espírito se aplica, aberto a tudo que possa ser sujeito a estudos e pesquisas — abstrações matemáticas, realidades físicas, realidades morais, criação das letras, criações das artes, aplicações das ciências às artes técnicas — com tantos compartimentos quantas há divisões naturais nas coisas, compartimentos distintos, mas não separados, nos quais circularia uma mesma vida, um mesmo espírito.[193]

Cautelosa e gradualista, a nova reforma compreendia uma série de decretos que concediam às faculdades autonomia para receber apoio financeiro, administrar recursos e criar cátedras e cursos (Weisz, 1983; Boudon, 2007). Um decreto de 1885 estabeleceu em cada faculdade e *grande école* dois órgãos deliberativos: a assembleia do corpo docente e o conselho acadêmico. Um passo adicional foi dado por um decreto de 1889 permitindo que as faculdades tivessem seu próprio orçamento, que seria composto por

193. Tradução livre de: *Conçut comme un vaste organisme, un et multiple à la fois, un ainsi que l'esprit humain d'où vient tout science, multiple ainsi que les objets divers auxquels cet esprit s'applique, ouvert à tout ce qui peut être sujet d'études et de recherches, abstractions mathématiques, réalités physiques, réalités morales, création des lettres, créations des arts, applications des sciences aux arts techniques, avec autant de compartiments qu'il y a de divisions naturelles dans les choses, compartiments distinctes, mais non séparés, dans lesquels circulerait une même vie, un même esprit.*

taxas de matrícula e subvenções do estado. Dada a nova autonomia, as faculdades aumentaram o seu corpo docente através da criação de cátedras especializadas. Enquanto a independência administrativa das faculdades de fato avançava, os reitores continuaram a ser nomeados pelo ministro, embora agora fossem escolhidos a partir da lista enviada por cada faculdade. Essa reforma culminou no que ficou conhecido como Lei Liard, aprovada pelo Parlamento francês em julho de 1896. A lei concedia personalidade jurídica ao corpo docente das faculdades constituídas como instituições agregadas. Tais faculdades foram então legalmente autorizadas a ter o nome de "universidade". Nesse processo, a Universidade de Paris foi imediatamente refundada em novembro de 1896, seguida da criação de outras 15 universidades em todo o país (Boudon, 2007).

A Reforma Liard — apesar de contar com argumentos sólidos, formulação consistente e um plano cuidadoso de implementação — foi considerada um fracasso por historiadores da educação (Weisz, 1983; Charle & Verger, 1994; Boudon, 2007; Prost, 2007). No modelo de ensino superior que se consolidou na França da Belle Époque (um século após a supressão das "góticas universidades" pela Revolução de 1789), o poder das faculdades continuou a crescer. Isso era ainda mais verdadeiro entre as chamadas faculdades superiores (medicina e direito, já que as faculdades de teologia haviam perdido espaço nas repúblicas do século XIX) e as escolas politécnicas, todas elas oferecendo treinamento nas "profissões imperiais", que era um rodopio semântico da ideia, cultivada na era pós-revolucionária, de *profession libérale*.

As condições e os determinantes desse peculiar modelo institucional, particularmente no que diz respeito ao ensino superior na área da saúde, com formação profissional em hospitais e faculdades médicas, foram analisados por Pinell (2009):

> A originalidade da situação quase não atraiu a atenção dos historiadores, embora se trate de um dos raros casos na França em que a instância

> universitária de formação não é controlada por agentes de função pública. Em outras palavras, nessa instituição pertencente a dois campos, as características sociais particulares dos docentes clínicos contribuem para favorecer a ancoragem da faculdade de medicina no campo médico, e sua autonomia frente ao campo universitário. Além disso ... é pela mediação de alguns professores de ciências acessórias (os únicos acadêmicos "clássicos") que se manterão os vínculos entre a faculdade de medicina e o mundo do ensino público.[194]

Dada a hegemonia da educação profissional liberal no modelo francês de educação superior, a instrução dos professores do ensino secundário foi deixada para as novas faculdades de letras e ciências. Nesse contexto, as universidades tinham uma existência meramente nominal, na medida em que constituíam uma unidade sem poder prático. Tinham o papel limitado de mediação política e de representação perante o Estado de um conjunto de faculdades, possuindo elas próprias autonomia política, financeira, administrativa, acadêmica e simbólica.

Assim, tanto na matriz histórica francesa como nos países onde modelos mediterrâneos de ensino superior permanecem dominantes, ainda se encontram resíduos e vestígios das características mais anacrônicas dessa curiosa universidade republicana — negada por dentro pelas suas próprias estruturas institucionais. Sobre isso, Antoine Prost (2009) comenta criticamente:

---

194. Tradução livre de: *L'originalité de la situation n'a guère attiré l'attention des historiens bien qu'il s'agisse d'un des rares cas en France où l'instance universitaire de formation n'est pas contrôlée par des agents de la fonction publique. Autrement dit, dans cette institution appartenant à deux champs, les caractéristiques sociales particulières des enseignants cliniciens contribuent à favoriser l'ancrage de la faculté de médecine dans le champ médical et son autonomisation vis-à-vis du champ universitaire. Aussi ... c'est par l'intermédiaire des quelques professeurs de sciences accessoires (les seuls universitaires « classiques ») que se maintiendront des liens entre la faculté de médecine et le monde de l'enseignement public.*

De início, [há] uma concepção pobre e estreita das universidades, limitadas ao ensino que elas oferecem. A comparação com universidades estrangeiras é esmagadora nesse aspecto. Criar comunidades de vida e não somente de estudo não estava no programa dos republicanos. Eles se inspiraram nos seminários alemães, não nos colégios anglo-saxões. Em seguida, [há] a força da tradição da faculdade, simbolizada pelo rápido retorno após 1968 do título de decano [*doyen*], do nome de faculdade, e a raridade, bem como a precariedade, das formações apoiadas em duas faculdades antigas.[195]

A conclusão de Prost (2009) é igualmente crítica, quase irônica:

Por fim, [há uma] dificuldade, que parece diminuir, de acolher formações aplicadas, nas ciências e sobretudo nas letras, onde a preparação para os concursos de professores de segundo grau continua a estruturar o ensino: quando tudo está bloqueado pela contestação, só os cursos de agregação [formação de professores] continuam acontecendo. Lá está o suprassumo de nossa educação superior literária.[196]

---

195. Tradução livre de: *D'abord, une conception pauvre, étroite, des universités, résumées à l'enseignement qu'elles dispensent. La comparaison avec les universités étrangères est accablante sur ce point. Créer des communautés de vie et non seulement d'étude n'était pas au programme des républicains. Ils se sont inspirés des séminaires allemands, non des collèges anglo-saxons. Ensuite, la force de la tradition facultaire, que symbolise le retour rapide après 1968 du titre de doyen, du nom de faculté, et la rareté comme la précarité des formations à cheval sur deux anciennes facultés.*

196. Tradução livre de: *Enfin, la difficulté, qui semble se réduire, à accueillir des formations appliquées, en sciences et surtout en lettres où la préparation des concours du second degré continue à structurer l'enseignement : quand tout est bloqué par la contestation, seuls les cours d'agrégation continuent à se dérouler. Là est le saint des saints de notre enseignement supérieur littéraire.*

No entanto, após a Segunda Guerra Mundial, esse modelo sofreu um rápido declínio, implodindo simbolicamente durante as revoltas urbanas de maio de 1968, em Paris (Prost, 2009). Devido a uma série de acontecimentos na segunda metade do século XX, culminando com o lançamento do Processo de Bolonha em 1999,[197] até os países europeus que haviam gradualmente adotado os princípios idealizados por Cabanis e promovidos pela Reforma Bonaparte acabaram abandonando o peculiar modelo do 'ensino superior sem universidades'.

197. O Processo de Bolonha, ainda em curso, resulta de acordos internacionais entre os governos europeus em torno de reformas de políticas visando criar uma comunidade internacional compartilhada de ensino superior. Agora adotada por 48 países, a reforma de Bolonha tem como objetivos a mobilidade de aprendizagem, a cooperação acadêmica transnacional e o reconhecimento mútuo de períodos de estudo, créditos acadêmicos, graus e qualificações obtidos no exterior. Existe hoje uma literatura abundante sobre esse empreendimento, cheio de controvérsias. Ver principalmente Bergan e Matei (2020).

CAPÍTULO 9
CABANIS TRAÍDO POR FOURCROY

Dia 30 de Germinal, Ano X (terça-feira, 20 de abril de 1802). É um dia nublado, com temperatura agradável, o que é raro nesta estação.

O doutor Pierre-Jean-Georges Cabanis, senador vitalício da República Francesa, sai de seu retiro para comparecer a uma sessão do *Tribunat*.[198] Cabanis tem então 45 anos. Ele não vai ao centro de Paris há semanas. Doente e cansado, tem passado cada vez mais tempo recluso na mansão de Auteuil, onde tenta penosamente recuperar notas, *rapports* e referências para a redação e revisão dos livros que formarão seu legado filosófico, político e pedagógico. Para relaxar, nas horas vagas, traduz do grego antigo o *Divino Homero* e escreve poesia, sua paixão da juventude. Além disso, dedica-se, com sua cunhada Sophie de Grouchy, viúva de Condorcet, à publicação das obras completas de seu saudoso amigo, vitimado pelo Terror.

A viagem é tranquila e curta, graças às novas estradas suburbanas da movimentada capital, cheia de melhorias e obras públicas, e à destreza de Antoine Damour, fiel jardineiro da falecida Madame Helvétius que, quando

198. O *Tribunat* foi estabelecido pela Constituição do 22 frimário, ano VIII, como parte do *Corps législatif*. Era composto por 100 tribunos nomeados pelo *Sénat* para mandatos de cinco anos, de uma lista de 5.000 nomes, escolhidos por 50.000 eleitores, eleitos por 500.000 cidadãos. Sua principal função era debater, em primeira instância, os projetos de lei propostos pelo Consulado. O primeiro *Président du Tribunat* foi Pierre Daunou, um dos mais ativos dentre os *idéologues* (Guillois, 1894, p. 155).

necessário, trabalhava como cocheiro.[199] Cabanis chega cedo, logo após a hora do almoço, ao prédio cinza do *Palais Égalité* (nome com que a Convenção rebatizou o Palais-Royal, construído pelo Cardeal Richelieu), onde, sob o Consulado, se reuniam as câmaras do *Corps législatif*. Naquele momento, as calçadas que cercam o antigo palácio fervilham de gente, entre despachantes, mordomos e tabeliães. Com a ajuda de Antoine, ele desce da carruagem com dificuldade, mas logo chega ao amplo e majestoso corredor repleto de colunas. Atravessa-o lentamente, depois os pátios, e dirige-se ao *grand salon*, onde mais tarde os tribunos se reuniriam para apreciar a proposta de reforma do ensino enviada pelo Primeiro Cônsul Napoleão Bonaparte.[200]

O enorme salão ainda está vazio, apenas alguns funcionários se movem entre a longa mesa central e os pequenos tronos dos representantes do povo. Do lado direito de um palco de madeira, raso e largo, atrás de um pequeno púlpito, escrivães organizam livros e papéis sobre bancos compridos e estreitos, preparando-se para a sessão seguinte. Evitando a fila de cadeiras situada em frente ao palco, reservada a cavalheiros como ele, Cabanis senta-se bem na última fileira, num dos amplos bancos de madeira bruta talhada, num canto, sob as volutas que suportam uma pequena escada auxiliar. Ele se acomoda sobre uma pequena almofada de penas de ganso que Antoine havia trazido. Quieto, paciente, adormece.

Aos poucos, o grande salão se enche de gente ocupada: funcionários diligentes montam palco e plateia, assistentes e assessores das tribunas tomam

---

199. Como no Capítulo 7, o Mapa Histórico de Paris foi minha principal fonte sobre a paisagem parisiense por volta de 1800 (http://paris-atlas-historique.fr/10.html). Além disso, informações sobre a vida privada de Georges Cabanis foram majoritariamente extraídas de Guillois (1894) e Pouliquen (2013).

200. A sessão legislativa narrada neste capítulo ocorreu de fato no local e horário assinalados. No entanto, a presença de Cabanis naquele evento é puramente ficcional, pois não há evidências de que isso tenha acontecido, ainda mais considerando seu péssimo estado de saúde na época. Usei essa licença poética para enfatizar o confronto de valores, ideias e métodos entre os dois rivais, notáveis intelectuais e formuladores de políticas.

posse das cadeiras da frente com pastas de couro. Nos estreitos bancos de madeira, alguns idosos procuram sentar-se o mais confortavelmente possível, com um ar geral de curiosidade. O mesmo acontece com algumas senhoras, muito bem vestidas, ostentando sinais de nobreza recente. Com a decadência dos debates científicos e filosóficos e o fechamento dos *salons*, a política mesquinha tornou-se a última moda em Paris.[201]

Do seu canto, discreto, quase escondido, Cabanis observa tudo. Com alegria, reconhece ao longe os cabelos compridos, os olhos pequenos e o longo nariz de águia de uma célebre figura, que, diferente dele, não procura passar despercebida: Pierre Daunou, redator da Lei de Educação Pública de 1795 e Diretor do Arquivo Nacional. Daunou ocupou o cargo de Presidente do *Tribunat* até recentemente, quando o Primeiro Cônsul Bonaparte o demitiu, juntamente com todos os tribunos que discordavam do Concordat.

Um *maître de cérémonie* anuncia, aos berros, a presença dos ilustres tribunos para a sessão da tarde.[202] Um grupo de cerca de quarenta cavalheiros, de variados tamanhos e pesos, entra por uma porta cortinada, enquanto outro grupo o faz por um arco lateral. Em fila frouxamente organizada, dirigem-se aos pequenos tronos com almofadas vermelhas, alinhados em degraus na frente e nas laterais do grande salão. Alguns se sentam e quase imediatamente começam a conversar com os vizinhos. Muitos deles usam roupas escuras, vários vestem uniformes militares coloridos, alguns têm uma espécie de túnica que imita as togas dos magistrados romanos, enquanto outros usam trajes solenes típicos de suas regiões de origem. Poucos deles estão vestidos à moda burguesa, com paletós e coletes de variadas cores.

201. Sobre a cultura política parisiense durante a era pós-revolucionária, ver principalmente Kale (2006).

202. Esta sessão do *corps législatif* foi minuciosamente descrita nas notas tomadas por Jean-Jacques-Régis de Cambacérès [1753–1824], membro do gabinete imperial e um dos políticos mais influentes da Era Napoleônica. Tais notas fazem parte de suas *Mémoires*, publicadas pela *Fondation Napoléon* (de Cambacérès, 1999).

Chegam então os seis membros do secretariado da sessão. Eles verificam as pilhas de papéis sobre a mesa de madeira escura e sentam-se em seus tronos, no palco central coberto por um velho tapete. Logo entra o presidente Chabot, solene e carrancudo. Cabanis se mexe, incomodado. Ele conhecia bem o magistrado Georges-Antoine Chabot de L'Allier [1758–1819]. Eles haviam sido eleitos ao mesmo tempo para o *Conseil des Cinq-Cents*, onde Cabanis representava a comuna de Auteil e Chabot a comuna de L'Allier (de onde tirou seu topônimo de falsa nobreza). Juntos, participaram da conspiração que resultou no golpe de 18 de Brumário, mas a contribuição de Chabot fora apenas a disseminação de boatos, mentiras e intrigas necessárias para desestabilizar os oponentes.

Após protocolos republicanos, que muito em breve dariam lugar a rituais imperiais, o presidente da sessão anuncia a ordem do dia. Cabanis observa que, na leitura, Chabot muda o tom de voz ao mencionar o projeto de lei da primeira reforma educacional do Consulado, apontando que esse havia sido encaminhado diretamente pelo eminente Primeiro Cônsul. Para apresentar a proposta, pede ao *maître de cérémonie* que convide o Doutor Antoine-François de Fourcroy, responsável pelo departamento de Instrução Pública do Ministério do Interior, membro do *Conseil d'État*, que seria o *orateur du gouvernement* para aquela sessão.

NUNCA MAIS MESES BRUMÁRIOS

Naquele momento, uma França precariamente pacificada pelo Tratado de Amiens comemora a *Loi d'État* que regulamenta a Concordata de Napoleão com o Papa Pio VII, negociada no ano anterior e promulgada uma semana atrás. Mas o que a população comemora mesmo é o restabelecimento do calendário gregoriano. Nunca mais os meses brumários, nivosos ou vendemiários, nem os anos republicanos em algarismos romanos. O nascimento de Cristo volta a ser o marco inicial da história, e os domingos são reincorporados ao cotidiano das pessoas comuns.

Mas nem todos concordam com a Concordata. Veteranos revolucionários e ativistas republicanos fazem críticas violentas ao crescente poder do Primeiro Cônsul, engajado que está, numa campanha pessoal para se tornar imperador. Intelectuais e cientistas, em sua maioria agnósticos e anticlericais, como Cabanis, estão indignados com a restauração da hegemonia religiosa num Estado que deveria ser laico, e com o clima belicista-patriótico numa sociedade que deveria cultivar a paz. Desde os primeiros movimentos que revelaram a insidiosa tirania, quando se organizou uma polícia política e, de fato, a constituição não foi cumprida, Georges Cabanis alinha-se com os movimentos de resistência ao autoritarismo populista da família Bonaparte.[203]

No entanto, Napoleão nunca escondeu sua admiração por alguns dos *idéologues* — Cabanis sobretudo — com quem gostava de discutir filosofia e ciências naturais quando frequentava seus *salons* e suas aulas no *Institut de France*. Corajosamente, Cabanis recusou vários convites feitos pelo então aspirante a déspota para audiências privadas e eventos públicos, evadindo-se das manobras que já faziam parte da política pequena do Consulado e de seus *courtisans*. Eram atos demasiado embaraçosos de sedução, cooptação e até corrupção explícita, oferecendo cargos, sinecuras, pensões vitalícias e pomposos títulos de nobreza.[204]

Cabanis conhece de perto a virulência (e o carisma) de Lucien Bonaparte [1775–1840], irmão mais novo de Napoleão, ex-apoiador de Robespierre que, com o fim do Diretório, ascendeu à presidência do *Conseil des Cinq-Cents*. Eles foram parceiros nos movimentos conspiratórios que resultaram no golpe de 18 de Brumário, mas também nas primeiras negociações para recriar a *Académie Française* a partir das classes do *Institut nationale de France*. No entanto, a admiração e a discreta cumplicidade logo se

203. Sobre a política de Napoleão Bonaparte, incluindo seu regime tirânico e suas práticas nepotistas, ver especialmente Englund (2010).

204. A relação de Cabanis com Napoleão, que se estendeu a seus familiares, é bem exposta por Pouliquen (2013).

transformaram em desprezo, depois que descobriu-se fraude nos resultados de um plebiscito patrocinado por Lucien logo após ser nomeado Ministro do Interior por seu irmão Cônsul. O repúdio de Cabanis se estende a outros Bonapartes, do primogênito Joseph, ao extravagante Jérôme, à caçula Élise, todos empenhados em erguer arcaicos títulos nobres e coroas reais, contestadas e usurpadas de países e regiões conquistados pelo célebre irmão.

As cortinas da portinha, por onde haviam entrado legisladores e dirigentes, abriram-se de repente, dando lugar a um homem de gestos largos e bruscos, quase desajeitado, que se apressou em chegar ao púlpito.

O SERVO DE NAPOLEÃO

Antoine de Fourcroy tem quase a mesma idade de Cabanis. Quando era mais jovem, era um pouco obeso, o que arredondava os traços de seu rosto, mas agora está magro, parecendo muito mais velho. Veste-se com exagerada elegância: casaco de veludo azul escuro com ricos bordados nos punhos e na lapela; colete em cetim branco, também bordado, com motivos florais; camisa branca, gola alta e engomada com *jabot* de renda fina. A testa pálida e seca se estende até o alto da cabeça, formando uma calvície frontal, coberta por tufos de cabelos totalmente brancos, meio crespos, como flocos de algodão salientes sobre as orelhas pontudas. No rosto magro e comprido, destaca-se um par de olhos fundos e escuros que, no entanto, brilham intensamente.[205]

Fourcroy sobe ao púlpito, onde fica absolutamente imóvel por alguns segundos. Depois de uma pausa, ergue o olhar, respira fundo e inicia uma longa saudação aos tribunos, seus anfitriões institucionais, reiterando

205. Essa descrição de Antoine François de Fourcroy baseia-se em duas fontes pictóricas: para suas características físicas, usei seu último retrato, uma gravura em aço, de C. T. Riedel, publicada em 1819, mas desenhada alguns anos antes; para os seus trajes, descrevo o retrato a óleo de Anicet Lemonnier, pintado por volta de 1800, que mostra a extravagante moda de cavalheiros típica da Era Napoleônica: https://commons.wikimedia.org/wiki/File:Lemonnier_-_Antoine-Fran%C3%A7ois_de_Fourcroy.jpg

sua condição de porta-voz e conselheiro do poderoso Primeiro Cônsul. Fourcroy tem a voz e os movimentos de um ator dramático; alterna tons baixos e quebra o ritmo de sua oratória, dirigindo-se a parlamentares, dirigentes e público como se fossem espectadores de um monólogo, certamente ensaiado. Na infância e adolescência já revelava grande talento para as artes dramáticas. Em sua vida madura, esse dom lhe foi muito útil como professor de química e farmacologia nos *Jardins du Roi* e na *École Royale Vétérinaire*, onde seus cursos e conferências estavam sempre lotados.[206]

Observando que seus ouvintes estão cativados, o conselheiro Fourcroy finalmente aborda a questão daquela importante sessão legislativa. Ao seu comando, dois escrivães começam a distribuir cópias de um panfleto aos tribunos. Ali, em tipografia cuidadosamente impressa,[207] estão resumidos os principais pontos de seu discurso. Algumas cópias que sobraram são jogadas sobre as bancadas onde os plebeus estão localizados. Cabanis não consegue evitar um sentimento de curiosidade, que provoca nele um movimento quase involuntário de sair de seu canto, onde se escondia como numa gruta, para ir buscar um dos folhetos.

Com ar solene, cada vez mais seguro e confiante, Fourcroy enfrenta os legisladores, projeta sua voz para as galerias e dirige-se diretamente ao atônito presidente Chabot. Após um breve preâmbulo, em tom suave, quase conciliador, afirma que o projeto não confronta, mas aperfeiçoa, a legislação anterior, aprovada na Convenção Nacional de 1794. Ele garante que o interesse do Primeiro Cônsul Napoleão não é a educação erudita — conhecimentos cultivados, frequentemente de pouca utilidade — mas a formação

206. Informações sobre a vida e a obra de Antoine de Fourcroy foram extraídas de dois biógrafos: em inglês, William Smeaton (1962); em francês, Georges Kersaint (1966). Ambas as fontes biográficas registram as habilidades teatrais de Fourcroy e seu extraordinário talento como um magnético professor e palestrante.

207. Publicado como *Discours prononcé au Corps législatif par A. F. Fourcroy, orateur du Gouvernement, sur un projet de loi relatif à l'Instruction publique*. 30 germinal an X (20 avril 1802).

de jovens para a eficiência científica e técnica, com capacidade superior para as profissões essenciais, prontos para cargos executivos necessários ao tipo de governo que o Consulado deseja legar à França soberana.

Ali está ele, enfim, honrado no cargo de servidor público, humildemente cumprindo o alto dever de transmitir e defender o pensamento e a intenção do Primeiro Cônsul. Outra pausa dramática, tão longa que provoca resmungos no já impaciente Cabanis. Fourcroy bebe um gole de água de um copo de cristal e prossegue, esgrimindo com palavras firmes:

> O governo, pesquisando uma nova modalidade de ensino adequada ao estado atual do conhecimento e ao gênio da nação francesa, julgou necessário sair da rota habitual. Instruído pelo passado, ele rejeitou as formas antigas das universidades, que a filosofia e as *lumières* exigiam reformar há quase meio século, e que já não condiziam com o progresso da razão.[208]

No mesmo tom apaziguador do começo de sua fala, Fourcroy afirma que a educação pública não deve ser imposta às famílias; a ajuda do estado nacional irá estimular os esforços locais neste sentido, nos municípios e paróquias de todo o país. Na escola primária, a educação será limitada a leitura, escrita e aritmética. Para o ensino de francês, latim, geografia, história e matemática, haverá escolas secundárias comunais e municipais chamadas *collèges*. O próprio Imperador Bonaparte desenhou os planos de inovações para que os *lycées* façam a integração dos estudos clássicos com

208. Tradução livre de: *Le gouvernement, en recherchant un nouveau mode d'enseignement approprié à l'état actuel des connaissances et au génie de la nation française, a cru nécessaire de sortir de la route accoutumée. Instruit par le passé, il a rejeté les formes anciennes des universités, dont la philosophie et les lumières appelaient la réformation depuis près d'un demi-siècle, et qui n'étaient plus d'accord avec les progrès de la raison.* (Fourcroy, 1802, p. 65)

a modernidade industrial.[209] Como resultado, a educação voltará para as mãos de professores particulares e, atendendo à vontade do povo francês, será orientada e, onde for necessário, ministrada pela Santa Igreja.

Inebriado por seu papel de *orateur du gouvernement*, Fourcroy declara solenemente que o Consulado da França estabelecerá *lycées*, com pensionatos, estágios e bolsas de estudo. O ensino técnico profissionalizante será oferecido num tipo especial de escola secundária, o *Lycée des Arts et Métiers*, e em *Écoles Polytechniques* para o ensino superior. Haverá também escolas independentes, as *écoles normales*, para a formação de professores do ensino primário. *Grandes écoles* e *facultés* serão responsáveis pelo ensino superior de carreiras científicas e estudos clássicos, as únicas instituições habilitadas a formar os profissionais de maior prestígio social, essenciais para o Estado e a indústria.

Em seu canto, atento a tudo que diz o *grand orateur*, Georges Cabanis não consegue conter a sensação de estar sendo roubado. O plano de reforma educacional que ele concebeu com Mirabeau e Condorcet dez anos antes — incluindo detalhes do *plan de décret* partilhado com Condorcet e enriquecido por seus *rapports* ao Institut de France, somado à contribuição dos debates com seus colegas *idéologues* — está sendo apresentado ao *Tribunat* pelo desavergonhado Conselheiro Fourcroy. A proposta conceitual que Cabanis escreveu para Mirabeau está toda ali, menos a questão política fundamental de a equidade na educação ser um direito de todos os cidadãos e, mais ainda, um dever do Estado. Seu plano não só foi roubado, pior ainda: foi corrompido pela restituição do ensino religioso, pela distorção do ensino superior como mero treinamento profissional, e pela militarização da escolaridade para uma elite grosseira e pobre de espírito. Por isso, Cabanis sente-se profundamente traído.

209. De fato, Fourcroy estava entregando novamente uma de suas ideias ao imperador, segundo Claude Viel (2011).

Por um momento, Fourcroy se afasta do texto de seu discurso e, baixando o tom de voz, quase num sussurro, informa aos tribunos e à plateia que o ensino da *Idéologie* será totalmente banido das escolas de todos os níveis. As autoridades públicas e o sistema jurídico estarão unidos e atentos para garantir que os professores não ultrapassem esses limites. Ainda falando baixo, de modo quase intimista, formula um argumento persuasivo por sua própria força: seria insensato destruir, e não consolidar, as atuais instituições educativas, unindo os vários partidos, visando estabelecer, de maneira rigorosa e disciplinada, a padronização das necessárias relações com a administração geral do sistema educativo, sob a responsabilidade do Estado. Suas palavras, agora num crescendo, ditas com voz cada vez mais firme e ressonante, buscam um *grand finale* à altura daquele momento histórico:

> *Voilà*, cidadãos legisladores, as bases e os motivos do projeto que o governo submete hoje a vosso conhecimento. Ele espera que reconheçais aí o espírito que o move para a prosperidade do Estado, que encontreis aí os meios para atingir a meta para a qual indubitavelmente se dirigiram vários outros projetos, sem ainda o terem logrado.[210]

Uma imensa ovação, logo transformada numa cadência de aplausos, saúda o final do discurso. Todos os tribunos estão de pé, aplaudindo, assim como quase todos os ocupantes das galerias lotadas. Fourcroy desce do púlpito e fica imóvel diante da multidão, com a cabeça pendurada em reverência, como um ator agraciado pelo afeto de seu público. Ele volta ao púlpito, levanta os braços, lentamente consegue silenciar a massa e, quase aos gritos, conclui seu pronunciamento. Comovido, às lágrimas, faz uma

---

210. Tradução livre de: *Voilà, citoyens législateurs, les bases et les motifs du projet que le gouvernement soumet aujourd'hui à vos lumières. Il espère que vous y reconnaîtrez l'esprit qui l'anime pour la prospérité de l'Etat, que vous y trouverez les moyens d'atteindre le but vers lequel plusieurs autres projets ont sans doute été dirigés sans qu'ils aient pu y parvenir encore* (Fourcroy, 1802, p. 84).

declaração de submissão pessoal e política ao Cônsul Bonaparte, futuro Imperador Napoleão I:

> *Messieurs*! Aplaudir-me-ei durante toda a minha vida por ter contribuído para a reorganização da educação e da instrução pública, de acordo com as visões do grande homem que, não contente em ter iluminado seu século e trazido felicidade a seus contemporâneos, prepara altos destinos para a geração que há de nos suceder.[211]

Nesse momento, o público abarrotado se espalha em aplausos e assobios frenéticos, batendo os pés histericamente no chão de madeira. Gritos de *Vive la France!* são repetidos, ouvem-se outras vozes, que venha o salvador desta nação, o mito, a lenda. Uma mulher grande e suplicante sobe no banco à sua frente, fica de frente para a porta e grita o nome do aspirante a tirano, como se o Primeiro Cônsul estivesse ali, de tal forma que todos pensam que, a qualquer momento, o córsico apareceria no grande salão. Mas no lugar onde deveria estar Napoleão, diante da massa delirante, vê-se um ator no seu auge, maravilhado com sua maior atuação, em êxtase, suado, trêmulo, ofegante, possuído.

IRMÃOS MAÇONS

Cabanis conhece Fourcroy muito bem, pois foram irmãos maçons no *Loge des Neuf Soeurs à l'Orient de Paris*.[212] Percebe-o como um político astuto, habilidoso e oportunista, desde os tempos dos Estados Gerais, do Atelier de Mirabeau, das disputas na Assembleia Nacional, da Convenção, dos tempos do Terror, das conspirações do 18 de Brumário.

---

211. Tradução livre de: *je m'applaudirai toute ma vie d'avoir concouru à réorganiser l'éducation et l'instruction publique, d'après les vues du grand homme qui, non content d'avoir illustré son siècle et fait le bonheur de ses contemporains, prépare de hautes destinées à la génération qui doit nous succéder.* (Cambacérès conforme citado em Boudon, 2006)

212. O papel de Cabanis na maçonaria francesa é estudado por Weisberger (1993).

Em 1792, patrocinado por Jean-Pierre Marat, Fourcroy foi eleito deputado da Convenção Nacional. Lá, sentado à esquerda nas assembleias, juntou-se aos jacobinos, que o indicaram para o *Comité d'instruction publique*. Junto com Marat, liderou o movimento pela extinção de universidades, faculdades e sociedades científicas, começando pela Academia de Ciências. Em agosto de 1793, ele substituiu Marat, que foi assassinado no banho, no temido *Comité de salut public*. Com cálculo, talento e uma boa dose de sorte, Fourcroy sobreviveu ao Terror, mas à custa de testemunhar impotente a caçada e a execução de seus mentores, amigos e companheiros. Ao final daquele fatídico ano, assumiu a presidência do *Club des Jacobins* e, apesar dessa condição, nada fez para impedir o martírio político de Danton.[213] Durante o Diretório, Fourcroy assumiu diversos cargos importantes no cenário político da França e, com o Consulado, tornou-se o principal assessor para assuntos científicos e educacionais da família Bonaparte. Após o Golpe de 18 de Brumário, o Primeiro Cônsul Bonaparte o nomeou para o *Conseil d'État* do primeiro triunvirato.

Cabanis lembra como ele e Fourcroy foram amigos muito próximos e parceiros constantes em vários projetos políticos. Isso começou quando Cabanis era membro do *Comité des hôpitaux*, assumindo a administração geral dos hospitais franceses. Juntos, eles ajudaram Richerand,[214] um amigo em comum que havia sido recrutado como cirurgião militar, a ficar seguro em Paris, longe do campo de batalha, durante as guerras revolucionárias de 1792. Como membro da Convenção, em oposição às propostas

213. Georges Jacques Danton [1759–1794] foi um dos líderes políticos mais importantes da Revolução Francesa. Durante a Convenção, ele dividiu o poder com Marat e Robespierre. Acusado de corrupção e leniência, Danton e 14 companheiros enfrentaram um curto julgamento de dois dias perante o Tribunal Revolucionário e foram sumariamente guilhotinados em 5 de abril de 1794.

214. Anthelme Louis Claude Marie Richerand [1779–1840], também conhecido como Anthelme-Balthasar, foi seu aluno na École de Santé de Paris e mais tarde, durante as Guerras Napoleônicas, tornou-se um famoso cirurgião militar.

de Mirabeau encampadas por Condorcet, Fourcroy defendeu em 1793 a completa reinvenção do sistema francês de ensino superior para superar "*les gothiques Universités*".

Como principal colaborador de Garat no *Comité d'instruction publique*, mesmo fora da Convenção, Cabanis era fortemente contra as propostas de reforma educacional de Fourcroy. Para ele, o plano de Fourcroy não era consistente e nem propunha um sistema viável. Carente de detalhamento técnico e sem qualidade conceitual, o projeto de Fourcroy distanciava-se das densas contribuições (*mémoires*, *rapport*, *projet*) de Condorcet. Era mais um libelo político, em tom sombrio e dramático (quase violento) ao descrever o caos da prática médica na monarquia, com uma retórica agressiva e triunfalista ao apresentar as soluções propostas. No caso específico da educação médica, Cabanis preferia o plano realista traçado pela comissão presidida por Félix Vicq d'Azyr. No entanto, com amplo apoio dos jacobinos, foi o Plano Fourcroy o aprovado pelos líderes da Revolução.

Naquele momento no *Tribunat*, Cabanis lembra-se muito bem da oportunidade e das razões pelas quais se afastou daquele homem, tão eloquente, magnético, e, naquele dia e naquela cena, infelizmente, tão pedagógico. Nos dificílimos debates em diferentes comissões e conselhos durante a Convenção, Cabanis não aceitava de forma alguma a química como ciência fundamental da medicina (porque, para ele, nada poderia ser mais importante do que a Clínica) e não concordava com a criação das escolas de saúde.

Lamentavelmente, seus ex-mentores Roucher e Vicq d'Azyr não sobreviveram ao Terror para completar suas contribuições à humanidade, recorda Cabanis, subitamente triste. Seu fiel amigo Condorcet fora denunciado pelo mesmo Chabot de l'Allier que, naquele dia, preside o *Tribunat*. Todos haviam sido indiciados pelo *Comité de salut public* (que tinha Fourcroy como um de seus membros). Essas memórias infelizes tornam o velho Cabanis ainda mais melancólico.

Cabanis se lembra do caso Lavoisier. Fourcroy conheceu Antoine-Laurent de Lavoisier [1743–1794] dez anos antes da Revolução, quando iniciou sua carreira docente nos *Jardins du Roi*, pois Lavoisier havia sido proibido de lecionar na Faculdade de Medicina. O grande químico tomou o ambicioso Antoine de Fourcroy como praticamente seu filho adotivo e herdeiro intelectual. Eles foram colaboradores em muitos projetos científicos, principalmente na reforma da nomenclatura química padrão, inspirada na *Encyclopédie*, que resultou em classificação e notação sistemáticas, utilizadas até hoje: ácidos, sais, bases, compostos etc.

No final de 1793, denunciado ao mesmo *Comité* (então presidido por Robespierre), Lavoisier foi condenado pelos tribunais revolucionários à guilhotina por traição à pátria. Vários cientistas e intelectuais, incluindo Lagrange e Cabanis, se posicionaram publicamente em sua defesa. Fourcroy, amigo e discípulo de Lavoisier, apavorado com o que aconteceu com seu outro mentor Félix Vicq d'Azyr, omitiu-se e, quando finalmente se mobilizou, era tarde demais para salvar Lavoisier da execução.[215] Na tentativa de fugir da acusação de ser responsável pela sentença de morte de Lavoisier, Fourcroy escreveu um elogio póstumo que contribuiu para um dos mitos mais repetidos da história da ciência. Reza a lenda que, ao ser confrontado com as realizações científicas de Lavoisier como argumento para o perdão, o presidente dos tribunais revolucionários supostamente respondeu: "A República não precisa de cientistas". Este conto foi repetido em inúmeras ocasiões como demonstração brutal do negacionismo endossado por regimes totalitários.[216]

---

215. Há muita controvérsia sobre o possível papel de Fourcroy na execução de Lavoisier. A hipótese da responsabilidade parcial por omissão, considerando sua posição de influência e poder político entre os jacobinos, encontrou respaldo entre os biógrafos de Lavoisier, como Jean-Pierre Poirier (1993).

216. A citação original de Fourcroy é: *Le juge-bourreau n'avait-il pas annoncé que la République n'avait plus besoin de savants, et qu'un seul homme d'esprit suffisait à la tête des affaires?* [Não havia o juiz-carrasco anunciado que a República não precisava

É esse homem que, naquele momento, hipnotiza os tribunos, a turba fanática, e rouba a cena no *Palais Égalité*. Mas Georges Cabanis tem um gosto amargo na boca e uma indignação dolorosa e contida, dirigida à usurpadora família Bonaparte e seus cúmplices. Ele ali se sente estranhamente envergonhado, como se a vitória de um servo encarnando Napoleão fosse a derrota de sua vida. Profundamente triste, com o pensamento nos tantos amigos de sua geração, sacrificados, Cabanis aproveita que está posicionado na última fileira de bancos, no canto mais discreto, no lugar mais afastado; retira-se lentamente pela porta dos fundos do grande salão, sustentado por sua elegante bengala de madeira escura, primorosamente confeccionada no Brasil.

UM TRAIDOR TRAÍDO

Respeitando a trágica grandeza daquela cena apoteótica, o presidente Chabot de l'Allier faz uma convocação simbólica de voto, após a aclamação entusiástica dos tribunos e dos fanáticos bonapartistas, e encerra a sessão. Duas semanas depois, em 1º de maio de 1802, na presença solene dos Cônsules da República, o Senado endossa formalmente uma moção para a aprovação total do projeto de reforma educacional. Em setembro de 1802, Antoine de Fourcroy é nomeado por Napoleão para o cargo de Diretor Geral da Instrução Pública, em troca de seu empenho na aprovação da lei, desde então batizada de Lei Bonaparte.

Sempre eficiente e hábil na pequena política, Fourcroy consegue aprovar a reforma do ensino médico, extinguindo as *écoles de santé* e restaurando as faculdades previstas na Lei Bonaparte. No ano seguinte, já na atmosfera faustiana, gloriosa e quase delirante do Primeiro Império, Fourcroy dedica-se fervorosamente a concluir a reforma do sistema educacional com a organização da Universidade Imperial. Trabalha muito,

mais de estudiosos, e que um só homem de espírito era suficiente para encabeçar os afazeres?]. A desconstrução dessa anedota foi feita por James Guillaume (1909) há mais de um século, mas a história ainda é contada como se fosse verdade.

negociando incansavelmente com legisladores e dirigentes, o que culmina na aprovação da Lei Bonaparte de 10 de maio de 1806, que implementa a Universidade Imperial. No árduo processo de regulamentação e implementação do complexo sistema educacional, ele submete todos os detalhes ao imperador e seus conselheiros, deputados e assessores.[217]

Aparecem então reveses políticos, claramente ilustrados no *Décret portant organization de l'Université* [Decreto sobre a organização da Universidade], publicado em 17 de março de 1808, onde se renuncia a qualquer vestígio, mínimo que seja, de liberdade acadêmica:

> Artigo 38. Todas as escolas da Universidade imperial terão como base de ensino: 1° Os preceitos da religião católica; 2° A fidelidade ao Imperador, à monarquia imperial depositária da felicidade dos povos e à dinastia napoleônica, conservadora da unidade da França e de todas as ideias liberais proclamadas pelas Constituições; 3° A obediência aos estatutos do Corpo docente, que têm por objetivo a uniformidade da instrução e que tendem a formar para o Estado cidadãos ligados a sua religião, a seu príncipe, a sua pátria e a sua família.[218]

Com a implementação da reforma, Fourcroy candidata-se ao cargo de *Grand-Maître de l'Université impériale*, a mais alta posição de governança do novo sistema educacional, cujos poderes e prerrogativas foram pessoal e cuidadosamente delineados por ele próprio. Mas Napoleão o surpreende

---

217. A dedicação e o talento de Fourcroy nessa empreitada são bem descritos por Boudon (2006; 2007).

218. Tradução livre de: *Article 38. – Toutes les Écoles de l'Université impériale prendront pour base de leur enseignement: 1° Les préceptes de la religion catholique ; 2° La fidélité à l'Empereur, à la monarchie impériale dépositaire du bonheur des peuples et à la dynastie napoléonnienne, conservatrice de l'unité de la France et de toutes les idées libérales proclamées par les Constitutions ; 3° L'obéissance aux statuts du Corps enseignant, qui ont pour objet l'uniformité de l'instruction et qui tendent à former pour l'État des citoyens attachés à leur religion, à leur prince, à leur patrie et à leur famille.*

e, sem avisar, rejeita sua postulação. Para o posto mais poderoso na hierarquia educacional do Império francês, ele nomeia o maior rival de Fourcroy na época: Jean-Pierre Louis, Marquês de Fontanes [1757–1821], então presidente do *Corps législatif*. O Marquês de Fontanes foi o principal líder político dos católicos franceses e, em detalhe menor, amante de Marie-Anne Élisa Bonaparte [1777–1820], Grã-Duquesa da Toscana, irmã mais nova do imperador.

Humilhado, Fourcroy ainda permanece no esvaziado *Comité d'instruction publique*, aparecendo assiduamente para cumprir as burocracias. Assustado, quase paranoico, certo de que caiu em desgraça junto à família imperial, espera todos os dias um castigo do governo autoritário que ajudou a construir. Enojado, ressentido, devastado, profundamente deprimido, ele anuncia à família que morrerá em breve.

Em 16 de dezembro de 1809, seja por retribuição, consolo ou remorso, o imperador Napoleão inesperadamente lhe concede a *Légion d'honneur* [Legião de honra] e os títulos de Conde de Fourcroy e *Chevalier de l'Empire* [Cavaleiro do Império], acompanhado de patrimônio, aluguéis e uma generosa pensão vitalícia. Mas é tarde demais. Nesse mesmo dia, em Paris, ao receber a notícia das graças do imperador, Antoine-François de Fourcroy grita "*je suis mort!*" e cai morto. A causa oficial da morte foi registrada como um "ataque de apoplexia".[219]

---

219. Além de seu legado como cientista, professor, político e reformador da educação, Antoine-François de Fourcroy é citado na história como o criador do *Grande Liqueur Impériale Mandarine Napoléon*. Tangerinas muito doces e aromáticas cresciam na ilha de Córsega, terra natal de Napoleão. Fourcroy recebeu de presente do então jovem marechal de campo um pacote dessas frutas e, com seu domínio da química, teve a ideia de macerá-las num xarope de receita secreta, depois destilá-lo, misturando o líquido preparado com conhaque, usando um método de preparação original. Napoleão gostava tanto dessa bebida que, muitas vezes, a pretexto de falar sobre questões de Estado e políticas de reforma educacional, mantinha longas e animadas audiências com seu químico pessoal e médico particular. Em uma dessas sessões, Napoleão praticamente exigiu que a excelente bebida levasse seu nome. Fourcroy apressou-se em atender ao desejo imperial, valendo-se do conceito de patente que,

por proposta sua e de Lavoisier, havia sido aprovada pela Assembleia Nacional em 1791. Até recentemente, a fabricação da bebida favorita do imperador era exclusiva da Família Fourcroy, sendo sua fórmula um cobiçado segredo industrial. Tudo isso talvez seja apenas uma lenda apócrifa sobre a contribuição de Fourcroy para a coquetelaria europeia. Partes dessa história foram reproduzidas em dezenas de blogs e revistas especializadas em bebidas, mas a fonte parece ser um site mantido pelo Museu Mandarine Napoléon: http://domainenapoleon.com/EN_mandarine.htm

CAPÍTULO 10
A INFLUÊNCIA DE CABANIS NA EUROPA DO SÉCULO XIX

Se, por um lado, a Revolução de 1789 trouxe mudanças extraordinárias na sociedade francesa e provocou reformas estruturais no aparelho de Estado, por outro lado, deixou o país em profunda crise econômica. Após a implementação das reformas, a nação francesa conseguiu superar a crise e rapidamente recuperou a liderança na agricultura, recompôs sua incipiente indústria e passou a se destacar em pesquisa e desenvolvimento tecnológico. Isso aconteceu especialmente em setores econômicos ligados ao comércio e à organização militar. Mesmo antes do Tratado de Amiens em 1802, que pôs fim aos dez anos de Guerras Revolucionárias, a nova França já se tornava uma meca para estudiosos e militantes políticos[220] de todo o chamado "mundo civilizado": liberais progressistas italianos, britânicos, ibéricos e alemães convergiram na França, atraídos pelo ambiente político e cultural engendrado pela reconstrução do Estado pós-revolucionário. Segundo Brockliss (2000, p. 120), esses jovens intelectuais de vários países aproveitaram curtos períodos de estabilidade política sob o novo regime para ver com seus próprios olhos os avanços sociais e os desenvolvimentos científicos da França pós-revolucionária.

220. E, claro, estudantes de diversos campos, vindos de várias partes do mundo, como analisa Moulinier (2011).

Desde meados do século XVIII, livros científicos e filosóficos, revistas, livros didáticos e tratados produzidos na França foram exportados e prontamente traduzidos para outras línguas. O trabalho de Cabanis não foi exceção. *Rapports du physique et du moral de l'homme*, por exemplo, foi traduzido para o alemão por Ludwig-Heinrich Jakob com o título *Über die Verbindung des Physischen und Moralischen in dem Menschen*, e publicado em Leipzig já em 1804, apenas um ano após a primeira edição francesa. Conforme mencionado na Introdução, a tradução inglesa de *Coup d'œil* foi publicada apenas dois anos após a edição original. A primeira tradução de *Coup d'œil* para o espanhol foi publicada em Madri em 1820, como *Compendio Histórico de las revoluciones y reforma de la Medicina* (Cabanis, 1820). Uma segunda edição em espanhol foi publicada em Paris onze anos depois (Cabanis, 1831), aproveitando o fato de que na década de 1830 houve uma renovação geral do interesse pela obra dos *idéologues*.

Depois de ser banido por algumas décadas, acusado de ateísmo na França e em outros países católicos, o pensamento cabanisiano (fundamento-chave para a *Idéologie*) ressurgiu em meados do século XIX como fonte de inspiração intelectual e influência, em três dimensões. Primeiro, as ideias de Cabanis contribuíram diretamente para as bases filosóficas de relevantes escolas de pensamento na França e na Alemanha. Em segundo lugar, no âmbito da saúde e da medicina, a obra de Cabanis fortaleceu a hegemonia de uma perspectiva materialista nas ciências da vida em geral, em particular, nas ciências da saúde, no conhecimento clínico e na medicina mental. Em terceiro, no âmbito da política *sensu stricto*, o pensamento e a ação institucional de Cabanis inspiraram algumas das mais importantes teorias sociocríticas a instigar líderes revolucionários e movimentos políticos do *ottocento* europeu.

SOBRE ESCOLAS FILOSÓFICAS[221]

Georges Cabanis inspirou diferentes correntes de pensamento de relevância histórica no século XIX. Suas obras foram amplamente divulgadas por toda a Europa, durante os primeiros anos do século XIX, mas principalmente nas décadas de 1820 a 1840. A teoria fisiológica de Cabanis, assim como sua proposta de uma "nova filosofia antropológica", como parte do arcabouço epistemológico da *Idéologie*, influenciou fortemente o positivismo de Comte e contribuiu para o pessimismo de Schopenhauer, que se tornou uma grande tendência na filosofia continental da época.[222]

Auguste Comte [1798–1857], fundador e principal referência do positivismo, uma contribuição francesa à tradição filosófica empirista, considerava que a perspectiva epistemológica cabanisiana das *sciences de l'homme* fornecia uma base sólida para as recém-nascidas ciências sociais e humanas. Leitor crítico de Condorcet em relação ao papel da educação cientificamente fundamentada para o progresso humano, Comte adotou a ideia de perfectibilidade como condição para a mudança social, cultural e política. Isso permitiu formular sua lei do progresso, definindo-a como o motor da história das nações civilizadas. Ele propôs que a ciência natural substituiria a teologia na construção de uma sociedade racional. No entanto, ele aceitava que a *Idéologie* só faria parte da zoologia (o ramo da biologia que estuda os animais, o que inclui os humanos) se definida em termos fisiológicos ou materialistas, nos moldes propostos por Georges Cabanis e Xavier Bichat. Estes dois teóricos consideravam seu próprio trabalho como parte de um projeto maior que chamavam de "a ciência do homem", ou

---

221. Aviso: esta seção não é um relato acadêmico sistemático sobre a filosofia de Cabanis. Para o leitor interessado, há várias referências gerais, como Cazeneuve (1956), Besançon (1997), Saad (2016) e Gaille (2017).

222. Especificamente sobre a influência de Cabanis na filosofia continental europeia, recomendo o recente número temático *Lecture de Cabanis au XIXe siècle*, organizado por Laurent Clauzade e Mariana Saad para o *Cahiers de Philosophie de l'Université de Caen* (2020).

antropologia, que buscava integrar *Physiologie* e *Idéologie* segundo o materialismo de Condillac. A biógrafa de Comte, Mary Pickering (1993, p. 158), observa que o fundador do positivismo proclamou-se o herdeiro da tradição intelectual dos *idéologues*. Pickering (1993, p. 155) também considera que

> [Comte] favoreceu particularmente o esforço de Destutt de Tracy para tornar a ciência social "positiva", baseando-a numa filosofia que garantiria conhecimento seguro, escaparia dos males gêmeos da teologia e da metafísica, e evitaria a perigosa retórica de 1789.[223]

Num dos primeiros volumes de sua principal obra, o *Cours de Philosophie Positive*, Comte (1838) reconhece várias vezes a dívida de sua filosofia para com Georges Cabanis (e também com Bichat e Gall), cuja teoria da determinação fisiológica do desenvolvimento de funções intelectuais e morais foi fundamental para a afirmação da ciência positiva como culminação do progresso do espírito humano. Além disso, a partir do *Rapports du physique et du moral de l'homme* de Cabanis, Comte adotou a noção de que as leis físicas e as condições biológicas regulam o funcionamento da razão e das paixões. Segundo Clauzade e Saad (2020, pp. 13–14), apresentando a coletânea *Lecture de Cabanis au XIXe siècle*:

> Cabanis também foi para Auguste Comte uma referência constante, desde seus primeiros escritos até suas últimas obras: é assim que Comte, com o Sistema da política positiva, entende ter enfim realizado a doutrina "esboçada por Cabanis" da relação do físico com o moral.[224]

---

223. Tradução livre de: *[Comte] particularly favored Destutt de Tracy's effort to make social science "positive" by basing it on a philosophy that would ensure certain knowledge, escape the twin evils of theology and metaphysics, and avoid the dangerous rhetoric of 1789.*

224. Tradução livre de: *Cabanis a aussi été pour Auguste Comte une référence constante, de ses tout premiers écrits à ses derniers ouvrages : c'est ainsi que Comte, dans le Système*

O filósofo alemão Arthur Schopenhauer [1788–1860] é considerado um dos maiores pensadores do século XIX, uma influência para Nietzsche, Freud e Wittgenstein. Nascido em Danzig e criado em Hamburgo e Paris, a família de Schopenhauer mudou-se para Weimar após a morte de seu pai. Sua mãe, Johanna, era uma talentosa escritora de romances e livros de viagem que, segundo o biógrafo David Cartwright (2010), se tornou a autora mulher mais famosa da Alemanha na década de 1820. No salão de sua mãe em Weimar, o jovem prodígio Arthur teve a chance de se tornar um cadete do segundo círculo de intelectuais brilhantes de Goethe.

Antes de se matricular na nova Universidade de Berlim criada por Humboldt em 1811, então dirigida por Fichte, Schopenhauer estudou Medicina e Ciências Naturais por dois anos na prestigiosa Universidade de Göttingen. Sua dissertação de doutorado, *Sobre a Quádrupla Raiz do Princípio de Razão Suficiente*, apresentada à Faculdade de Filosofia de Jena em 1813, foi uma primeira introdução ao sistema filosófico objeto de seu principal tratado, publicado em 1819, *O Mundo como Vontade e Representação* (Schopenhauer, 1909 [1819]). Os desdobramentos do pensamento de Schopenhauer — que ia da epistemologia da ciência à filosofia da natureza, da arte e da estética, à metafísica da moral — foram detalhados em várias publicações subsequentes, pagas com a herança de sua família. Schopenhauer tentou estabelecer-se como *privatdozent* em Berlim em 1820; quando programou suas palestras ao mesmo tempo que os cursos de Hegel, então reitor da Universidade de Berlim, geralmente não havia ninguém para escutar seus discursos (Kaufmann, 1966, p. 227). Schopenhauer enxergava a si próprio como o filósofo que destronou Kant e cuja obra era a antítese de Hegel. Devido a sua atitude arrogante e à virulência com que criticava líderes acadêmicos estabelecidos, falhou em diversas tentativas de assumir um posto acadêmico em universidades (Cartwright, 2010).

---

de politique positive, prétend avoir enfin réalisé la doctrine « ébauchée par Cabanis » des rapports du physique au moral.

Alienado da filosofia idealista então prevalecente, que era dominada por seu rival Hegel, Schopenhauer viveu em diferentes cidades da Alemanha antes de estabelecer uma amarga aposentadoria acadêmica em Frankfurt. Na década de 1850, uma onda filosófica pessimista atingiu os círculos intelectuais europeus. De repente, os livros de Schopenhauer tornaram-se moda e esgotaram-se, e o velho e teimoso estudioso finalmente encontrou reconhecimento e, pouco antes de sua morte, tornou-se uma espécie de celebridade. O sociólogo Randall Collins, especialista na análise de redes acadêmicas na Europa, propôs que a obra schopenhaueriana pode ser considerada a mais importante conquista da filosofia alemã de meados do século XIX.

> O ressurgimento de um forte estado prussiano depois de 1815, juntamente com a hegemonia conservadora da Áustria, teve um efeito severamente redutor na criatividade filosófica. Com exceção da obra principal de Schopenhauer (1819) e algumas das produções tardias de Herbart (1816, 1824), não há nada de novo nesse momento. (Collins, 1987, p. 65)[225]

Schopenhauer traduz a noção de perfectibilidade (e a busca por perfeição, que é constitutiva do ser humano, conforme preconizado pela *Idéologie*) como um sentimento perene de incompletude, não como o sujeito humano almejando a perfeição, mas sempre carente de plenitude, distante da verdadeira satisfação. Como pressuposto, ele propõe duas possibilidades ou métodos para pensar o intelecto, opostos e fundamentalmente diferentes na perspectiva filosófica adotada. Um é subjetivo, "partindo de dentro e tomando a consciência como dada", feita "dos materiais que os

225. Tradução livre de: *The reemergence of a strong Prussian state after 1815, together with the conservative hegemony of Austria, had a severely dampening effect on philosophical creativity. With the exception of Schopenhauer's major work (1819), and some of Herbart's later productions (1816, 1824), there is nothing new at this time.*

sentidos e o entendimento fornecem" para permitir que o ser humano se construa nela. O outro método é objetivo, "que começa de fora, toma como objeto não nossa própria consciência, mas os seres dados na experiência externa" (Schopenhauer, [1819] 1909, p. 6). Neste caso, os sujeitos humanos investigam as relações de seu intelecto com qualidades individuais, em termos kantianos. Schopenhauer (2010) observa que Locke deu origem ao método objetivo de consideração, mas foi Kant quem "o trouxe a uma perfeição incomparavelmente superior". No entanto, os limites da metafísica eram uma barreira para a utilidade do método, e somente as ciências naturais forneceriam as condições para seu pleno desenvolvimento a bem da humanidade. No domínio da ciência natural (Schopenhauer, [1819] 1909, I, p. 57),

> Assim, dois estados da matéria se colocam um contra o outro na ciência natural, como extremos: aquele estado em que a matéria está mais longe de ser o objeto imediato do sujeito, e aquele estado em que ela é mais completamente tal objeto imediato, isto é, a matéria mais morta e bruta, o elemento primário, como um dos extremos, e o organismo humano como o outro. A ciência natural como química busca o primeiro, assim como a fisiologia busca o segundo.[226]

Por mais que esses métodos se oponham, eles devem ser postos num acordo, mas tomando um caminho totalmente diferente daquele que a dialética hegeliana equivocadamente tomou. Para Schopenhauer (2010), essa tarefa não pode ser realizada de forma alguma pela investigação filosófica, mas o ponto de vista desse método de consideração deve ser o

226. Tradução livre de: *Thus two states of matter stand over against each other in natural science as extremes: that state in which matter is furthest from being the immediate object of the subject, and that state in which it is most completely such an immediate object, i.e., the most dead and crude matter, the primary element, as the one extreme, and the human organism as the other. Natural science as chemistry seeks for the first, as physiology for the second.*

domínio empírico da realidade física. Portanto, o papel da investigação empírica científica é crucial para a compreensão do mundo e de sua história natural. Essa estratégia epistemológica é claramente apresentada, com o devido crédito dado a Georges Cabanis (Schopenhauer, [1819] 1909, p. 6):

> Ela toma o mundo e as existências animais nele presentes como absolutamente dadas, na medida em que ela parte deles. É, portanto, principalmente zoológica, anatômica, fisiológica, e só se torna filosófica por ligação com aquele primeiro método de consideração, e a partir do ponto de vista mais elevado assim alcançado. Os únicos fundamentos disso, que até agora tenham sido dados, nós os devemos a zootomistas e fisiologistas, em sua maioria franceses. Aqui, cabe especialmente mencionar Cabanis, cujo excelente trabalho, "*Rapports du physique et du moral*", é introdutório a este método de consideração no caminho da fisiologia.[227]

A reconhecida dívida de Schopenhauer para com Cabanis foi analisada pela primeira vez por Paul René Janet [1823–1899], professor de filosofia na Universidade de Sorbonne a partir de 1864. Janet (1880) escreveu um célebre ensaio intitulado *Schopenhauer et la Physiologie Française: Cabanis et Bichat*, publicado na *Revue des Deux Mondes*, revista mensal literária, cultural e política bastante influente na Europa do final do século XIX. Nesse artigo, Janet descreve como, a partir de uma crítica à filosofia de Kant e seus discípulos, Schopenhauer produz uma teoria única da existência humana baseada em conceitos extraídos da tradição filosófica

---

227. Tradução livre de: *It takes the world and the animal existences present in it as absolutely given, in that it starts from them. It is accordingly primarily zoological, anatomical, physiological, and only becomes philosophical by connection with that first method of consideration, and from the higher point of view thereby attained. The only foundations of this, which as yet have been given, we owe to zootomists and physiologists, for the most part French. Here Cabanis is specially to be named, whose excellent work,* "Des rapports du physique au moral," [sic, da tradução inglesa] *is initiatory of this method of consideration on the path of physiology.*

milenar oriental e numa versão peculiar da filosofia empirista da ciência. A hipótese de Janet é simplesmente que os fundamentos objetivos ontológicos das categorias de "representação" e "vontade" de Schopenhauer são emprestados dos dois luminares da fisiologia francesa, Cabanis e Bichat, principais representantes da *Idéologie* e herdeiros do materialismo iluminista. Um trecho do parágrafo conclusivo da introdução de seu ensaio é cristalino, notando que, no final do século XIX, esses eminentes pensadores já estavam no esquecimento (Janet, 1880, p. 36):

> Se Schopenhauer deveu a Kant e a Fichte toda a parte subjetiva de sua filosofia, é a Cabanis, Bichat e em geral aos fisiologistas ingleses e franceses (ele frequentemente cita Lamarck, Bell e Magendie) que ele deve a parte objetiva. Se o primeiro livro de sua obra vem de Kant, pode-se dizer que o segundo vem, em grande parte, de Cabanis e de Bichat. É interessante ver esse curioso retorno do prestígio de nossa filosofia do século XVIII na Alemanha, essa revanche do realismo fisiológico sobre o idealismo metafísico. Aliás, independentemente mesmo desse interesse, Cabanis e Bichat são por si próprios eminentes pensadores demasiado esquecidos, embora ao alcance de todos, e cujo valor é hoje singularmente elevado por seu encontro com o espírito de nosso tempo, e pelo retorno mesmo das ideias que eles defendiam.[228]

---

228. Tradução livre de: *Si Schopenhauer a dù à Kant et à Fichte toute la partie subjective de sa philosophie, c'est à Cabanis, à Bichat et en general aux physiologistes anglais et français (il cite souvent Lamarck, Bell et Magendie), qu'il en doit la partie objective. Si le premier livre de son ouvrage vient de Kant, il est permis de dire que le second lui vient, en grande partie, de Cabanis et de Bichat. Il est intéressant de voir ce curieux retour de fortune de notre philosophie du XVIII siècle en Allemagne, cette revanche du réalisme physiologique sur l'idéalisme métaphysique. D'ailleurs, indépendamment même de cet intérêt, Cabanis et Bichat sont par eux-mêmes des penseurs éminents trop oubliés, quoique à la portée de tout le monde, et dont aujourd'hui la valeur est singulièrement relevée par leur rencontre avec l'esprit de notre temps, et par le retour même des idées dont ils ont été les défenseurs.*

Além dos *Rapports du physique et du moral*, Janet recorre ao controverso artigo de Cabanis, *Lettre sur des causes premières*, escrito em 1806, mas publicado postumamente em 1824, como vimos no Capítulo 1. A partir dessas referências, Janet (1880) inferiu que os conceitos cabanisianos de *sensibilité* [sensibilidade] e instinto ultrapassaram o domínio da fisiologia humana, resultando nas noções de *moi* [eu, si, *self*] e *volontés partielles* [vontades parciais], equivalentes às categorias schopenhauerianas de "objeto" e "vontade". A esse respeito, Janet comenta que (1880, p. 46):

> [Cabanis] apresenta a concepção da causa geral dos fenômenos vitais, e ele a busca dentro de um princípio que abrasse ao mesmo tempo todos os fenômenos da natureza. Ele opina que há "alguma analogia entre a sensibilidade animal, o instinto das plantas, as afinidades eletivas e a simples atração gravitacional".[229]

Citando inteiramente a seção de *Rapports* em que Cabanis elabora detalhadamente a ideia de um instinto universal, Janet conclui que "Esta página capital contém o germe de toda a filosofia de Schopenhauer, com a única diferença de que Cabanis chama de sensibilidade o que este chama de vontade" (Janet, 1880, p. 47).[230]

Em suma, o fundamento científico do famoso postulado de Schopenhauer do mundo como vontade e representação, particularmente quando aplicado aos seres humanos, foi sem dúvida uma tradução da visão cabanisiana do corpo humano como a síntese biológica ou a expressão

---

229. Tradução livre de: *[Cabanis] s'élève jusqu'à la conception de la cause générale des phénomènes vitaux, et il la cherche dans un principe qui embrasserait à la fois tous les phénomènes de la nature. Il soupçonne qu'il y a "quelque analogie entre la sensibilité animale, l'instinct des plantes, les affinités électives et la simple attraction gravitante".*

230. Tradução livre de: *Cette page capitale contient en germe toute la philosophie de Schopenhauer, avec cette seule difference que Cabanis appelle sensibilité ce que celui-ci appelle volonté.*

material de qualidades de uma mesma sensibilidade universal. Para Janet, o esforço de Cabanis em integrar o "físico" e o "moral", tomados como conceitos não opostos, foi enriquecido, recontextualizado e atualizado para compor a resposta anti-hegeliana ao idealismo filosófico.

No campo científico, essa interseção tão precoce da filosofia com as ciências naturais trouxe consequências substanciais para as ciências da saúde, as quais são discutidas na próxima seção. Vejamos brevemente agora o impacto do trabalho de Cabanis nos campos de saúde pública, medicina, psiquiatria e correlatos.

CIÊNCIAS DA SAÚDE E MEDICINA MENTAL

Apesar da turbulência política do Terror e dos movimentos políticos que levaram ao regime autoritário de Bonaparte, a virada para o século XIX na França foi marcada por avanços e inovações no sistema de saúde e no modelo de educação médica. Como visto no Capítulo 3, logo após a Revolução de 1789, Cabanis e seus camaradas Pinel e Thouret estavam engajados nas reformas dos hospitais parisienses. O conjunto de instâncias políticas que consolidou a Primeira República Francesa estabeleceu uma rede de saúde coordenada pelo Estado baseada em grandes hospitais, integrando as diferentes profissões da saúde (cirurgiões, médicos, farmacêuticos, dentistas, veterinários, *officiers de santé*, parteiras) e implementando a anatomia mórbida como sistema de verificação diagnóstica (Rabier, 2010). Michel Foucault (1963), na Introdução de seu monumental livro sobre o surgimento da clínica, considerou a medicina francesa pós-revolucionária como uma "mutação essencial no saber médico" (Foucault, 1963, p. x), reforçando sua relevância para o fundamento do conhecimento clínico e patológico moderno.

O eminente historiador Erwin Ackerknecht (1967) propôs que, além das medidas revolucionárias, a formação do corpo docente com a padronização dos currículos e o ensino hospitalar contribuíram para criar certa unidade de conhecimento e prática na comunidade médica local. Toby

Gelfand (1981, p. 180) defendeu e enriqueceu a abordagem foucaultiana, analisando "a novidade essencial do processo pelo qual o hospital assumiu um lugar dominante na estrutura da medicina parisiense (e vice-versa) na época da Revolução." A concatenação desses vetores, fatores e eventos, sistematicamente analisada por Pierre Huard (1970), junto com a energia trazida pelos reformadores revolucionários — Cabanis, Pinel e seus companheiros de vanguarda — teria fornecido a base do que veio a ser chamada Escola Clínica Parisiense.

Essa narrativa foi contestada pelo argumento de que a escola parisiense era um "mito", porque os médicos franceses tomaram emprestada a então nova tecnologia de anatomia patológica dos médicos britânicos (Keel, 1998), e porque o método de correlação semiologia-etiologia como raciocínio diagnóstico precedeu o movimento da medicina de Paris (Brockliss, 1998). De todo modo, resultando da massa crítica de pesquisadores e profissionais inovadores e criativos, ou meramente como consequência de eficaz propaganda de hegemonia ideológica por meio da ciência médica, Paris tornou-se o epicentro mundial da educação e prática médicas (Weisz, 2001). Por isso, médicos ingleses e norte-americanos viajavam à França especificamente para aprender com a nova medicina revolucionária e, nas décadas seguintes, mantiveram seus vínculos pessoais e institucionais. Rosen (1951, p. 64), em sua apresentação de *O Diário de um Médico Americano em Paris em 1828*, escreve:

> Paris foi a Meca da medicina durante a primeira metade do século XIX, a supremacia médica da metrópole francesa atraindo médicos e estudantes de todas as partes do mundo.[231]

231. Tradução livre de: *Paris was the Mecca of medicine during the first half of the nineteenth century, the medical supremacy of the French metropolis attracting physicians and students from all parts of the world.*

No entanto, a influência de uma notável coorte de médicos-filósofos-políticos, representada por personalidades como Cabanis, Pinel e Bichat, vai muito além de suas contribuições à anatomia, à fisiologia e às ciências clínicas. Como membros da *Idéologie*, eles acreditavam que a revolução na medicina, juntamente com a reforma da educação médica, seria essencial para a "regeneração moral" da nação. Na prática, pensavam eles, diminuir os efeitos mórbidos das doenças sobre pacientes e populações permitiria o desenvolvimento, prescrição e aplicação de princípios salutogênicos, incutindo assim hábitos virtuosos em cidadãos saudáveis, produtivos e livres (Quinlan, 2007). Como reconhece Rosen (1946), os ideólogos que tiveram formação médica de fato contribuíram para introduzir a prática médica científica e o ensino médico moderno na França e, portanto, ajudaram a organizar o campo da saúde na Europa do século XIX.

Como outros médicos envolvidos na reforma política do período pós-revolucionário, Cabanis insistiu que a recém-desenvolvida ciência da higiene (da qual ele foi o primeiro professor catedrático *École de santé* de Paris) seria fundamental tanto para a melhoria do bem-estar individual quanto para a evolução (ou "perfectibilidade") da humanidade. De fato, em *Rapports du physique et du moral de l'homme* e (sob outra ótica) no *Coup d'œil*, Cabanis voltou-se para os princípios e conceitos de Hipócrates — como fundamentos históricos, filosóficos e científicos — para o estudo de determinantes sociais e ambientais na saúde. Seu objetivo era identificar as formas pelas quais esses fatores poderiam ser modificados a fim de obter resultados harmoniosos e eficazes para os indivíduos e para a sociedade (Caponi, 2009).

Stephen Jacyna (1987, p. 118) comenta que, de 1830 a 1850 na França, a maioria dos médicos-pesquisadores seguiu as visões de Cabanis e Bichat sobre as bases anatômicas e fisiológicas dos fenômenos saúde-doença humanos, como parte do que os *idéologues* denominaram *science de l'homme*. O empirismo fisiológico de Cabanis, ao influenciar Bichat e Comte, sem dúvida serviu de terreno fértil para o surgimento da microbiologia de Louis Pasteur [1822–1895] e da fisiologia experimental de Claude Bernard

[1813–1878], eixos fundamentais da medicina científica francesa na segunda metade do século XIX (Canguilhem, 1966).

Toda uma geração de higienistas — cujos representantes mais ilustres foram Louis-René Villermé [1782–1863], Julien-Joseph Virey [1775–1846], Pierre-Charles Alexandre Louis [1787–1872], Adolphe Quételet [1796–1874], e Jules Guérin [1801–1886] — formados na França entre 1815 e 1850, reconheceram suas raízes científicas e intelectuais nas ideias de Cabanis e Bichat (cf. Williams, 1994, pp. 151–166). Assim, na dimensão política da saúde, Cabanis pode ser considerado um precursor da medicina social (tal como desenvolvida no contexto europeu de meados do século XIX). Essa vertente serviu posteriormente como referência histórica para os movimentos que reivindicaram a medicina social como crucial na América Latina contemporânea — no Brasil, esse campo é hoje conhecido como saúde coletiva (Vieira-da-Silva, Paim & Schraiber, 2023).

No campo do que se chamava *alienisme*, ou medicina mental, a teoria fisiológica dos equilíbrios da saúde de Cabanis também teve grande impacto ao longo de todo o século XIX. Isso se deveu a mais do que uma mera interlocução, nem sempre convergente, com seu amigo e colaborador Philippe Pinel, autor de duas obras fundadoras da medicina moderna: o seminal tratado de nosologia científica, intitulado *Nosographie philosophique, ou la méthode de l'analyse appliquée à la médecine* (1798); e o *Traité médico-philosophique sur l'aliénation mentale* (1801), o clássico que inaugurou a psiquiatria moderna.

Vários autores — Patrick Valas (1986), Jan Goldstein (1990), Serge Besançon (1997) e Mariana Saad (2006) — encontram na obra de Georges Cabanis razões suficientes para qualificá-lo, em muitos aspectos, como um precursor da psicanálise freudiana.

Besançon (1997) considera que, ao definir o cérebro como um "órgão do pensamento", Cabanis "inventou a psique moderna ao lado da alma". Na verdade, o médico-*idéologue* francês não estava interessado em unir alma e corpo, "o que faria de Cabanis um autor banal", mas sim em traçar critérios médicos e científicos que tornassem possível o estudo dos processos de pensamento, outra definição fundamental da *Idéologie*. A provável influência da filosofia cabanisiana na psicanálise teria se dado não diretamente, mas por meio da filosofia de Schopenhauer (Besançon, 1997).

De fato, os primeiros textos fundamentais da psicanálise de Freud — a saber, *Projeto para uma psicologia científica* (Freud, 1895), *Estudos sobre a histeria* (Freud & Breuer, 2016 [1895]) e *A interpretação dos sonhos* (Freud, 1973 [1899]) — revelam alguma influência de *Rapports du physique et du moral de l'homme*. Nos dois primeiros textos, a metáfora hidráulica que ilustra como o cérebro e o sistema nervoso funcionam sugere a compreensão de uma dinâmica neuronal composta por fluxos e massas duma energia fluida, correspondendo à ideia de *sensibilidade* de Cabanis, extremamente próxima do modelo de rede neural proposto pelas neurociências contemporâneas. Em *Estudos sobre a histeria* (Freud & Breuer, 2016 [1895], p. 145), uma nota de rodapé é particularmente digna de atenção (incluindo um trecho no original francês com uma citação de segunda mão a Cabanis):

> A concepção da energia do sistema nervoso central como sendo uma quantidade distribuída no cérebro de maneira mutável e flutuante é antiga. "*La sensibilité*", escreveu Cabanis, "*se comporte à la manière d'un fluide, dont la quantité totale est déterminée, et qui, toutes les fois qu'il se jette en plus grande abondance dans un de ses canaux, diminue proportionnellement dans les autres.*"[232] (citado em Janet, 1894, p. 277)

Em *A Interpretação dos Sonhos*, um denso tratado considerado o marco da psicanálise freudiana, há outra referência de segunda mão a *Rapport du physique et du moral de l'homme* de Cabanis (Freud, 1973 [1899], p. 462), reconhecendo-o como um pioneiro nesta matéria:

232. Tradução livre fornecida pelo autor: "A sensibilidade se comporta à maneira de um fluido, cuja quantidade total é determinada, e que, toda vez que se derrama com maior abundância num de seus canais, diminui proporcionalmente nos outros".

Muito pouca pesquisa foi realizada até agora sobre as modificações que ocorrem na vida onírica durante psicoses crônicas. Por outro lado, dirigiu-se atenção muito tempo atrás para a proximidade subjacente entre sonhos e transtornos mentais, exibida na ampla concordância entre suas manifestações. Maury (1854, p. 124) nos conta que Cabanis (1802) foi o primeiro a comentar sobre isso.[233]

Valas (1986, p. 10) comenta que o papel da sexualidade na estruturação do psiquismo já foi considerado secundário e que, graças à obra de Cabanis, o fenômeno da sexualidade passou a ganhar importância científica "como vetor da reprodução da espécie, o essencial da determinação de toda a esfera das relações interpessoais que são sua expressão psicológica".[234] E segue explorando as hipóteses de Cabanis sobre os instintos humanos (Valas, 1986, p. 10). Sobre a oposição entre instinto reprodutivo e instinto de conservação, Cabanis fala de "hábitos instintivos": "... O instinto sexual em seu desenvolvimento influencia os sentimentos mais elevados, sociais, morais e religiosos da humanidade".[235]

Também podemos identificar na obra cabanisiana outros temas que seriam posteriormente explorados pela psicanálise. Primeiro, um

---

233. Tradução livre de: *Very little research has hitherto been carried out into the modifications occurring in dream-life during chronic psychoses. On the other hand, attention was long ago directed to the underlying kinship between dreams and mental disorders, exhibited in the wide measure of agreement between their manifestations. Maury (1854, p. 124) tells us that Cabanis (1802) was the first to remark on them.*

234. Tradução livre de: *comme vecteur de la reproduction de l'espèce, l'essentiel de la détermination de toute la sphère des relations interpersonnelles qui en sont l'expression psychologique.*

235. Tradução livre de: *A partir de l'opposition qu'il fait entre instinct de reproduction et instinct de conservation, Cabanis parle « d'habitudes instinctives ». Ces idées, mieux cernées, seront diffusées par Schopenhauer, et deviendront courantes à la fin du XIXe siècle. L'instinct sexuel dans son développement influence les sentiments les plus élevés, sociaux, moraux et religieux de l'humanité.*

proto-conceito do "inconsciente" como um espaço para gerar, armazenar e colocar em prática os impulsos, afetos e sentimentos — emergindo do que Cabanis chamou de "impressões internas de paixões" (Mitchell, 1979). Em segundo lugar, a hipotética existência de um *moi* profundo e primordial, algo equivalente ao conceito freudiano do *Ich*, fisiologicamente enraizado na psique (Mrozovski, 2013, p. 470). Terceiro, a noção de *sensibilité* como um fluido, análogo ao conceito freudiano de libido, que seria "*la cause déterminante de ses volontés, de ses appétits*" [a causa determinante de suas vontades, de seus apetites] (Cabanis, 1803, p. 190). Em quarto lugar, uma linguística radicalmente subjetiva, onde as sensações (sentidos, percepções etc.) eram equivalentes aos significantes de uma linguagem íntima, que detém a chave para decodificar o pensamento como um script (Cabanis, 1802, p. 157). E, por fim, a concepção de que o método clínico analítico compreende uma leitura atenta dos signos, na medida em que o complexo de sintomas é estruturalmente sobredeterminado como linguagem (Saad, 2016).

Cabanis também antecipou o conceito psicanalítico de pulsão (ou instinto) "num sentido notavelmente similar ao termo usado por Sigmund Freud um século depois" (Goldstein, 1990, p. 51). Revisando uma ideia original de Condillac, ele propôs a noção de um instinto de conservação e reprodução (pulsão de vida) que se opõe a um instinto de destruição (pulsão de morte). Para Valas (1986, p. 10), tais ideias — adotadas, precisadas e disseminadas pelo filósofo pessimista alemão Arthur Schopenhauer (conforme discutido na seção anterior) — tornaram-se lugar-comum na cultura europeia do final do século XIX. Posteriormente, de acordo com Nobus (2018, p. 3), a proposição de Cabanis, de uma distinção entre os instintos de conservação (para autopreservação) e os instintos sexuais (para reprodução), influenciou uma profusão de estudiosos franceses e alemães, incluindo Freud, ao longo do século XIX e início do século XX.

Passemos agora para um breve olhar sobre alguns pontos da obra de Georges Cabanis que contribuíram para a rica construção teórica e prática dos movimentos sociais e políticos que abalaram a Europa na segunda metade do século XIX.

SOBRE MOVIMENTOS POLÍTICOS

Marie Gaille (2014) sugere que a interrogação política fundamental de Cabanis poderia ser assim enunciada: como instituir uma sociedade verdadeiramente livre, isto é, uma sociedade composta por cidadãos conscientes, educados e plenamente emancipados como sujeitos? Para Georges Cabanis, o ser humano é dotado não apenas da faculdade de sentir, mas também da capacidade de compartilhar afetos, criar vínculos e provocar conflitos com outros seres conscientes — começando com seus parentes e companheiros próximos, estendendo-se a outros com quem mantém relações econômicas e sociais. Portanto, o estar em relação com os outros (o que nos torna, afinal, o animal político descrito por Aristóteles) faz parte da natureza física e moral de qualquer ser humano (Gaille, 2014).

Para Jacyna (1987, p. 118), os primeiros cientistas sociais da modernidade adotaram os fundamentos epistemológicos do que Cabanis chamou de *anthropologie*, posteriormente delimitada por ele como uma *science de l'homme*.

Cabanis gozou de grande reputação na era pós-revolucionária entre os socialistas de primeira geração, particularmente nos círculos saint-simonistas, como um pensador militante que abriu caminho para uma nova abordagem da ciência política (Saad, 2016). O próprio Henri de Saint-Simon,[236] em *Mémoire sur la science de l'homme* (1813), elenca Condorcet, Vicq d'Azyr, Bichat e Cabanis como os pensadores mais importantes para a fundamentação do que chamou de "fisiologia social". Muitos de seus discípulos e outros ditos socialistas utópicos continuaram a valorizar

---

236. Claude-Henri de Rouvroy, Conde de Saint-Simon [1760–1825].

Cabanis e outros ideólogos como inspiradores de filosofias políticas autoproclamadas como "científicas" (Taylor, 1982).

Neste ponto, gostaria de propor que o materialismo dialético, vindo do esforço quase sacrificial de Karl Marx [1818–1883] e Friedrich Engels [1820–1895], constitui o arcabouço político teórico cujos princípios mais assertivamente colocam o pensamento cabanisiano como filosofia e projeto de emancipação social de cunho científico (Torrance, 1995).

Em *A Sagrada Família*, uma coleção de obras de Marx em coautoria com Engels, uma longa nota intitulada "*Batalha crítica contra o materialismo francês*" apresenta Georges Cabanis como um personagem importante, e sua obra como uma referência fundamental. Marx escreve (2011 [1845], p. 171):

> [O] materialismo *mecânico* francês [...] atinge seu zênite com o médico *Cabanis*. No final do século XVIII, *Cabanis* aperfeiçoou o materialismo cartesiano em seu tratado: *Rapport du physique et du moral de l'homme.*[237] [itálicos no original]

Nessa citação, Marx não apenas destacou Cabanis como o apogeu do materialismo francês, mas também fez uma declaração profunda e intrigante: Cabanis completou e aperfeiçoou o projeto de Descartes de uma filosofia materialista! Essa afirmação, e o fato de *Rapports du physique et du moral de l'homme* ser mencionado com tanto destaque em todo o texto, sem dúvida demonstram que Marx tinha grande respeito intelectual por Cabanis.

Marx teve pouco tempo para conceber e escrever *A Sagrada Família*, dada a grande variedade de autores e escolas filosóficas ali analisadas e, sobretudo, a densidade de sua argumentação. Pode-se especular que, nos estudos em que buscou organizar a matriz epistemológica do socialismo

237. Tradução livre de: Mechanical *French materialism ... reaches its zenith with the physician* Cabanis ... *At the end of the eighteenth century* Cabanis *perfected Cartesian materialism in his treatise:* Rapport du physique et du moral de l'homme.

científico, Marx utilizou a obra de Cabanis como uma das fontes bibliográficas, principalmente no que diz respeito a Bacon, Locke, Condillac e Helvétius. Isso se aplica especialmente à apreciação positiva que Cabanis faz de Francis Bacon, que é reconhecido por Marx (2011 [1845], p. 147) como "o real progenitor do *materialismo inglês* e de toda ciência *experimental moderna*". De acordo com Kristof (1978, p. 236):

> ao ler as obras de P-J.G. Cabanis, um pensador materialista e um contemporâneo de De Maistre, que foi veementemente atacado por este último por elogiar Bacon, descobrem-se algumas sobreposições surpreendentes com os escritos de Marx. O que Marx diz em A Sagrada Família, que a genealogia do materialismo moderno se traça de Bacon a Hobbes, Locke, Helvetius etc., parece às vezes ser retirado, quase palavra por palavra, de Cabanis.[238]

Olivier Bloch (1977) demonstrou que, de fato, a principal fonte de Marx sobre a história do materialismo (particularmente das escolas do materialismo francês), tal como apresentada em *A Sagrada Família*, foi o *Manuel de philosophie moderne* de Charles Renouvier, publicado em 1842 em Paris. Com base nessa fonte bibliográfica, Marx (2011 [1845]) analisou comparativamente as escolas francesa e inglesa do materialismo pós-renascentista, encontrando forte influência mútua e intensa fertilização cruzada. Suas diferenças, comentou, reproduziam as especificidades das duas culturas nacionais. Sobre esse aspecto, Marx dividiu sua análise crítica do materialismo francês em duas vertentes: a primeira, o materialismo

238. Tradução livre de: ... *reading the works of P-J.G. Cabanis, a materialist thinker and a contemporary of De Maistre, who was vehemently attacked by the latter for singing the praise of Bacon, one discovers some amazing overlaps with Marx's writings. What Marx says in The Holy Family about the genealogy of modern materialism tracing itself from Bacon to Hobbes, Locke, Helvetius etc., seems at times to be lifted almost word by word from Cabanis.*

mecânico, que descende diretamente de Descartes, "se funde com a *ciência natural* francesa propriamente dita"; a segunda tendência é fortemente influenciada pela filosofia de Locke e, enriquecida por elementos da cultura política francesa, "conduz diretamente ao *socialismo*". Ele conclui: "As duas tendências se interseccionam no curso do desenvolvimento [histórico]" (Marx, 2011 [1845], p. 144).

Esses desenvolvimentos deixam espaço para especulações prudentes sobre quais filósofos, entre os materialistas franceses do final do século XVIII, melhor representariam essa intersecção ou cruzamento filosófico. Mas tal especulação prudente pode facilmente se tornar uma hipótese atraente: que o fundador do materialismo dialético era bastante ciente do pensamento cabanisiano para além do *Rapports*.

Em *Du degré de certitude de la Médecine*, Cabanis escreve (1798, p. 15): "Tomo o homem tal como ele é na sociedade, com todas as faculdades que ela desenvolve, com os meios que ela aperfeiçoa".[239]

Cabanis (1799], p. 24) abre o primeiro capítulo de *Quelques principes et quelques vues sur les secours publics* com a seguinte declaração: "A existência do homem não é isolada e solitária. A natureza a fez *ser sociável*: ela tornou a sociedade necessária ao complemento de sua vida; ela faz com que ele nasça e viva apenas em sociedade" [grifos no original].[240]

Essas declarações são surpreendentemente convergentes, talvez equivalentes, a duas citações marxianas populares, respectivamente:

> Se o homem é social por natureza, então ele desenvolve sua verdadeira natureza apenas na sociedade e o poder de sua natureza deve ser

239. Tradução livre de: *je prends l'homme tel qu'il est dans la société, avec toutes les facultés qu'elle développe, avec les moyens qu'elle perfectionne.*

240. Tradução livre de: *L'existence de l'homme n'est pas isolée et solitaire. La nature l'a fait* être sociable*: elle a rendu la société nécessaire au complément de sa vie ; elle ne le fait naître et vivre qu'en société.*

> medido não pelo poder do indivíduo singular, mas pelo poder da sociedade. (*A Sagrada Família*, 2011 [1845], p. 32)[241]

> O homem vive da natureza [...] e ele deve manter um diálogo contínuo com ela se não quiser morrer. Dizer que a vida física e mental do homem está ligada à natureza significa simplesmente que a natureza está ligada a si mesma, pois o homem é uma parte da natureza. (*Manuscritos Econômicos e Filosóficos de 1844*, 2011 [1844], p. 276)[242]

Numa de suas famosas *Cartas a Kugelmann*, datada de 5 de dezembro de 1868, Marx apontou o médico-filósofo alemão Friedrich Ludwig Büchner [1824–1899] como o líder do que ele chamou depreciativamente de materialismo vulgar. Nessa carta, entre outras observações sarcásticas contra seus oponentes intelectuais, Marx comenta uma referência equivocadamente simplificadora a Cabanis feita por Büchner. Demonstrando conhecimento e respeito pelo médico-filósofo e revolucionário francês, Marx escreve (1928 [1868], p. 173):

> Recebi as palestras de Büchner sobre darwinismo. Ele é obviamente um "book-maker" [fazedor de livro] e provavelmente por isso se chama "Büchner". Sua tagarelice superficial sobre a história do materialismo é obviamente copiada de Lange. A maneira como esse atrevido dispõe, por exemplo, de Aristóteles — um tipo de filósofo natural bem diferente de Büchner — é realmente surpreendente. Também é muito

241. Tradução livre de: *If man is by nature social, then he develops his true nature only in society and the power and the power of his nature must be measured not by the power of the single individual but by the power of society.*

242. Tradução livre de: *Man lives from nature ... and he must maintain a continuing dialogue with it if he is not to die. To say that man's physical and mental life is linked to nature simply means that nature is linked to itself, for man is a part of nature.*

ingênuo da parte dele dizer, referindo-se a Cabanis, 'você pode estar quase ouvindo Karl Vogt'. Como se Cabanis copiasse Vogt![243]

Em suma, não há dúvida de que, para Marx, Georges Cabanis merecia uma posição de destaque como um teórico do materialismo científico nas fronteiras entre o mundo material e o mundo social, entre o físico e o moral, o empírico e o ideológico. Mais importante ainda, resta discutir o pressuposto, compartilhado por ambos, de que o pertencimento humano no mundo econômico e social é mediado pela linguagem e pela educação (no sentido de um direito humano e de uma capacidade de ensinar, aprender, e ensinar-aprender).

COMENTÁRIO ADICIONAL SOBRE EDUCAÇÃO

Ao final de sua nota crítica em *A Sagrada Família*, Marx (2011 [1845], p. 152) dá a palavra a Helvétius, para quem "é a educação, que ele [Helvétius] entende não apenas no sentido comum mas como a totalidade das condições de vida do indivíduo, que forma o homem". Marx segue, avaliando que, para realizar uma reforma que possa abolir "a contradição entre os interesses particulares e os da sociedade", é preciso transformar a consciência humana. Tal transformação rumo à perfectibilidade, para Helvétius e, posteriormente, para Cabanis, seria possível por meio de uma educação libertadora. É plausível considerar que, na urgência de polemizar com Bruno Bauer e seus associados, o jovem Marx pode não ter estudado o *Coup d'œil*, nem nenhum dos escritos cabanisianos sobre educação. E mesmo que o tivesse feito, não teria sido com a mesma profundidade com que inegavelmente leu *Rapports*.

243. Tradução livre de: *I have received Büchner's lectures on Darwinism. He is obviously a "book-maker" and probably for this reason is called "Büchner". His superficial babble about the history of materialism is obviously copied from Lange. The way such a whipper-snapper disposes of, e.g., Aristotle—quite a different sort of natural philosopher from Büchner—is really astonishing. It is also very naive of him to say, referring to Cabanis,—you might almost be listening to Karl Vogt'. As if Cabanis copied Vogt!*

Preso no dilema entre reforma e revolução, o fundador do materialismo histórico e do socialismo científico recorre novamente a Helvétius: "Grandes reformas só podem ser implementadas enfraquecendo o respeito estúpido dos povos por velhas leis e costumes" (Marx, 2011 [1845], pág. 152). Isso me parece inteiramente cabanisiano e inescapavelmente atual.

CAPÍTULO 11
CABANIS NO BRASIL

O historiador, pensador, pedagogo e ativista social argentino Gregorio Weinberg, num texto tão profuso quanto desconcertante, intitulado *Modelos Educativos en el Desarrollo Histórico de América Latina*, distingue entre os padrões espanhol e português de política educacional colonial. O estímulo para a abertura de universidades nas colônias espanholas vinha como solução para o necessário controle político e religioso de um enorme território, subdividido em muitas províncias, distantes e diversas umas das outras (Weinberg, 1981, p. 53). Isso foi muito diferente de (mas não menos eficaz do que) seu homólogo português. Analisando o modelo educacional da colonização portuguesa, Weinberg descobriu que a relativa unidade e estabilidade geopolíticas da principal colônia de Portugal, o Brasil, tornou mais fácil para o governo colonial estabelecer um rígido monopólio religioso, ideológico e intelectual. De fato, durante todo o período colonial, a imprensa livre, a impressão de livros e o ensino superior foram proibidos no Brasil (Weinberg, 1981, p. 55).

Durante mais de três séculos de colonização no Brasil, como parte de uma estratégia secular de dominação, a Coroa portuguesa permitiu apenas o ensino religioso nas escolas jesuítas; a primeira delas, o Colégio do Salvador da Bahia, foi fundada na província da Bahia em 1553 pelo padre Manoel da Nóbrega [1517–1570]. Outras escolas foram então instaladas em São Vicente, Porto Seguro, Rio de Janeiro e Vitória. Durante dois séculos, o ensino superior ficou restrito ao modelo pós-escolástico do *Ratio Studiorum*.[244] Para concluir os estudos de teologia, defender uma tese e obter um diploma, o escolar tinha que ir para a Universidade de Coimbra, em Portugal. Nobres locais e funcionários de alto escalão que queriam que seus filhos seguissem uma educação superior secular em direito ou medicina os enviavam para universidades europeias, como as de Paris, Montpellier e Edimburgo.

Em Portugal, as Reformas Pombalinas quebraram o domínio educacional da Companhia de Jesus sobre as áreas controladas pela Coroa portuguesa, mas mantiveram a proibição de instituições de ensino superior nas colônias (Cunha, 2007, pp. 26–39). Após a expulsão dos jesuítas em 1759, o Marquês de Pombal [1699–1782] promoveu em 1772 uma reforma universitária, cujo paradigma era a Universidade de Coimbra. Isso produziu um amálgama histórico anômalo: um modelo laico de universidade, no entanto, obediente à Igreja Católica, formação técnica em metalurgia para a incipiente indústria, e mineração para as colônias, além de medicina, cirurgia e direito. Com essas reformas, os estudos médicos passaram a ser realizados em três espaços distintos: o hospital escola, destinado ao treinamento clínico; o teatro anatômico, para o ensino de anatomia e fundamentos de cirurgia; e o dispensatório farmacêutico, para o ensino de farmácia (Pita, 2017). Enquanto as universidades ibéricas eram as últimas a sair da escolástica, após o final da Inquisição, esse modelo foi anacronicamente replicado na realidade econômica e política do Brasil colonial tardio (Cunha 2007).

A REVOLUÇÃO FRANCESA NO BRASIL

Durante as últimas décadas da era colonial, várias tentativas de incitar revoluções republicanas aconteceram no Brasil. Elas estavam ligadas, de diferentes maneiras, à Revolução Francesa. O mais conhecido desses

244. *Ratio Studiorum* é a abreviação de *Ratio atque Institutio Studiorum*, um protocolo oficial criado em 1599 pela Companhia de Jesus para orientar a rede global de colégios e universidades jesuítas (Charle & Verger, 1994).

episódios foi a Inconfidência Mineira, uma conspiração que ocorreu entre 1788 e 1789 na província garimpeira de Minas Gerais, e que acabou sendo celebrada como um marco patriótico da história brasileira (Furtado, 2002). Joaquim José da Silva Xavier, o Tiradentes [1746–1792], oficial de infantaria de baixa patente que também exercia a odontologia e a cirurgia, foi o único conspirador condenado à morte (enforcamento seguido de esquartejamento) — veio a se tornar mártir da soberania do país, segundo a hagiografia oficial. Membros da conspiração mineira que pertenciam a famílias ricas, que eram oficiais militares de alta patente ou que eram clérigos foram indultados ou receberam punições brandas, como exílio temporário (Maxwell, 2004). A rebelião abortada em Minas Gerais foi supostamente inspirada pelas ideias iluministas, mas análises historiográficas recentes (Furtado, 2002) reconheceram que, mais do que uma luta politicamente engajada pela liberdade, foi principalmente uma rebelião contra a tributação — pelo livre comércio e pela autonomia econômica em relação a Portugal — incitada pela elite local de comerciantes, clérigos e soldados de alta patente.

Em *Conflicts and Conspiracies: Brazil and Portugal, 1750–1808*, o historiador britânico Kenneth Maxwell (2004) analisou os processos jurídicos conduzidos pelas autoridades coloniais para reprimir esses movimentos, particularmente o julgamento de Tiradentes — embora tenha negligenciado outras convulsões cujas ramificações foram diminuídas na história oficial. Por sua escala social e consequências políticas, o mais importante desses movimentos foi talvez a Revolta dos Alfaiates (também conhecida como Revolta dos Búzios), uma tentativa de rebelião popular ocorrida em Salvador, Bahia, em 1797–1798.[245] Como afirmaram os escritores locais que primeiro "redescobriram" a insurreição baiana (Barros, 1922; Amaral, 1926), as autoridades coloniais temiam que uma revolução ao estilo francês iria irromper na Província da Bahia, como resultado da reunião de algumas

245. Capital colonial até 1750, Salvador era então a segunda maior cidade do Brasil.

pessoas letradas com soldados de baixo escalão e civis empobrecidos. O historiador social Affonso Ruy (1941) explorou ainda mais a noção de que a rebelião planejada fora um movimento proletário liderado por indivíduos da classe trabalhadora, negros libertos ou ainda escravizados, e artesãos pobres, a ponto de sugerir que foi "a primeira revolução social do Brasil."

A insurreição baiana foi rápida e truculentamente reprimida. Essa reação eficiente foi possível porque, apesar da ressonância popular da revolta, os poucos membros da elite local que aderiram à conspiração inicial negaram seu apoio posteriormente (Valim, 2013). Por isso, as forças armadas coloniais agiram logo após a distribuição dos primeiros manifestos e panfletos pela cidade, porque a mera divulgação de material escrito ou impresso não censurado e não autorizado era um crime capital contra a Coroa. Quarenta e oito pessoas foram presas, entre elas onze brancos, nove escravizados e os demais "mulatos" [*sic*], dos quais 23 eram artesãos, a maioria alfaiates (o que deu nome à rebelião), e apenas cinco eram mulheres (Tavares, 2008). Mediante um processo judicial muito curto, 36 deles foram acusados de conspirar contra a Coroa e planejar o assassinato de autoridades coloniais. Após o julgamento, dezenove foram para a prisão, sete foram exilados para a África, os escravizados foram açoitados em público e cinco condenados à morte. Mas apenas quatro homens negros — dois soldados, Luiz Gonzaga das Virgens [1762–1799] e Lucas Dantas Torres [1774–1799], e dois alfaiates, João de Deus Nascimento [1771–1799] e Manuel Faustino dos Santos Lira [1775–1799] — foram enforcados e esquartejados em público, em novembro de 1799 (Tavares, 2008).

A análise de conteúdo da série de *avyzos* (advertências) e *prelos* (impressos) dirigidos ao "*Poderoso e Magnífico Povo Bahiense e Republicano*" concluiu que foram abertamente inspirados pela Revolução de 1789 (Mattoso, 1990). Com formato jornalístico, esses jornais apresentavam a Revolução Francesa como um movimento popular vitorioso, ainda em formação, que viria a dar apoio militar à insurreição local (Mattos, 1974). Num dos panfletos colocados como prova nos *Autos de Devassa* (documentos do processo ou inquérito), o autor anônimo escreveu (como citado em Turner, 2014):

> Cada soldado e cidadão, principalmente os pardos e negros que vivem escondidos e abandonados, todos são iguais, não há diferença, só há *liberdade, igualdade e fraternidade*. Quem se opuser à Liberdade do Povo será enforcado sem mais recurso: nisto estará a compreensão ... em breve teremos *ajuda externa*. (ênfase minha)

De fato, a agenda política da conspiração baiana era estabelecer um estado laico no Brasil com liberdade política e religiosa, promovendo a igualdade e a educação pública (Jancsó, 1996). No entanto, a constatação de que os conspiradores lutavam pelos ideais republicanos, contra a discriminação racial e pela abolição da escravatura fez com que a conspiração baiana tivesse lideranças e apoio das classes empobrecidas. Isso tornou sua trama muito mais ameaçadora para a ordem colonial do que as outras rebeliões de Minas Gerais, Rio de Janeiro e Pernambuco (outro importante centro do Brasil colonial), alarmando as autoridades locais (Jancsó & Morel, 2007). Em carta datada de fevereiro de 1799 — enviada ao Ministro das Colônias português, Rodrigo de Sousa Coutinho, Conde de Linhares [1755–1812] — o Governador da Província da Bahia, Fernando José de Portugal e Castro [1752–1817], denunciou tais "ideias jacobinas", especialmente perigosas "num país com tantos escravos" (citado em Ruy, 1942, p. 192). O preocupado oficial colonial também expressou o medo de que "as principais pessoas da cidade sejam infectadas pelos abomináveis princípios franceses". O governador Portugal e Castro concluiu seu relatório ameaçador dizendo:

> não é bastante a lição de semelhantes papéis para se tirar a consequência de que os Leitores seguem os princípios jacobinos e se proceder contra eles, ou por uma voz vaga, às vezes nascida do ódio e inimizade,

ou porque se lhes ouviu fazer alguma reflexão sobre algum fato obrado pela Nação Francesa.[246]

Apesar de seu fracasso, a Revolta dos Búzios exerceu uma importante influência intelectual para as subsequentes convulsões políticas nos anos finais do domínio colonial no Brasil. Os poucos intelectuais encontrados com livros franceses proibidos, em sua maioria homens brancos representativos da elite local, receberam punições leves, que logo foram dispensadas. Entre os presos na conspiração, o cirurgião licenciado Cipriano Barata [1762–1838], que havia sido condenado à prisão e exilado na Ilha de Fernando de Noronha, foi libertado após um recurso judicial bem-sucedido; tornou-se um prolífico escritor e ativista republicano, figura-chave na luta que se aproximava, pela independência do Brasil. As condições para que isso acontecesse foram dadas, indiretamente, pelas Guerras Napoleônicas. Em 1807, a Coroa portuguesa, junto com toda sua corte, fugindo das tropas francesas, transfere-se para o Brasil — com uma escala na Província da Bahia, a caminho do Rio de Janeiro, então capital da colônia.

EDUCAÇÃO MÉDICA E AÇÃO POLÍTICA

A primeira instituição de ensino superior do Brasil foi fundada em Salvador, Bahia, em fevereiro de 1808, pouco depois da chegada do príncipe regente de Portugal, que logo se tornaria o rei D. João VI [1767–1826]. Um alvará régio autorizou o ensino da cirurgia no Real Hospital Militar, criando-se assim o Colégio Médico-Chirúrgico da Bahia. Nove meses depois, um colégio semelhante foi criado no Rio de Janeiro, cidade onde a corte portuguesa acabou se instalando (Cunha, 2007).

246. Adaptação do português antigo: *não he bastante a licção de semelhantes papeis para se tirar a consequencia de que os Leitores seguem os princípios jacobinos e se proceder contra elles, ou por uma voz vaga, ás vezes nascida do odio e inimizade, ou porque se lhes ouvio fazer alguma reflexão sobre algum facto obrado pela Nação Franceza.*

As instituições criadas em Salvador e no Rio de Janeiro não eram faculdades de medicina, mas sim escolas de anatomia e cirurgia aninhadas em hospitais militares, como observou Lycurgo Santos-Filho (1980, p. 77), precursor dos historiadores da medicina no Brasil. O curso durava quatro anos e, após os alunos fazerem seus exames (e jurarem sobre a Bíblia), recebiam um certificado profissional equivalente ao grau de baixo nível de *officier de santé* da França. Quem pretendesse obter o grau avançado de Doutor em Medicina tinha de prosseguir sua formação na Europa, normalmente em Coimbra (Santos-Filho, 1980). As primeiras reformas nas duas escolas, que as transformaram em Academias Médico-Chirúrgicas, ocorreram entre 1812 e 1815. As reformas ampliaram as disciplinas, de cinco para 14, e exigiram que os alunos estivessem presentes em sala de aula para as palestras.

Até 1815, o Colégio Médico-Chirúrgico da Bahia era composto basicamente por dois professores e um porteiro, obedecendo aos estatutos da Universidade de Coimbra. Devido ao ensino de baixa qualidade prestado pela instituição, muitos alunos buscavam formação complementar em outras escolas médicas europeias, como as de Paris, Montpellier e Edimburgo. Os estudantes brasileiros, em vez de irem para a Universidade de Coimbra, começaram a se deslocar para além de Portugal — para a França e a Inglaterra — em busca de formação cultural e científica.

Para inaugurar o ensino superior no Brasil, o príncipe regente recebeu o conselho de José Correia Picanço [1745–1823], médico da família real e cirurgião-mor do reino, que nominalmente se tornou o primeiro catedrático das duas escolas de Salvador e do Rio de Janeiro. Picanço nasceu na Província de Pernambuco, filho de pai cirurgião-barbeiro, com quem aprendeu o ofício. Ingressou no exército ainda jovem e foi transferido para Lisboa. Lá, estudou na Escola de Cirurgia do Hospital São José sob a orientação de Manoel Constâncio [1726–1817], reconhecido como o fundador da cirurgia acadêmica em Portugal. Picanço teria então viajado em 1767 para Paris a fim de concluir seus estudos médicos. Segundo biógrafos

(Mello, 1895; Gomes, 1951; Vasconcellos, 1955), ao passar nos exames práticos, recebeu o diploma de *officier de santé* no final da década de 1770 e assim confirmou sua credencial como cirurgião. Em 1772, regressou à França para obter o doutoramento em medicina pela Universidade de Paris, com vista a assumir a cadeira de anatomia, cirurgia e obstetrícia da Faculdade de Medicina da Universidade de Coimbra.

As informações biográficas de José Correia Picanço têm sido repetidas vezes plagiadas em diversas narrativas sobre a história oficial do ensino médico no Brasil, replicando erros, contradições e inconsistências.[247] Um exemplo notável de desinformação diz respeito à exata localização dos estudos cirúrgicos de Picanço, supostamente realizados em Paris, em Montpellier, ou mesmo em Pádua, na Itália. Tanto Gomes (1951, p. 160) quanto Vasconcellos (1955, p. 239) mencionam esses três lugares, mas não indicam fontes (Gomes: "... regressando a Lisboa, reza a tradição, depois de frequentar as escolas de Montpellier e Pádua"; Vasconcellos: "Referências existem de que tenha Correa Picanço frequentado as Escolas de Medicina de Montpellier e Pádua").

Além do mais, como vimos acima, o conceito de *officier de santé* só foi definido em 1793 pela Convenção, após a Revolução Francesa, e sua certificação dependia das *écoles de santé*, que foram instituídas em 1794 (Crosland, 2004, p. 236). Consequentemente, seria impossível Picanço receber um "diploma de *Officier de Santé*" em 1768, como afirma Gomes

247. Em artigos assinados, notas oficiais e registros encontrados em diversos sites, a biografia de Correia Picanço é frequentemente copiada do conteúdo de dois textos: um trabalho apresentado no primeiro Congresso de História da Bahia, realizado em Salvador em 1949, e uma tese apresentado no segundo Congresso Brasileiro de História da Medicina, no Recife em 1953. Ambos os trabalhos resumem um fólio publicado em 1895 pelo Comendador Antonio Joaquim de Mello, contendo uma coletânea de biografias de filhos famosos do estado de Pernambuco. A credibilidade dessas informações é fundamental para a avaliação precisa da influência do modelo francês de ensino médico (pré-Independência) sobre as primeiras escolas de cirurgia que antecederam o ensino médico no Brasil.

(1951, p. 160). Além disso, *officier de santé* não era um "título honorário [...] uma nova etapa em sua ascendente carreira médica", como informa Vasconcellos (1955, p. 239). Conforme mencionamos anteriormente, essa categoria denotava uma classe inferior de profissionais de saúde, com formação mais curta e competência limitada, que adquiriu um status precariamente formal durante um momento fugaz da Revolução Francesa após 1794. De fato, *officiers de santé* sofreram discriminação e preconceito de médicos e cirurgiões, que foram unificados na categoria de *médecins* (Rey, 1993). Portanto, Picanço não poderia ter sido um *officier de santé* no final da década de 1770, o que levanta uma questão no mínimo intrigante: de onde seus biógrafos obtiveram essa falsa informação e por que apresentaram essa desprezada categoria como se fosse um título respeitado?[248]

Um dos líderes (e principal ideólogo) da Revolta dos Alfaiates de 1798, acima mencionada, foi Cipriano José Barata de Almeida [1762–1838], cirurgião baiano.[249] Em 1786, Cipriano Barata inscreveu-se nos cursos de filosofia e medicina da Universidade de Coimbra, mas não obteve o grau de médico, em parte por ter sido acusado de heresia pelo *Santo Ofício* (resíduo da Inquisição que ainda vigorava em Portugal) em 1788. De volta à Bahia, Cipriano Barata estabeleceu-se como fazendeiro de cana-de-açúcar, cirurgião licenciado e boticário, prestando assistência médica aos pobres. Seu retorno foi marcado ainda por intensa participação política, além de ser um dos fundadores da primeira loja maçônica do Brasil, os

248. A história registra um verdadeiro *officier de santé* de origem brasileira: Caetano de Lopes Moura, homem negro, filho de um ex-escravizado forro, nascido na Bahia, aventureiro que serviu no exército de Napoleão como cirurgião de campanha. Após as guerras napoleônicas, Lopes Moura viveu em Grenoble, como cirurgião licenciado. Depois mudou-se para Paris, onde se tornou tradutor e escritor, *protegé* do imperador brasileiro Pedro II. A vida de Caetano Moura é narrada num fascinante estudo etno-histórico escrito por Cláudio Veiga (1979).

249. As informações biográficas sobre Cipriano Barata apresentadas aqui são, em sua maioria, sintetizadas a partir da obra de Luís Henrique Dias Tavares (1986, 2005, 2008), fundador da escola baiana de história social.

Cavaleiros da Luz. Apesar de seu desmentido sistemático na Devassa da Revolta dos Búzios, que acabou salvando-o de penas mais duras, Barata foi de fato uma figura-chave na conspiração, atuando como promotor das reuniões e redator dos manifestos e panfletos que implodiram o movimento. Após uma década de perfil discreto na prática clínica e nas atividades agrícolas, Barata voltou ao ativismo político, organizando reuniões em Salvador, escrevendo panfletos e arrecadando doações em dinheiro e alimentos, em apoio à Revolução Pernambucana de 1817, uma tentativa ambiciosa de estabelecer uma república democrática no Brasil separada da Coroa portuguesa.

Em 1820, em Portugal, um movimento político liberal convocou as cortes gerais de Lisboa para a elaboração de uma constituição para o Reino Unido de Portugal, Brasil e Algarve. Em Salvador, Bahia, após a rebelião de um regimento composto por homens libertos nascidos no Brasil, os líderes políticos locais concordaram em organizar uma junta provisória para o governo provincial e, aproveitando a oportunidade, elegeram deputados à Assembleia Constituinte de Lisboa (Tavares, 2005). Todos os três representantes da Bahia — Francisco Agostinho Gomes, Cipriano Barata e Lino Coutinho — eram a favor das ideias liberais, mas apenas Barata defendia a independência do Brasil sob um regime republicano. Eles estavam entre os deputados brasileiros que, depois de perceberem que a nova constituição não reconheceria a independência do Brasil, se recusaram a prestar juramento perante a monarquia portuguesa. Cipriano Barata e Lino Coutinho abandonaram as Cortes de Lisboa e fugiram num barco clandestino para a Inglaterra. De volta ao Brasil, Barata chegou a Pernambuco, onde fundou e editou um jornal revolucionário, o *Sentinella da Liberdade*.

A independência do Brasil foi oficialmente declarada em 7 de setembro de 1822, e o príncipe Pedro, filho do rei João VI de Portugal, foi entronizado imperador do Brasil. Envolvido em praticamente todas as sedições contra a monarquia de D. Pedro I [1798–1834], Cipriano Barata foi várias vezes preso e declarava seu orgulho de conhecer por dentro todas as prisões do país. Com a tolerância de seus carcereiros, mesmo condenado à prisão perpétua, conseguiu continuar escrevendo e publicando seu jornal clandestino, sarcasticamente rebatizado com o nome de cada prisão em que era escrito.[250] Após a abdicação do imperador Pedro I em 1831, Barata foi finalmente perdoado em 1834 e retirou-se para o Rio Grande do Norte, a província mais remota do Nordeste do Brasil, onde sobreviveu como professor de francês e de ciências até sua morte em 1838 (Tavares, 1986).

O médico, político, diplomata, tribuno, poeta e músico José Lino dos Santos Coutinho [1786–1836][251] nasceu em Salvador, filho de uma família portuguesa proprietária de plantações de cana-de-açúcar no Recôncavo Baiano. Após completar os estudos gerais na Bahia, foi admitido na Universidade de Coimbra em 1805, matriculando-se nos cursos de matemática, filosofia e medicina. Depois de se formar em medicina, foi para Inglaterra e França para curtos períodos de formação complementar em anatomia e cirurgia. De volta à Bahia em 1813, Coutinho iniciou uma prática clínica bem-sucedida, traduziu livros médicos do francês e do inglês e escreveu suas próprias observações e reflexões semiológicas,[252] o que o levou a ingressar no corpo docente da escola médico-cirúrgica (aquela fundada por José Correia Picanço) como docente não catedrático de patologia cirúrgica.

250. Na Bahia, o jornal passou a ser o *Sentinella da Liberdade, hoje na Guarita do Quartel General de Pirajá, na Bahia de Todos os Santos.*

251. Como observam Magalhães e Junqueira (2017, p. 264), não há estudo biográfico sobre esse estadista tão importante para a consolidação do Brasil como nação, talvez o mais influente entre os intelectuais iluministas brasileiros. Um verdadeiro polímata, Lino Coutinho foi o que mais se aproximou de um *médecin-magistrat*, para usar as palavras de Foucault referindo-se ao perfil de Cabanis, no contexto do Brasil oitocentista.

252. Essas notas foram posteriormente organizadas em dois volumes, ambos publicados em 1832: *Topographia Médica da Bahia* e *Memória sobre a doutrina de Victor Broussais*. A primeira coleção de notas foi apresentada à Academia das Ciências de Lisboa em 1823, enquanto a segunda publicação é mencionada no *Diccionario Biblographico Brazileiro* (1899) de Sacramento-Blake, mas nenhuma cópia desse texto foi encontrada até hoje (Magalhães & Junqueira, 2017).

Paralelamente a suas funções clínicas e docentes, Lino Coutinho foi um militante maçom bastante ativo, o que o lançou numa carreira política de grande sucesso, também graças a suas fortes ligações com a aristocracia local e as autoridades políticas coloniais (Magalhães & Junqueira, 2017). Nomeado Secretário do Conselho Provincial da Bahia em 1820, foi eleito para as Cortes de Lisboa. Em Portugal, Coutinho destacou-se na assembleia constituinte com seu talento retórico e, por isso e por sua destacada perícia médica, tornou-se membro da Real Academia de Ciências de Lisboa, apesar de sua feroz oposição ao domínio colonial português no Brasil. Depois de fugir de Portugal com os outros deputados renegados, Lino Coutinho embarcou de Falmouth, Inglaterra, em navio leve, direto para a Bahia, onde uma pequena frota mercenária britânica ajudava na luta contra o exército português, pela libertação da província. Chegou a tempo de participar da campanha final pela independência da Província da Bahia.[253]

Durante e após a guerra de independência baiana em 1823, por suas habilidades diplomáticas e experiência política confirmada, José Lino Coutinho tornou-se membro da junta governamental provincial. Envolvido numa rebelião em 1824, foi eleito deputado pela assembleia nacional constituinte, mas o imperador Pedro I barrou a iniciativa, reprimiu o movimento dos ativistas liberais, dissolveu o corpo de representantes e impôs sua própria constituição.

Em 1825, Lino Coutinho, então com quarenta anos, foi nomeado professor titular de Patologia Externa da Academia Médico-Cirúrgica da Bahia. Apesar de sua oposição política aberta ao imperador, Coutinho foi escolhido como médico-chefe da corte imperial e mudou-se para a capital, Rio de Janeiro. Em 1826, eleito deputado geral à nova assembleia nacional, apresentou ao imperador um projeto de lei para reformar o ensino médico no Brasil. Fortemente influenciado pelo modelo de faculdade de medicina

253. A Bahia foi o único lugar do Brasil onde a independência veio apenas após uma guerra feroz contra as tropas e frota portuguesas comandadas pelo marechal Ignácio Madeira de Melo, um veterano das Guerras Napoleônicas (Tavares, 2005).

idealizado pela Reforma Cabanis, o projeto foi discutido nas câmaras altas do Parlamento; as duas academias de cirurgia, tanto a fluminense quanto a baiana, foram solicitadas a apresentar propostas de reformas curriculares e institucionais.

Até 1832, a escola médico-cirúrgica baiana teria concedido apenas 13 diplomas de cirurgiões. Segundo relatório oficial enviado à Corte Imperial, a situação ainda era bastante precária em setembro de 1829 (Carvalho Filho, 1909). Então, a faculdade contava com sete lentes (professores catedráticos), um professor substituto para as cadeiras cirúrgicas, uma secretária interina sem salário, um porteiro, e hospedava apenas 17 alunos (Ribeiro, 2014).

A Sociedade de Medicina e Cirurgia do Rio de Janeiro foi criada em 1829, com a missão de promover e defender as ciências médicas e cirúrgicas (Ferreira, Maio & Azevedo, 1997). Seu primeiro ato oficial foi a criação de uma comissão temporária encarregada de elaborar uma lei que instituísse faculdades de medicina no Brasil. Por quase dois anos, a Sociedade realizou estudos, promoveu audiências públicas e discutiu as recomendações da comissão temporária. A proposta apresentada reproduzia, em grande parte, os estatutos da Escola de Medicina de Paris, mas adaptava seus protocolos institucionais às condições locais, estendendo a formação a seis anos. Segundo Roberto Machado e colegas (1978, p. 185):

> Essa criação [da Sociedade de Medicina e Cirurgia do Rio de Janeiro] mostra claramente a inspiração francesa. Podemos ver essa influência não apenas na presença dos médicos franceses entre seus fundadores (os médicos Sigaud, que havia sido secretário da Sociedade Real de Medicina de Marselha, e Faivre) e na formação de vários de seus membros (a ideia para esta criação começou com o Dr. Meirelles, enquanto fazia seu doutorado em Paris), mas sobretudo (e por causa disso) o projeto de uma medicina social [no Brasil] foi inteiramente baseado no que havia sido feito na França pelas sociedades médicas.

Em 1831, o imperador Pedro I abdicou do trono do Brasil e voltou para a Europa, tornando-se Pedro IV, rei de Portugal. Reeleito Deputado-Geral do parlamento imperial, José Lino Coutinho foi nomeado Ministro dos Negócios do Império do primeiro gabinete da Regência, com responsabilidades que incluíam questões de educação e saúde. Em suas funções como político e como dirigente acadêmico, o *médecin-magistrat* promoveu a transformação das academias médico-cirúrgicas do Rio e da Bahia em faculdades de medicina. O ato legislativo foi finalmente aprovado pelo parlamento imperial do Brasil em 1832, sem emendas (Machado et al., 1978).

Eleito primeiro diretor da Faculdade de Medicina da Bahia, Lino Coutinho transferiu imediatamente a instituição para o prédio do antigo Colégio de Jesus e abriu as alas do Hospital da Santa Casa de Misericórdia para aulas clínicas. De 1833 a 1836, promoveu diversas iniciativas, como a criação de uma biblioteca, a instalação de laboratórios de química e a montagem da divisão de anatomia, com material trazido da Europa pelo novo catedrático Jonathas Abbott.[254] Além disso, durante sua gestão, a congregação reformou o currículo, aumentou o número de cátedras e organizou o regimento interno da faculdade, seguindo de perto o modelo da Escola de Medicina de Paris. José Lino Coutinho faleceu em 1836, aos 52 anos, diagnosticado com grave doença intestinal e "gota reumática", no auge de uma brilhante carreira de empresário acadêmico e líder político.

O novo Império do Brasil conservou laços familiares com as dinastias europeias, mantendo uma sociedade escravagista, com fortes ligações

254. Jonathas Abbott [1796–1868] era um expatriado britânico que se formou no Colégio Médico-Chirúrgico da Bahia em 1820. Ele serviu como cirurgião militar na recém-criada Marinha Imperial durante as guerras de independência da Bahia em 1823, e obteve a cidadania brasileira. Durante uma jornada acadêmica em 1830–1831, completou seus estudos médicos na França e na Itália, adquirindo o título de doutor em medicina pela Universidade de Palermo. De volta a Salvador, foi admitido na Faculdade de Medicina da Bahia, onde assumiu a Cátedra de Anatomia, tornando-se vice-diretor em 1837. Por quase duas décadas, até 1858, Abbott fez discursos inaugurais anuais aos novos alunos de sua cátedra. Fonte: Lima Júnior, Castro, 2006, p. 534.

econômicas, políticas e culturais com o Velho Continente. Por razões idiossincráticas, a serem compreendidas nos processos históricos aqui analisados, os movimentos que marcaram a transição do regime colonial para uma monarquia constitucional foram liderados por médicos-políticos, tardiamente inspirados nas ideias libertárias da Revolução Francesa.

A última e maior das rebeliões armadas dessa época ocorreu em 1837–1838, em Salvador. Essa revolução começou com uma insurreição militar no Forte de São Pedro, estendendo-se por toda a cidade de Salvador. Soldados e simpatizantes civis rapidamente ocuparam a área urbana e formaram um governo republicano. Um ato da Câmara Municipal proclamou a independência da Província da Bahia, separada do Império do Brasil, ainda sob a regência, enquanto se aguardava a coroação do infante D. Pedro de Alcântara, futuro imperador D. Pedro II [1825–1891].

O movimento condenou o domínio aristocrático, declarou a abolição da escravidão e defendia a educação gratuita para todos. Os fuzileiros navais e parte da Guarda Nacional permaneceram leais ao governo provisório e tomaram a cidade. A elite local fugiu para o Recôncavo Baiano, onde os latifundiários começaram a organizar forças de resistência. As rotas terrestres foram cortadas e navios de guerra foram enviados do Rio de Janeiro para bloquear o porto. Reforços das províncias vizinhas aumentaram o exército para mais de 5.000 soldados e, em março de 1838, começou o cerco para retomar a cidade de Salvador. Na mais violenta repressão de todas as revoltas urbanas brasileiras, um banho de sangue de dois dias, um número não registrado (mais de mil) dos rebeldes foi massacrado, a maioria soldados mal equipados e voluntários despreparados, muitos deles africanos escravizados e trabalhadores braçais. A rendição veio logo após o início do cerco, em 16 de março. O governo capturou os líderes, executou homens escravizados e soldados e condenou milhares de rebeldes a trabalhos forçados e ao exílio em remotas províncias da selva e na isolada Ilha de Fernando de Noronha.[255]

A revolução baiana de 1837 ficou conhecida na história do Brasil como Revolta da Sabinada, pelo nome de seu principal líder, Francisco Sabino Álvares da Rocha Vieira [1796–1846]. Sabino foi um herói das Guerras da Independência de 1823, um dos comandantes que bravamente repeliu o ataque das forças portuguesas à estratégica Vila de Itaparica. Escritor, jornalista e cirurgião militar, foi o primeiro membro da Faculdade de Medicina da Bahia formado no Brasil. Com a implantação da seção de Ciências Cirúrgicas em 1833, foi admitido como assistente de anatomia e, em 1837, venceu o concurso para a cátedra de cirurgia. Foi uma grande façanha porque Francisco Sabino, além de ser um "mulato de olhos azuis", de ascendência africana, já havia sido denunciado como homossexual, processado pela morte da esposa e preso pelo assassinato de um nobre herdeiro local em duelo público (Souza, 1987). Capturado pelo exército de restauração, após longas audiências no tribunal, ele foi duas vezes condenado à morte. A coroação do jovem imperador Pedro II, em julho de 1841, foi celebrada com a anistia geral de todos os presos políticos (Souza, 1987). Francisco Sabino foi indultado, depois banido para a selva, sendo proibido de residir nas cidades. Morando em pequenas cidades próximas à fronteira Sudoeste, continuou a prática de medicina e cirurgia, ficou conhecido como médico humanitário, retomou a militância política, editou pequenos jornais (um deles intitulado *O Zumbi*),[256] e foi expulso de várias províncias, até morrer de causa desconhecida no Natal de 1846 (Souza, 1987).

---

255. Os estudos mais completos sobre a Sabinada são os livros de Luiz Vianna Filho (1938) e de Paulo Cesar Souza (1987), ambos em português. Em inglês, o historiador canadense Hendrik Kraay (1992) faz um bom relato sobre o tema.

256. Zumbi era o nome cerimonial dado a diversas gerações de lideranças do Quilombo dos Palmares. Os quilombos foram assentamentos de escravizados fugidos, muitos deles fortificados (como no caso de Palmares), que, durante o século XVII,

ILUMINISMO, *IDÉOLOGIE*, CABANIS: ELOS PERDIDOS

As ideias revolucionárias iluministas foram trazidas para o Brasil por intelectuais e profissionais que estudaram na Europa, notadamente cirurgiões e médicos formados, como Cipriano Barata e Lino Coutinho. O movimento *Idéologie* não teve no Brasil o mesmo impacto político e cultural que teve na Argentina (Di Pasquale, 2011), embora alguns vestígios de sua presença sejam encontrados em bibliotecas, bem como em escritos e cursos ministrados por intelectuais brasileiros após 1830. Não bastou que Joachim Lebreton — que fora um dos mais ativos ideólogos, editor de *La Décade philosophique* e secretário permanente da classe de ciências morais e políticas do *Institut National de France* — migrasse para o Brasil em 1816, a convite da Coroa portuguesa, para criar a Academia Imperial de Belas Artes (ele morreu no Rio de Janeiro em 1819).[257] Não há indícios de que Lebreton, como ex-ideólogo (um dos intelectuais cooptados com sucesso pela política de Napoleão), tenha tido alguma influência no cenário cultural e político brasileiro.

---

resistiram aos exércitos coloniais. Esse detalhe tem sido utilizado para reforçar a interpretação da Sabinada como uma revolta urbana de motivação racial (Souza, 1987).

257. Há muita controvérsia, entre os historiadores brasileiros, se Joachim Lebreton era líder de uma "missão cultural francesa" para fins de ensino industrial e artístico no Brasil, ou de uma colônia de artistas desempregados, deslocados politicamente após a queda de Bonaparte. Segundo a versão oficial, Lebreton, ex-administrador do Museu do Louvre, foi encarregado pelo rei D. João VI de organizar uma missão cultural, para trazer as luzes da civilização europeia ao Brasil. Para a historiadora Eliane Dias (2006), Alexander von Humboldt, diplomata talentoso e grande amigo de Lebreton, influenciou os representantes da monarquia portuguesa exilados no Brasil e persuadiu os artistas franceses sobre as possibilidades de progresso artístico na América portuguesa. Considerando que Lebreton, Jean-Baptiste Debret [1768–1848], a família Taunay e os demais artistas viajaram por conta própria, sustentados financeiramente por interesses privados, a Missão Francesa, um dos mais tradicionais cânones da historiografia brasileira, pode ter sido um mito (Schwarcz, 2008).

Sobre o ensino médico no Brasil antes da independência, Pedro Nava (2003, p. 63) destaca o papel de José Maria Bomtempo [1774–1843] e Joaquim da Rocha Mazarem [1775–1849], médicos assistentes da corte portuguesa "que abriram as portas da nossa medicina ao influxo dos mestres franceses, o que seria tão benéfico e duradouro". Com a independência do Brasil do Reino de Portugal, a influência da França se fortaleceu. Os trabalhos de Corvisart, Richerand e Laennec, juntamente com os de médicos ligados à *Idéologie*, como o anatomista Xavier Bichat, o alienista Philippe Pinel e o fisiologista teórico Georges Cabanis, foram fundamentais para essa hegemonia científica.

José Correia Picanço e seus colegas, assim como os discípulos deles, estavam familiarizados com os escritos clínicos de Cabanis. Um dos primeiros livros publicados em 1812 pela Imprensa Régia brasileira (fundada em 1808, no Rio de Janeiro, por D. João VI) foi o compêndio de Cabanis sobre diagnóstico, *Du degré de certitude de la médecine*, com o título *Do grão de certeza da medicina*, traduzido pelo próprio Correia Picanço (Guerra, 1987). Uma rara coleção de registros clínicos de Georges Cabanis, *Observations sur les affections catarrhales*, foi publicada em 1816 em Salvador, com tradução de Lino Coutinho (Guerra, 1987).[258]

Segundo a historiadora greco-baiana Katia Mytilineou Mattoso (1990), entre as provas apreendidas durante o processo judicial resultante da Revolta dos Búzios, estavam livros de escritores franceses pré-revolucionários, entre eles Voltaire, Rousseau, Volney e Condillac (este

258. Outros livros médicos franceses também foram traduzidos e publicados (Castro, 1968). Em 1816, José Soares de Castro, lente de Anatomia e Medicina Cirúrgica da Operatória da Escola de Cirurgia da Bahia, traduziu *Recherches physiologiques sur la vie et la mort*, de Bichat, e publicou-o como *Observações Fysiologicas sobre a Vida e a Morte*. Em 1817, o farmacêutico Manoel Joaquim Henriques de Paiva traduziu uma obra de Antoine de Fourcroy, *Philosophie chimique, ou Vérités fondamentales de la chimie moderne: disposées dans un nouvel ordre*, intitulada em português de *Filosofia Quimica ou Verdades Fundamentaes da Quimica Moderna: destinadas a servir de Elementos no Estudo desta Sciencia.*

último tomado da biblioteca de Cipriano Barata, composta por 74 volumes). A primeira tradução para o português de Jean-Jacques Rousseau provavelmente foi feita por Barata, uma edição clandestina abreviada para os debates na loja maçônica que ele fundou em Salvador (Mattoso, 1969). Segundo Marrach (2009, p. 67), a icônica *Encyclopédie* de Diderot e D'Alembert, talvez o mais importante livro do Iluminismo francês, foi estudada conjuntamente por Cipriano Barata e Frei Caneca,[259] amigos próximos e parceiros políticos tanto na Revolução Pernambucana de 1817 quanto na Confederação do Equador de 1824. Por fim, Antoine Destutt de Tracy foi um dos autores mais citados por Barata em diversos artigos e editoriais publicados no *Sentinella da Liberdade* (Marrach, 2009, p. 66).

Por todas essas razões, Cipriano Barata tem sido reconhecido como pioneiro na divulgação de tais ideias, que contribuíram para a independência do Brasil — embora não a ponto de denunciar a economia dependente, a estrutura social desigual e o sistema político despótico que definiram esse processo histórico (Tavares, 2003; Mattoso, 2004; Jancsó & Morel, 2007; Marrach, 2009; Valim, 2013).

Após a morte de José Lino Coutinho, seu espólio familiar incluía uma valiosa biblioteca, sujeita a inventário judicial (Magalhães & Junqueira, 2017). A biblioteca compreendia cerca de 400 volumes, mas apenas 291 desses, em bom estado, foram então listados. Mais de 80 por cento dos títulos eram em francês e 11 por cento em português, além de dois livros em inglês, um em espanhol e outro em italiano. A biblioteca de Lino Coutinho incluía uma seleção impressionante de livros sobre filosofia, economia, ciências políticas e medicina, representativos de diferentes épocas do Iluminismo francês.[260]

259. Frei Joaquim do Amor Divino Rabelo [1779–1825], conhecido como Frei Caneca, foi líder e mártir da Confederação do Equador de 1824 (rebelião republicana contra a tirania de D. Pedro I), executado por fuzilamento em 1825.

260. Estes são os livros relacionados à *Idéologie* listados no inventário da biblioteca de Lino Coutinho, segundo Magalhães & Junqueira (2017):

Item #28 Daunou, Pierre-Claude-François. Essai sur les garanties individuelles que réclame l'état actuel de la société. Paris: Foulon, 1819. In-8°, 245 p. 4. ed. Liége: Lebeau-Ouwerx, Imprimeur-Libraire; 1827.
Item #29 Condorcet, Jean-Antoine-Nicolas de Caritat. Esquisse d'un Tableau historique des Progrès de l'Esprit humain: Ouvrage posthume de Condorcet. Paris: [s.n.], an III. 2. ed.
Item #30 Thouret, Guillaume-François-Antoine. Abrégé des révolutions de l'ancien gouvernement François: ouvrage élémentaire. Primeira edição, Paris, An IX [i.e. 1800].
Item #57 D'Alembert, Jean Baptiste Le Rond. Mélanges de littérature, d'histoire, et de philosophie. Nouvelle Edition, Augmentée de plusieurs notes sur la traduction de quelques morceaux de Tacite. Tome Premier. Amsterdam: Zacharie-Chatelain & Fils, 1766. in-12 (161 x 100 mm), (4)-xvi- 412, (4)-456, (8)-472, (4)-464, xxiv-610 p. Edição original 1753, dois volumes.
Item #70 Turgot, Anne Robert Jacques, barão de l'Aulne. Oeuvres de M. Turgot, précédées et accompagnées de mémoires et de notes sur sa vie, son administration et ses ouvrages [par Pierre-Samuel Dupont de Nemours]. [Texto impresso] Publicação: Paris: impr. de Delance , 1808–1811. 9 volumes.
Item #73 Montesquieu, Charles-Louis de Secondat, Baron de. Oeuvres de Montesquieu, avec éloges, analyses, commentaires, remarques, notes, réfutations, imitations; par MM. Destutt de Tracy, Villemain, Walckenaer, membres de l'Institut; D'Alembert, Helvétius, Voltaire, Condorcet et Bertolini. Paris: Chez Dalibon, Libraire de S. A. R. Monseigneur le Duc de Nemours, 1826. Vol. 1: Grandeur des Romains. Vol. 2–4: Esprit de Lois. Tome III. Vol. 5: Défense de L'Esprit des Lois. Vol. 8: Commentaire sur L'Esprit des Lois. Par M. Destutt de Tracy.
Item #74 Degérando, Joseph-Marie. Du perfectionnement moral, ou de l'éducation de soi-même. Paris: Antoine-Augustin Renouard, 1824. 448 p.
Item #75 D'Holbach, Paul Henri Dietrich. La morale universelle, ou les devoirs de l'homme fondés sur sa nature. Amsterdam: Marc-Michel Rey, 1776. In-4, VII-I-XIII-431 p.
Item #76 Mirabeau, Honoré-Gabriel de Riqueti. Discours sur l'égalité de partage dans les successions en ligne directe. Segunda edição. Paris: Librairie d'éducation A. J. Sanson, Palais-Royal, Galerie de Bois, 1826.
Item #87 Say, Jean Baptiste. Traité d'économie politique, ou, Simple exposition de la manière dont se forment, se distribuent et se consomment les richesses. Terceira edição. Paris: Chez Deterville, libraire, 1817.
Item #123 Magendie, François. Précis élémentaire de physiologie, Paris: Chez Méquignon-Marvis, rue de l'École de Médecine, no 9, 1816. 2v. {2} Bl., VI, 326 2. ed. Paris: Méquignon-Marvis, 1825.

Analisando o documento notarial original, Magalhães e Junqueira (2017, p. 274) comentam:

> Essa presença massiva de livros franceses na biblioteca particular do primeiro diretor da Escola de Medicina da Bahia — fato recorrente entre os seguidores luso-brasileiros do Iluminismo da época — se explica pelo fato de a França ter sido o berço dos filósofos iluministas e de muitos outros médicos renomados. [...] Havia poucas traduções para o português dos livros dos filósofos e dos artigos sobre medicina — e é por isso que o próprio Coutinho se tornou um tradutor.

Algumas peças clássicas dessa biblioteca merecem destaque. As obras de Montesquieu — organizadas por Destutt de Tracy, Villemain, Walckenaer, ex-membros do *Institut National de France*, com comentários de D'Alembert, Helvétius, Voltaire, Condorcet e Bertolini — estão no inventário, completas em oito volumes, publicadas em Paris em 1826. Também em oito volumes, há a coleção de peças teatrais de Voltaire, publicada em Neufchatel em 1773, juntamente com escritos diversos de Jean Baptiste D'Alembert, o líder dos enciclopedistas, numa edição tardia impressa em Amsterdam em 1766. Também de Amsterdam e do mesmo ano

---

Item #132 Broussais, François Joseph Victor. Histoire des Phlegmasies ou Inflammations Chroniques, fondée sur de nouvelles observations de clinique et d'anatomie pathologique. Paris; Gabon, 1822. 3 Vols; xxviii, 398 p.; 668 p.; 508 p.
Item #138 De Tracy, Destutt. Projet d'éléments d'Idéologie—Grammaire a l'usage des Ecoles centrales de la Republique Française. Pierre Didot et Firmin-Courcier 1801–1803 AN IX-XI, Paris, 1801. 2 vol.
Item #144 Cabanis, Pierre-Jean-Georges. Rapports du physique et du moral de l'homme. Paris: Crapart, Caille et Ravier, 1802. 2 vol, xliv, 484 p; (4), 624p; Terceia edição, revisada e expandida, publicada em Paris por Pierre Didot e Fermin-Courcier.
Item #145 Richerand, Anthelme-Balthasar. Nouveaux éléments de physiologie, Segunda edição, revista, corrigida e aumentada. Paris: Chez Crapart, Caille et Ravier—An XII, 1803.

de publicação de 1776, o inventário inclui *La morale universelle* do Barão d'Holbach. Provavelmente como peça central da biblioteca, encontra-se a integral *Oeuvres* de Turgot, organizada por Dupont de Nemours, em nove volumes publicados em Paris, de 1808 a 1811.

Membros do grupo da *Idéologie* também estão bem representados no inventário: da primeira geração, o Marquês de Mirabeau, com seu *Discours sur l'égalité*, em segunda edição impressa em Paris em 1826; da segunda geração de ideólogos, uma segunda edição do *Esquisse d'un Tableau historique des Progrès de l'Esprit humain* de Condorcet, juntamente com o *Essai sur les garanties individuelles* [1819] de Daunou, o *Abrégé des révolutions de l'ancien gouvernement françois* [1800] de Thouret, e *Du perfectionnement moral, ou De l'éducation de soi-même* [1824] de Degérando. Por fim, o item #138, valiosa peça do inventário, é uma primeira edição em dois volumes do *Projet d'éléments d'Idéologie* de Antoine Destutt de Tracy, publicado em Paris em 1801 por Didot & Fermin.

Dentre os 29 livros sobre temas médicos listados no inventário, destacam-se o *Nouveaux élémens de physiologie* de Richerand, em segunda edição impressa em Paris em 1803; além de *Histoire des Phlegmasies ou Inflammations Chroniques* de Broussais, em três volumes, impresso em Paris em 1822, que foi objecto de análise na memória clínica de Lino Coutinho acima mencionada. Finalmente, o item #144 do inventário contém duas edições diferentes da obra-prima de Georges Cabanis, *Rapports du physique et du moral de l'homme*, numa primeira edição de Crapart, Caille & Ravier, de 1802, e uma edição tardia, revisada e ampliada, publicada em Paris por Didot & Fermin-Courcier em 1824. O notário Jozé Olympio Gomes de Souza, escrivão do tribunal, atestou no inventário que vários livros, aproximadamente cem volumes, estavam em tão mau estado que não podiam ser vendidos em leilão (Magalhães & Junqueira, 2017, p. 305).

A biblioteca confiscada de Francisco Sabino, líder da Sabinada, era gigantesca (para os parâmetros da época), composta por mais de mil volumes.[261] Novamente, muitos clássicos do Iluminismo: Montesquieu, Rousseau, Voltaire, Locke, Condillac e 15 volumes da *Éncyclopédie*. A *Histoire de Napoléon*, de Ségur, em dois volumes, estava lá junto com uma coleção de livros de estratégia militar sobre cavalaria e infantaria, o tratado de economia de Say e o ensaio de Tocqueville sobre democracia. A coleção de tratados médicos e cirúrgicos de Sabino era extraordinariamente grande e diversificada, incluindo Magendie, Richerand, Aliberti, Laennec, Broussais (seis volumes). O inventário incluía várias obras dos *médecins-idéologues*, a obra completa de Bichat, a *Nosographie* de Pinel e um volume de sua *Médecine Clinique*, e um livro de Cabans (*sic*, com grafia errada no manuscrito), em dois volumes, cujo título faltava, provavelmente *Rapports du physique et du moral*.

Segundo o biógrafo Vianna Filho (1938, pp. 78–79):

> Sabino tinha o prestígio da inteligência. Era o mais culto dos revolucionários, o que conhecia as últimas tendências d'além-mar, sabendo a última palavra sobre o regime republicano [...] Era um intoxicado pela cultura francesa, que continuava a exercer sobre o nosso meio intelectual uma influência incontestável. Estávamos na época em que nos vestíamos e pensávamos como em Paris. De lá importávamos modistas e livros. Tudo que era francês era corrente no nosso meio.

Ao longo do século XIX, a influência francesa no ensino médico brasileiro foi de fato profunda e abrangente. O modelo educacional adotado nas duas faculdades de medicina da Bahia e do Rio continuou ritualizado e retórico, fortemente marcado pela erudição pós-revolucionária francesa.[262] Em termos de métodos de ensino e recursos educacionais, todo o

261. Luiz Vianna Filho (1938, p. 79) incluiu o inventário completo da biblioteca confiscada durante a prisão de Sabino, num apêndice de seu estudo sobre a Sabinada.

262. A partir de 1860, houve grande influência das ciências laboratoriais alemãs nos programas de pesquisa locais, como, por exemplo, na Escola Tropicalista da Bahia

material (livros, métodos, regulamentos, programas, leituras, ferramentas e até móveis) era importado da França (Machado et al., 1978, p. 180). Médicos *idéologues*, como Pinel e Cabanis, foram referências fundamentais para as *theses inaugurais*[263] e para os memoriais de candidatos a cátedras, sobretudo no campo da medicina mental. Exemplar do primeiro tipo foi a tese intitulada *Sobre analogias entre o homem são e o alienado, em particular sobre a monomania*, de Geraldo Franco Leão (1842); enquanto *Considerações Gerais sobre a Alienação Mental*, de Antonio Luiz da Silva Peixoto (1837), representa um exemplo do segundo tipo — ambos transcrevem e sumarizam os escritos de Pinel sobre o tema.

Lima Júnior e Castro (2006) fizeram um levantamento do acervo da biblioteca e do arquivo da Faculdade de Medicina da Bahia, procurando investigar as diferentes correntes filosóficas que influenciaram as práticas médicas do Brasil imperial. Eles encontraram uma influência forte, embora atrasada, da *Idéologie* e seus ícones (Destutt de Tracy, Condillac, Maine de Biran e, especialmente, Cabanis), além de referências iniciais ao positivismo comteano. Essa ligação deve-se principalmente a Antonio Ferrão Moniz de Aragão [1813–1887], empresário, humanista e filósofo baiano que se casou com a viúva de Lino Coutinho e provavelmente tomou posse da biblioteca da família. Filho de família rica e nobre, foi educado em Paris, onde supostamente teve aulas com Auguste Comte, e em Londres, onde conheceu John Stuart Mill [1806–1873].[264] De volta à Bahia em 1834,

---

(Edler, 2002, 2009; Malaquias, 2016), conforme mencionado na Introdução.

263. Peça escrita autoral, geralmente curta e esquemática, exigida para a obtenção do título de doutor em medicina, conforme descrito por Lima Júnior & Castro (2006, p. 534).

264. Essa informação foi apresentada em 1978 por Gilberto Freyre [1900-1987], um dos fundadores da escola antropológica brasileira, sem indicação de fontes historiográficas, num debate, ocorrido no Instituto Geográfico e Histórico da Bahia, com Pedro Calmon [1902–1985] — líder intelectual baiano que escreveu os termos de referência para a lei que criou as universidades federais no Brasil após a Segunda

passou a ministrar cursos livres de filosofia baseados na *Idéologie*. Em 1858, Moniz de Aragão publicou a cartilha *Elementos de mathematica*, cuja introdução sobre a classificação das ciências é considerada a primeira manifestação do positivismo de Comte no Brasil (Ferreira, 1977).

Particularmente em relação a Cabanis, seus escritos fisiológicos e clínicos foram incluídos nos acervos das bibliotecas das faculdades de medicina da Bahia e do Rio de Janeiro, bem como nas bibliotecas particulares de vários intelectuais locais que estudaram na França (Lima Júnior & Castro, 2006). Elementos da obra de Cabanis foram repetidos (e muitas vezes plagiados) nos títulos e conteúdos de muitos trabalhos acadêmicos da Faculdade de Medicina da Bahia.

Um exemplo muito oportuno é a tese de Antonio Januario de Faria (1845), *A certeza em medicina*, cujo título, epígrafe e profusas citações provêm de obras de Cabanis, entre elas *Du degré de certitude de la médecine*, *Rapports du physique et du moral de l'homme*, e mesmo *Coup d'œil sur les révolutions et sur la réforme de la médecine*. Numa nota de rodapé na página 9 dessa tese, há uma citação de segunda mão supostamente proveniente do *Coup d'œil* — "*Le médecin (disait Hyppocrate) ne doit être ni envieux ni injuste envers les autres médecins, ni dévoré de la soif de l'or*" — citando como referência uma palestra inaugural da Cátedra de Anatomia proferida por Jonathas Abbott, em 1844.

Antonio Januario de Faria [1822–1883] foi um dos integrantes brasileiros da Escola Tropicalista da Bahia.[265] Autointitulada "*academia scientifica*",

---

Guerra Mundial. Fonte: https://web.archive.org/web/20080327222045/http://bvgf.fgf.org.br/portugues/obra/artigos_cientificos/catalogo_biblioteca.html

265. Além de Wucherer, Paterson e Januario, faziam parte do grupo José Francisco Silva Lima [1826–1910], Ludgero Rodrigues Ferreira [1819–1866], Antônio José Alves [1818–1866] e Manuel Maria Pires Caldas [1816–1901], todos formados na Bahia. Esquecida nos relatos históricos locais durante algumas décadas, a memória desses pioneiros foi recuperada por Gonçalo Moniz (1923). O escritor, médico e historiador amador Pedro Nava cunhou o rótulo *Escola Parasitológica e Tropicalista da Bahia* (1948). Antonio Caldas Coni, médico local que explorou

a Escola Tropicalista da Bahia era uma espécie de instituição não oficial de pesquisa médica estabelecida fora da faculdade de medicina em Salvador, cujo trabalho resultou em descobertas que despertaram interesse internacional e ajudaram a conformar o campo científico da medicina tropical.

Por mais de três décadas, de 1865 a 1900, o inusitado movimento realizou pesquisas sobre doenças tropicais, inaugurando no Brasil o uso de metodologia científica de ponta. Seus fundadores foram Otto Wucherer [1820–1875], português de origem alemã formado na Universidade de Tübingen, e John L. Paterson [1820–1882], médico escocês formado pela Universidade de Aberdeen e em Londres. Esses médicos estrangeiros, graduados em universidades europeias sob a influência dos modelos britânico e alemão de educação superior, mantinham contato com suas redes de formação e pesquisa. Com a participação de jovens médicos recém-formados pela Faculdade de Medicina da Bahia, criaram um sistema informal de ensino baseado em seminários e colóquios acadêmicos (por isso foi chamado de "escola tropicalista") que, no início, provocou forte reação da velha Faculdade. Também implantaram a Gazeta Médica da Bahia, que se tornou o periódico científico mais influente do Brasil Imperial, segundo Malaquias (2016).[266]

Em 1855, Januario de Faria foi admitido no corpo docente como professor substituto da seção médica, passou a ser professor de Fisiologia em 1862 e, após dois anos, professor catedrático de Clínica Médica. Em 1874, foi eleito diretor da Faculdade de Medicina da Bahia e, até o final de seu mandato em 1881, promoveu a medicina pasteuriana científica na

---

antigos arquivos da *Gazeta Médica da Bahia* [1866–1915] para uma apresentação no primeiro congresso acadêmico sobre a história da Bahia, simplificou o título para *Escola Tropicalista da Bahia* ao ampliar e publicar sua palestra como um pequeno folheto (Coni, 1952). Para um relato geral desse marco histórico, ver Schwarcz (1993), Jacobina (2008) e principalmente Edler (2002; 2009).

266. Especificamente sobre a *Gazeta Medica da Bahia*, ver Moraes (2013) e Malaquias (2016).

velha escola conservadora, o que abriu caminho para a segunda geração de "tropicalistas".[267] Paralelamente, sob sua liderança, a Gazeta Médica da Bahia passou a focar em metodologia científica, preocupações sociopolíticas, reforma do ensino médico e outras questões pedagógicas (Moraes, 2013).

O IMPÉRIO DAS FACULDADES

Quando as duas academias médico-cirúrgicas da Bahia e do Rio de Janeiro foram transformadas em faculdades de medicina, seguiram à risca o modelo e as diretrizes da Reforma Cabanis. No que diz respeito ao controle estatal do exercício profissional, a lei estipulava que nenhuma pessoa sem diploma conferido ou aprovado pelas escolas poderia tratar pacientes, realizar cirurgias (incluindo extrações dentárias), atuar como parteira ou administrar uma farmácia. Até 1850, a atividade profissional de médicos, cirurgiões, dentistas, farmacêuticos e parteiras era supervisionada e controlada pelas próprias escolas médicas, que realizavam exames e conferiam graus e certificados de acordo com os conselhos municipais, que registravam títulos e concediam licenças para trabalhar legalmente nessas profissões (Machado et al., 1978, p. 178). Em 1854, outra lei criou uma Congregação de Lentes em ambas as escolas para atuar como conselho de administração e para eleger o diretor e outras autoridades institucionais, bem como decidir sobre questões acadêmicas.[268]

Durante todo o século XIX, nenhuma tentativa de criação de universidades foi bem-sucedida no Brasil, embora algumas propostas tenham sido examinadas em diferentes instâncias do Legislativo. Destaco os exemplos

267. Esse grupo era composto pelos irmãos Antônio Pacífico Pereira [1846–1922] e Manoel Vitorino Pereira [1853–1902], e por Raimundo Nina Rodrigues [1862–1906], que mais tarde assumiu funções de liderança na Faculdade de Medicina da Bahia.

268. A aplicação de tais regras e normas nacionais não foi pacífica nem fácil na antiga Faculdade de Medicina da Bahia, atravessada por rixas familiares e micropolítica provinciana, como analisa contundentemente Ribeiro (2014).

mais importantes, seguindo a revisão histórica de Fávero (2010, pp. 23–26). Em 1823, a Comissão de Instrução Pública da Assembleia Constituinte, dirigida por José Bonifácio de Andrada e Silva [1763–1838], apresentou um plano de ensino público, que mantinha as escolas médico-cirúrgicas da Bahia e do Rio de Janeiro e propunha a abertura de duas universidades em São Paulo e Olinda, todas regidas pelos estatutos da Universidade de Coimbra. Essa proposta foi aprovada com emendas, mas o imperador Pedro I dissolveu a assembleia constituinte e anulou suas deliberações. O senador Manuel Castro e Silva [1788–1846] apresentou proposta semelhante em 1842, mas o grande número de críticas e objeções durante dois anos de debate parlamentar culminou num documento público contra o plano, emitido pela Faculdade de Medicina da Bahia, e a proposta foi arquivada em 1845. Em 1882, o Barão Homem de Melo [1837–1918] voltou a propor a criação de universidades nas principais cidades do país, mas seu projeto foi rejeitado, prevalecendo o modelo de faculdades.[269]

Em 1879, por proposta de Vicente Figueira de Saboia [1836–1909],[270] foi aprovado o Decreto Leôncio de Carvalho, com o intuito de alterar profundamente a estrutura do sistema educacional brasileiro. No que diz respeito ao ensino superior, os reformadores inspiraram-se vagamente no modelo das universidades alemãs (e contrário ao ensino retórico das faculdades francesas). Para a educação médica, essa reforma preconizava o ensino prático, com a criação de laboratórios de física médica, química

---

269. Em sua avaliação desse projeto de reforma educacional, Ruy Barbosa [1849–1923], o mais prestigioso magistrado brasileiro do século XIX, elogiou o conceito de universidade, mas admitiu que ela só seria viável após profundas reformas em todo o sistema de ensino público brasileiro (Fávero, 2010, p. 25).

270. Professor titular de clínica cirúrgica da Faculdade de Medicina do Rio de Janeiro e obstetra da princesa Isabel, Saboia fez várias viagens à França e à Alemanha entre 1871 e 1875, comissionado pelo imperador D. Pedro II para que estudasse os modelos de formação médica praticados na Europa. Ver verbete detalhado no *Dicionário Histórico-Biográfico das Ciências da Saúde no Brasil* [1832–1930] (Dicionário…, s.d.).

orgânica, fisiologia e farmacologia, dando menor importância às aulas magistrais. A fim de melhorar a formação dos alunos, o curso de medicina foi ampliado para seis anos, foram abolidas as provas orais públicas, e tornadas obrigatórios provas práticas e exames de qualificação para a concessão de títulos acadêmicos (incluindo os diplomas de farmacêutico e de dentista). Somente após essa reforma é que as mulheres puderam ingressar nos cursos de medicina. A primeira médica do Brasil, a gaúcha Rita Lobato Velho Lopes [1866–1954], formou-se em 1887 pela Faculdade de Medicina da Bahia (Wolf, 1971).

Durante todo o século XIX, com a abertura de faculdades de direito em São Paulo e no Recife, bem como de escolas de minas, de agricultura e politécnicas no Rio de Janeiro, em Ouro Preto e em Salvador, o modelo educacional que se implantava no Brasil eliminou a figura institucional da universidade (Fávero, 2010). Após a Proclamação da República Brasileira em 1889, a forte presença da doutrina positivista na organização da nação, principalmente entre os militares, implicou um aumento da influência cultural francesa. Isso ajudou a consolidar no Brasil um modelo bonapartista de educação, um sistema composto por escolas primárias, liceus, escolas normais, escolas politécnicas e faculdades (Ferreira et al., 1977).

Na virada do século XX, após a criação da Faculdade Livre de Medicina e Farmácia em Porto Alegre, o Brasil tinha um total de três faculdades de medicina, duas faculdades de direito, duas escolas politécnicas e zero universidades. A ausência de universidades no território brasileiro continuou nas três primeiras décadas do século XX. A primeira iniciativa de unificar as faculdades de medicina, direito e engenharia para criar a Universidade do Brasil no Rio de Janeiro, ocorrida em 1922 (quase cem anos após a independência do Brasil), teve efeito apenas simbólico (Fávero, 2010 , pp. 30–31).

A primeira universidade brasileira de fato foi a Universidade de São Paulo, criada em 1934 por lei estadual, via incorporação de instituições preexistentes: a Faculdade de Medicina, a Faculdade de Direito, a Escola Politécnica, a Escola Superior de Agricultura "Luiz de Queiroz" e o

Instituto de Educação — além da recém-criada Faculdade de Ciências, Letras e Artes (Cunha, 2007, p. 241). O plano político-institucional que orientou sua concepção replicava o modelo da Universidade de Paris. Sua criação, organização e consolidação, entre 1934 e 1945, contou com o apoio de uma missão francesa.[271] Durante décadas, essa universidade tem sido o principal centro de pesquisa científica e formação acadêmica do país.

A maioria das universidades federais brasileiras criadas após o fim da ditadura de Getúlio Vargas [1882–1954], que se deu em 1945, seguiu o mesmo processo de agregação de faculdades tradicionais preexistentes, o que propiciou isolamento institucional e autonomia simbólica e política (Cunha, 2007). A única exceção foi a Universidade de Brasília (UnB). Concebida em 1960 por Anísio Teixeira [1900–1971] e Darcy Ribeiro [1922–1997] como uma universidade de pesquisa, com estrutura curricular inspirada no modelo norte-americano, essa experiência institucional foi duramente reprimida pela ditadura militar que se seguiu ao Golpe de 1964 (Salmeron, 2008). Na UnB, não havia escola médica, mas sim um Centro de Ciências da Saúde, destinado à formação integrada de todas as profissões da saúde. A aguda repressão política levou a um processo de regressão gradual ao modelo anacrônico de ensino superior, culminando na fragmentação dos centros de formação da UnB.

Em 1968, uma ampla reforma universitária foi promovida pela ditadura militar, originalmente como uma tentativa de implementar no Brasil o modelo norte-americano de ensino superior (Cunha, 2007a). No entanto, houve forte reação de alunos e professores, especialmente dos professores titulares, seus adjuntos e auxiliares, bem assentados nas instituições

271. Organizada por Georges Dumas [1866–1946], médico e professor de psicologia da Universidade de Paris, e por Teodoro Ramos [1895–1935], professor da Escola Politécnica de São Paulo, a "missão USP francesa" incluía jovens acadêmicos (Fernand Braudel, Jean Gagé, Émile Léonard, Paul Arbousse-Bastide, Pierre Monbeig, Émile Coornaert, Roger Bastide e Claude Lévi-Strauss, entre outros) que mais tarde se destacaram em seus respectivos campos de conhecimento (Paula, 2002).

universitárias fragmentadas em faculdades e escolas. Uma estrutura departamental substituiu a governança acadêmica — ainda organizada por cátedras — mantendo-se a estrutura curricular organizada por disciplinas e o sistema de ingresso direto nos cursos profissionalizantes. No final da década de 1980, após a redemocratização do país, houve forte crescimento das matrículas de estudantes, em sua maioria no sistema privado de ensino superior, promovido por governos neoliberais.

Durante a presidência [2003–2010] de Luiz Inácio Lula da Silva [1945–], políticas governamentais ajudaram a ampliar o acesso ao ensino superior de segmentos sociais antes excluídos das universidades públicas, juntamente com programas de ação afirmativa, como cotas para estudantes pobres, negros e indígenas (Lloyd, 2015). Dois grandes programas foram implementados: PROUNI e REUNI. O PROUNI foi um programa massivo de bolsas, lançado em 2005, para financiar mensalidades universitárias, em instituições privadas de ensino superior, de alunos oriundos de famílias de baixa renda (Brasil/MEC, 2006). REUNI é a sigla de um programa de investimento para a expansão das universidades públicas, com incentivos à eficiência e à cobertura populacional, juntamente com programas de ações afirmativas (Brasil/MEC, 2007).

A meta da iniciativa REUNI era expandir a rede federal, então com 56 universidades, para desafiar a hegemonia do setor privado de ensino superior no país. Durante 2008–2009, os aumentos orçamentários previstos para a rede de universidades públicas brasileiras foram mantidos e, em alguns casos, antecipados. A construção em larga escala de laboratórios e prédios de salas de aula, a aquisição de equipamentos, e o recrutamento de professores e funcionários, contribuíram para expandir o acesso ao ensino superior de grupos populacionais maiores. A participação de jovens de 18 a 25 anos no ensino superior aumentou de 9% para 15% em menos de uma década. Esse ambicioso plano de expansão, no valor de 5 bilhões de dólares, foi lançado pouco antes de o Brasil ser atingido pela crise financeira mundial de 2009, e terminou após o impeachment da presidente Dilma

Rousseff [1947–] em 2015. Embora essas iniciativas tenham sido eficazes na redução de algumas das consequências negativas da pobreza e da desigualdade social, não desafiaram as características estruturais excludentes do sistema educacional brasileiro (Almeida-Filho, 2015).

Atualmente, com raras exceções, as universidades brasileiras ainda operam sob um rígido regime curricular, com uma estrutura organizacional ultrapassada, fortemente influenciada pelas reformas oitocentistas desencadeadas pela Revolução Francesa e modificadas (ou domesticadas) pelas políticas de restauração. Décadas depois, prevalece o antigo formato do "império das faculdades" separadas de medicina, direito, engenharia e outras escolas, em universidades que existem apenas nominalmente, bastante semelhantes ao modelo que surgiu na França a partir da Reforma Liard de 1896. Hoje, ao olharmos para a maioria das universidades brasileiras, principalmente na área da saúde, encontramos vestígios, índices e marcas estruturais de elementos institucionais e padrões curriculares herdados, direta e indiretamente, do sistema francês de ensino superior, primeiro engendrado pela Reforma Cabanis do ensino médico e em seguida adaptado, pela reforma bonapartista, para a formação das carreiras profissionais em geral.

EPÍLOGO
SOBRE MUDANÇA INSTITUCIONAL E OBLÍVIO INTELECTUAL

Este capítulo final é sobre mudança e oblívio (esquecimento, olvido: do latim *oblivium*). É um conto de renovação e transformação, no plano institucional, seguido de ausência de recordação (ou, mais precisamente, memória suprimida), no plano intelectual. *Mudança*: a Reforma Cabanis, originalmente mirada na transformação da educação médica, resultou em profundas mudanças no ensino superior e nos sistemas de educação geral, na França e em outros países. *Oblívio*: Georges Cabanis, mais conhecido hoje como um filósofo materialista de segundo escalão do Iluminismo tardio, e também como um cientista médico pioneiro, dedicado à fisiologia teórica, nem mesmo é lembrado como um educador, sendo seu nome raramente citado em conexão com as inovações que ele buscou e as reformas que liderou.

Como vimos no Capítulo 2, o tema do ensino médico esteve presente de forma desproporcional nas propostas de reforma educacional concebidas por Mirabeau e Condorcet após a queda do *Ancien Régime* — das quais Cabanis foi mais do que mero colaborador e apoiador de primeira hora. Dado o enorme capital político acumulado por toda uma geração de talentosos médicos-filósofos-políticos — que tinha em Georges Cabanis um líder e membro paradigmático — o modelo de educação médica proposto por Vicq d'Azyr, Fourcroy e Cabanis (descrito no Capítulo 3) inspirou e catalisou as reformas gerais no sistema educacional francês propostas por Condorcet, Cabanis, Daunou, Fourcroy e Bonaparte. Isso pode ser explicado pelo prestígio e centralidade que tinha a medicina na ideologia burguesa, forjada pela restauração cultural que sucedeu a turbulência revolucionária do final do século XVIII.

O conjunto de iniciativas que analisei nos Capítulos 5 e 6, e que propus denominar de Reforma Cabanis, compreendia cinco características: (I) um viés de profissionalização, com certificação oficial de títulos acadêmicos como parte de uma política de formação em saúde, regulamentada oficialmente; (II) um modelo organizacional baseado em faculdades, escolas e institutos, dispensando a figura institucional da universidade; (III) a apropriação de hospitais, que foram disponibilizados para atividades de ensino-aprendizagem; (IV) uma estrutura curricular rígida, formada por cátedras, temas, matérias, disciplinas e conteúdos, pautada na disciplinaridade como paradigma e na especialização como horizonte; (V) uma pedagogia analítica baseada na prática clínica, com forte ênfase na observação naturalista e na habilidade prática. Apesar de serem propostas especificamente para a formação médica, essas características centrais da Reforma Cabanis lançaram as bases do modelo de formação profissional liberal e de um novo sistema de ensino implantado na França, formalmente instituído pelos decretos de 1806 e 1808, como vimos no Capítulo 7.

E conforme discutido nos capítulos 4 e 9, logo no início do século XIX, as propostas de Cabanis e seus companheiros *idéologues* foram valorizadas, acolhidas e adotadas por diferentes correntes teóricas e políticas, algumas das quais ainda são atuantes — embora muitas vezes contraditórias entre si e com a própria perspectiva cabanisiana. Mais de dois séculos atrás, as ideias cabanisianas se mostraram revolucionárias em muitos aspectos, mas a Reforma Cabanis acabou por ser conservadora, tanto pedagógica quanto politicamente. Numa trajetória marcada por acontecimentos desconcertantes e desdobramentos acelerados, o pensamento de Cabanis emergiu de uma tradição filosófica conservadora e evoluiu para um tom crítico e disruptivo. É verdade que nosso *médecin-magistrat* se opôs ao radicalismo revolucionário, manteve uma postura de crítica intelectual moderada e esteve bem integrado num processo de restauração econômica, social e ideológica. No entanto, tudo isso ocorria ao mesmo tempo em que ele se posicionava enfaticamente contra uma ordem política totalitária e um contexto social conservador, elogiando os novos desenvolvimentos científicos e as forças políticas transformadoras de sua época.

Como vimos no capítulo 9, no plano institucional e pedagógico, o modelo de ensino superior gerado ou inspirado pelas propostas de Cabanis, adotado e adaptado pela Reforma Fourcroy-Bonaparte, acabou se tornando paradigmático na França, onde se consolidou na segunda metade do século XIX. Apesar de visar inicialmente a medicina, essa reforma atravessou os portões das faculdades de medicina, extrapolou o âmbito restrito do ensino superior em saúde, ultrapassou o ensino superior em geral e atingiu todo o sistema educacional, redefinindo efetivamente o papel do Estado na educação pública na França do século XIX. E também cruzou as fronteiras nacionais, pois o modelo educacional geral da França pós-revolucionária foi, uma década depois, parcialmente incorporado ao projeto de Humboldt para as escolas primárias e secundárias na Prússia, o qual, por fim, se tornou referência para outras reformas educacionais modernizadoras nos países europeus.

Durante todo o século XIX e nas primeiras décadas do século XX, modelos de educação superior baseados em faculdades rapidamente se espalharam pela esfera da poderosa influência cultural francesa, especialmente para os países mediterrâneos de cultura latina, línguas românicas e religião católica, bem como para suas ex-colônias. Analisando a difusão de modelos europeus de ensino superior fora da Europa, Shils e Roberts (2004, p. 179) comentam o que aconteceu na América Latina:

> A marca especificamente francesa deixada nas universidades latino-americanas permaneceria forte e muito visível século XX adentro; as

influências britânica e norte-americana tiveram muito menos impacto, e menos ainda o modelo alemão da universidade de pesquisa.[272]

Voltemos à hipótese cuja relevância conceitual e validade heurística estão em questão no presente ensaio.

No Brasil, a educação superior retém, conserva, segue, reproduz e promove, estrutural e sistemicamente, os conceitos-chave que guiaram a Reforma Cabanis.

Um exame panorâmico mostra que essa hipótese é consistente com as evidências históricas compiladas, apresentadas e discutidas no Capítulo II, bem como com os argumentos desenvolvidos neste ensaio. Nesse ponto, podemos considerar a reforma do ensino superior proposta por Cabanis como um embrião do ensino médico no Brasil (influenciando diretamente os padrões ideológicos de líderes intelectuais, estruturas institucionais e matrizes curriculares), sugerindo que um padrão semelhante pode ser aplicado a outros países latino-americanos.

Ao se observar mais de perto as instituições de ensino superior no Brasil, em particular as universidades, e focando principalmente na educação médica, verifica-se a presença efetiva da Reforma Cabanis nas seguintes características: (a) educação voltada para a carreira, (b) provida por unidades institucionais autônomas, (c) com currículo de progressão linear; (d) viés de disciplinaridade; (e) treinamento intervencionista; (f) orientada pela pedagogia analítica; (g) separada em profissões; e (h) com tendência à especialização. De um modo geral, o "império das faculdades" — caracterizado por faculdades e escolas autônomas, ingresso direto de alunos em cursos profissionalizantes, currículos rígidos ministrados

272. Tradução livre de: *The specific French impress on Latin American universities was to remain strong and very visible until well into the twentieth century; British and North American influences had much less impact, and less still had the German model of the research university.*

por professores titulares, lentes ou catedráticos, aulas *magister* e diplomas que servem como licenças profissionais — ainda está lá, muitas vezes de forma disfarçada.

Conforme também discutido no Capítulo II, em relação às características estruturais (a), (b) e (c), com algumas exceções, o sistema de educação superior do Brasil ainda é fundamentado em faculdades, diplomas, disciplinas, turmas e conteúdos. Oferecidos por faculdades e escolas, que funcionam em quase total isolamento dentro das universidades, ou por institutos independentes, os cursos e programas de formação na graduação e na pós-graduação são normalmente específicos em escopo e separados por carreira profissional.

Quanto aos itens restantes, relativos a questões educativas, encontramos maior variação em currículos, programas de ensino, estratégias pedagógicas e orientação para disciplinaridade-especialidade. Abordar a influência direta e indireta da Reforma Cabanis, num contexto tão rico de diversidade, extrapola os objetivos deste ensaio e, portanto, abre caminho para outras pesquisas originais. O escopo de tal programa de pesquisa deve incluir estudos de caso para investigar peculiaridades, variantes e especificidades de tal adaptação cultural. Do ponto de vista metodológico, isso pode ser alcançado por meio de abordagens documentais e etnográficas das práticas cotidianas de ensino e aprendizagem. Isso implica avaliar como (em quais formatos, modalidades, tipos, operações, processos etc.) e por que o modelo de ensino em saúde no Brasil (e, por extensão, o ensino superior em geral) tornou-se tão cabanisiano e bonapartista, tanto do ponto de vista estrutural quanto funcional.

Apresentar a trajetória histórica dos agentes-em-contexto, destacando o caso do Brasil (novamente no capítulo II), pode explicar como os elementos orgânicos da Reforma Cabanis foram incorporados à atual estrutura do ensino superior na América Latina pós-colonial. De fato, no Brasil, a Reforma Cabanis veio primeiro, sendo imediatamente assimilada no mimetismo institucional observado nas fases iniciais de organização das faculdades de medicina, instituídas pela Regência e consolidadas ao longo do Segundo Reinado (Nava, 2003). Outros efeitos diretos do pensamento cabanisiano podem ser vistos como inspiração filosófica e referência clínica, particularmente nas teses inaugurais da Faculdade de Medicina da Bahia. Além disso, algumas das ideias de Cabanis, por estarem incorporadas à filosofia de Comte, influenciaram o regime do ensino superior brasileiro por meio da doutrina positivista, o que contribuiu para bloquear, politicamente, as diversas propostas de instalação de universidades no país durante todo o século XIX (Almeida-Filho, 2019).

Agora, vamos considerar o fator do olvido, do esquecimento. No final do século XIX, Georges Cabanis era merecidamente celebrado como um dos principais pensadores do continente europeu, como reconheceu Lucien Lévy-Bruhl (1899, p. 416) ao ser convidado a apresentar a filosofia moderna francesa ao erudito público anglo-saxão: "Cabanis tem sido amplamente lido, e ainda merece sê-lo, fosse apenas pela abundância e a escolha dos fatos que ele reuniu, a justeza da maioria de suas reflexões, e a agradável elegância de seu estilo".[273]

No que diz respeito à educação, as contribuições de Georges Cabanis e seus companheiros *idéologues* não têm sido devidamente reconhecidas, não obstante o amplo alcance e o poder transformador de suas propostas e iniciativas. Para Lecoutre (1996, p. 896), "os nomes deles nunca são mencionados nas histórias das doutrinas pedagógicas, e eles não são distinguidos, apesar da grande originalidade de suas palavras"[274]. Isso pode ter acontecido porque, tendo tanto o que fazer e tantos projetos de reforma para avançar, eles não deixaram um tratado formal que expusesse sistematicamente suas concepções pedagógicas gerais.

---

273. Tradução livre de: *Cabanis has been widely read, and still deserves to be, were it only for the abundance and the choice of the facts he brought together, the justness of most of his reflexions, and the pleasing elegance of his style.*

274. Tradução livre de: *their name is never mentioned in the histories of the pedagogical doctrines, and they are not distinguished despite the great originality of their words.*

Em particular, o legado de Cabanis como pensador de questões pedagógicas e como reformador da educação foi quase totalmente esquecido, já que ele não é mencionado em nenhuma grande referência sobre a história geral da educação. Mais surpreendentemente, seu nome está ausente da história das universidades francesas em particular (Brockliss, 1987; Charle & Verger, 1994). A única exceção parece ser a análise de Antonie Luyendijk-Elshout sobre a reforma da medicina na Europa do século XIX, sua contribuição para o projeto monumental de Walter Rüegg, *A History of the University in Europe* (2004). Nesse trabalho, Georges Cabanis é elogiado, juntamente com Philippe Pinel, por incluir a educação médica na agenda da *Idéologie*, sendo responsável por duas mudanças principais: "o hospital como um centro de ensino médico" e, mais importante, "a decisão de dar à profissão médica um status protegido e liberal"[275] (Luyendijk-Elshout, 2004, pp. 545–6).

Por que razões as principais contribuições de Cabanis para a educação foram esquecidas, até mesmo reprimidas, e por que elas ainda são tão consistentemente ignoradas? Por que as realizações de nosso *médecin-philosophe-pédagogue* caíram no oblívio histórico quase total?

Essa profunda amnésia pode ser compreendida mediante três explicações complementares — com o potencial de resultar em interessantes hipóteses de pesquisa sobre vetores de processos histórico-ideológicos, o que mereceria uma investigação mais aprofundada. A primeira dessas explicações é interna ao contexto francês, e externa em termos geopolíticos; a segunda e a terceira explicações estão relacionadas ao legado intelectual de Cabanis no meio acadêmico.

Um: Os escritos de Cabanis, assim como as diversas aplicações de seu pensamento, foram alvo de repressão política e censura sistemática. Conforme discutido nos capítulos 4, 8 e 9, o grupo dos *idéologues*

275. Tradução livre de: *the hospital as a centre for medical teaching (...) the decision to give the medical profession a protected and liberal status.*

sofreu dura repressão, primeiro liderada por Napoleão Bonaparte durante o Império Francês, depois pelos governos restauradores que se seguiram. Particularmente no que se refere à delicada questão da educação como condição para a democracia, a ostensiva repressão política aconteceu paralelamente a um esforço ativo, realizado principalmente por Fourcroy, no sentido de sanear a Reforma Cabanis e adequar suas feições ao controle político do governo autoritário de Bonaparte [1806–1815]. Apesar de receber aceitação e aplausos nos círculos intelectuais liberais, a obra de Cabanis continuou a ser reprimida pela restaurada Casa de Bourbon [1815–1830] e pelo bonapartismo residual do Segundo Império [1852–1870], bem como pela Igreja Católica e movimentos religiosos conservadores correlatos, na França e em outros países mediterrâneos, e também em suas colônias ultramarinas.

A primeira edição em espanhol do *Coup d'œil* [*Compendio histórico de las revoluciones y reforma de la medicina*], publicada em 1820, foi censurada pela Igreja Católica, e sua distribuição e leitura seguiram clandestinas por décadas. O tradutor assinava apenas com as iniciais [D.S.M.], certamente para se resguardar das instâncias inquisitoriais residuais então ainda atuantes na Península Ibérica. A versão italiana de *Rapports du physique et du moral de l'homme* [*Rapporti del fisico e del morale dell'uomo*], também publicada em 1820, concedeu anonimato tanto ao tradutor quanto à editora, e não revelou o local de publicação, provavelmente para escapar à censura do Vaticano.

No Brasil, uma tradução para o português da nota clínica de Cabanis, *Observations sur les affections catarrhales*, foi submetida à Comissão de Censura antes de ser autorizada para impressão em 1812 ou 1816 (Iglesias-Magalhães, 2017). Neves (1999, p. 678) analisou a correspondência oficial dos censores, e constatou que eles estavam particularmente preocupados com as obras ligadas ao Iluminismo da "escola do Barão d'Holbach, Diderot, Helvetius e companhia (incluindo Cabanis, seguramente), a qual desafiou a sociedade eminentemente litúrgica, típica do Antigo Regime, sobretudo aquela em que se incluía o mundo luso-brasileiro". Antes da Independência (conquistada em 1822), nos últimos anos do Brasil como colônia portuguesa, o clero, o governo colonial, sua burocracia racista e seu sistema jurídico inquisitorial temiam os princípios racionalistas e seculares representativos do pensamento revolucionário francês.

Dois: a importância, pertinência, profundidade e oportunidade das contribuições fisiológicas e clínicas de Cabanis, resumidas em *Rapports du physique et du moral de l'homme*, ofuscaram os pesquisadores para a apreciação do *Coup d'œil* e de suas valiosas ideias e propostas pedagógicas, até que passou o tempo propício para que reconhecessem o papel de Cabanis como pensador de ponta e reformador da educação. De fato, em sua formulação original, o pensamento de Cabanis possui uma dialética peculiar, que discretamente contém uma ironia histórica que pode ter determinado não só a ampla difusão inicial de suas ideias, mas também diversas ondas de esquecimento nas esferas científica e acadêmica (Hervé, 1905), ao longo dos anos de formação da hegemonia das matrizes culturais eurocêntricas ocidentais.

Três: a atuação institucional de Wilhelm von Humboldt como quase-ministro de educação do Reino da Prússia, que ocorreu quase ao mesmo tempo que (e em oposição a) a Reforma Bonaparte, como discutido no Capítulo 9, sobrelevou a contribuição de Cabanis para a renovação do ensino superior na era pós-iluminista. A chamada Reforma Humboldt supostamente elevou as universidades alemãs a um novo patamar, seguindo o modelo da Universidade de Berlim, criada pelo próprio Humboldt em 1810.

Num memorando agora famoso, Humboldt ([1810] 1997) propôs um projeto institucional para as *Höheren Wissenschaftlichen Anstalten* [Instituições Científicas Superiores], que ficaram conhecidas na história da educação como a universidade de pesquisa humboldtiana. Esse novo modelo fomentou a autonomia acadêmica, definida pela liberdade de investigação, ensino e aprendizagem, e baseou-se na noção de educação geral (*Bildung*), com primazia da formação científica vs. formação profissional (Anderson, 2004). Em vez da pedagogia analítica típica do iluminismo francês, herdada da disciplinaridade cartesiana, o modelo humboldtiano promoveu uma pedagogia orgânica, inspirada no pensamento iluminista kantiano. O seminário (encontro de aprendizagem de pós-graduandos para discussão de trabalhos acadêmicos com um professor-pesquisador) foi o método de escolha para as atividades pedagógicas, e o laboratório se tornou o lócus para a busca da integração pesquisa-aprendizagem. Diferentemente da prioridade cabanisiana às faculdades e escolas isoladas, o modelo humboldtiano baseava-se na universidade como modelo organizacional, sob a ideia da unidade das ciências (Hofstetter, 2001).

Apesar de relatos críticos historiográficos recentes denunciarem essa narrativa supostamente indefectível como uma construção política e ideológica *post hoc* (Paletschek, 2001; Ash, 2006; Morozov, 2016), a visibilidade e o brilho do *Mythos Humboldt* podem ter eclipsado a contribuição de Cabanis para a formação do ensino superior nas sociedades modernas.

A Reforma Cabanis foi um processo institucional setorial que, direta e indiretamente, resultou em amplas e profundas mudanças no regime do ensino superior, e acabou provocando uma reação em cadeia de reestruturação do sistema educacional francês em geral. Num processo de acomodação que durou várias décadas, essa reforma apoderou-se da instituição heptacentenária conhecida como universidade e reduziu-a a uma mera ligação entre entidades independentes, simbolicamente valorizadas e politicamente empoderadas: as faculdades. Que uma transformação tópica e local poderia se transformar em ruptura generalizada, abraçada até mesmo por movimentos que a princípio se opuseram a ela, certamente se deve ao que Foucault (2004) mais tarde chamaria de biopolítica, numa de suas modalidades regionais mais fortes: o poder médico (Clavreul, 1975). Esta observação não está limitada às situações e contextos históricos que se seguiram à Revolução Francesa e a seus desdobramentos em países ocidentais.

A Reforma Flexner, outra reforma setorial de educação médica ocorrida na América do Norte um século depois, pretendia completar o ciclo iniciado pela Reforma Humboldt, mas provocou profundas renovações em todo o sistema universitário mundial (Almeida-Filho, 2010). Como consequência, a emergente universidade voltada para a pesquisa tornou-se o padrão de excelência acadêmica e o principal promotor do crescimento econômico e das transformações culturais do capitalismo industrial (Readings, 1996). Mais uma vez, a centralidade das práticas de saúde na constituição das sociedades ocidentais modernas e de suas instituições laicas é, de certa forma, destacada como uma tendência histórica.

No Brasil, os diferentes casos de institucionalização do ensino superior e da formação médica — influenciados pela França e sua cultura, suas escolas filosóficas e suas tradições acadêmicas — têm sido objeto de estudos sócio-históricos que produziram informações válidas e conhecimentos acumulados. No entanto, tais estudos aguardam compilação metódica, organização sistemática e análise contextual, no que diz respeito às práticas educativas dominantes. A questão, então, não é se o modelo de formação em saúde e de prática médica no Brasil replica o modelo francês, mas em que medida (e de que forma) tais mudanças estruturais, que foram inovadoras no início do século XIX na França pós-revolucionária, tornaram-se conservadoras no sistema educacional dos países latino-americanos no início do século XXI.

Em conclusão, a partir de uma interpretação neofoucaultiana, a reforma do ensino superior na França pós-revolucionária, proposta por Georges Cabanis e seus seguidores e irmãos intelectuais, pode ser considerada uma resposta política à crise cultural da Europa do Iluminismo. Portanto, mais importante do que investigar origens e raízes antigas (certamente reprimidas no discurso oficial) é partir para a arqueogenealogia. Estudos comparativos de estruturas organizacionais e marcos regulatórios de instituições de ensino superior são recomendáveis, a fim de se chegar a uma avaliação aprofundada dessa dimensão político-institucional, e gerar tipologias e topologias que possam descrever os diferentes formatos criados pela Reforma Cabanis que ainda são relevantes na universidade que nós temos hoje.

A análise cuidadosa de tantos anacronismos, inércias, latências, repressões e apropriações no campo da educação, ainda mais evidentes no subconjunto da educação médica, pode proporcionar uma melhor compreensão (ainda que limitada e parcial) das profundas contradições da universidade brasileira. Isso nos permitirá explorar resquícios, signos ocultos, rastros esmaecidos e o impacto de ocorrências pertencentes ao passado distante, e produzir elementos concretos, vivos, ativos, em diferentes contextos culturais, geopolíticos e históricos, em *Oropa, França, Bahia.*[276]

No Brasil contemporâneo, traços humboldtianos (vagamente assumidos, mas amplamente autopromovidos) podem ser encontrados em um pequeno número de instituições de ensino superior, embora restritos a trabalhos de pesquisa e cursos de pós-graduação. Traços flexnerianos fugazes, mas fortes, também estão presentes em ambientes de treinamento dispersos, particularmente em iniciativas de prática clínica especializada baseada em evidências. Vários experimentos isolados buscam inovações para a formação de profissionais de saúde, como a ora popular "aprendizagem baseada em problemas", afirmando-se parte de uma abordagem pedagógica emancipatória supostamente freireana.[277]

---

276. "Europa, França, Bahia" — essa estranha incongruência topológica vem de antigos cantos de escravizados baianos, datados do início do século XIX. O poeta Ascenso Ferreira [1895–1965], uma das vozes mais importantes do modernismo brasileiro — cuja obra frequentemente se inspirava na cultura popular — usou esse verso para homenagear outros poetas modernistas do Nordeste. Heitor Villa-Lobos [1897–1959], o mais famoso compositor erudito brasileiro, inspirado nas canções folclóricas que colecionou no Recôncavo da Bahia, usou esse verso em sua *Cantilena* (1938) [https://www.youtube.com/watch?v=fZ4qYwxuceA]. A ensaísta e educadora Narcimária Luz tomou-o recentemente como a pista inicial para sua análise das relações étnico-raciais na história da Escola Normal da Bahia, a partir de uma perspectiva descolonizadora e anti-racista, em diálogo com uma abordagem arqueogenealógica neofoucaultiana (Luz, 2009).

277. Paulo Freire [1921–1997] foi um pedagogo e pensador brasileiro considerado o fundador da pedagogia crítica, influenciando gerações de professores e intelectuais em todo o mundo. Seus livros *Pedagogia do oprimido* (Freire, 1973) e *Educação*

Após quase um século de existência formal, a universidade brasileira ainda está presa à mentalidade da restauração bonapartista, mediada pela influência do positivismo da Primeira República Francesa. Em vários aspectos, apesar de muitas tentativas de mudanças de paradigma em alguns experimentos-piloto institucionais, a universidade tem se definido pelo autoritarismo simbólico e pelo conservadorismo intelectual, implicando resistência à criatividade e temor de novas explorações. O viés tradicionalista cultivado e a consequente aversão à incerteza mal se disfarçam em suas raízes históricas latentes e negadas, tornando-se visíveis apenas quando essas universidades convencionais rejeitam a inovação criativa e resistem a sua renovação como instituições de ensino. Tudo isso ocorre dentro de um regime de ensino superior que é parte de uma instituição orgânica, bem integrada ao injusto e desigual contexto econômico, social e político de hoje.

A partir dessas raízes e ao longo de toda sua história, o sistema de ensino superior brasileiro tornou-se ainda mais elitizado e alienado das necessidades do povo, não obstante a implantação de programas de inclusão social em diversas universidades públicas na última década. Como parte do sistema de reprodução social de nosso país, a universidade pública, infelizmente, atua mais como mantenedora, quando não promotora, da desigualdade social.

O setor privado com fins lucrativos domina o cenário atual da educação superior no Brasil (semelhante ao que ocorre em outros países da América Latina); por isso, as demandas por inclusão social e pela formação de recursos humanos especializados para promover o desenvolvimento econômico sustentado, a cobertura educacional permanecem desatendidas. As vagas nas universidades públicas de melhor qualidade e nos cursos de maior prestígio social eram — e ainda são, em grande parte, apesar das políticas compensatórias de ação afirmativa — destinadas quase

como prática da liberdade (Freire, 1972) são considerados textos clássicos da teoria pedagógica contemporânea.

exclusivamente a uma minoria privilegiada. Como resultado, no Brasil, as pessoas mais abastadas são formadas em universidades públicas que desconsideram o caráter público do Estado. Esses segmentos sociais (classes média e alta) estão engajados em projetos familiares e pessoais individualistas, numa relação predatória com a instituição pública de ensino, muitas vezes perversa. Os alunos das classes de elite relacionam-se com a universidade pública como se ela fosse propriedade privada pessoal ou familiar, lugar onde garantem um futuro profissional como projeto pessoal ou familiar, sem construção de solidariedade nem sentimento de pertencimento para com a universidade sustentada pelo Estado.

Pelas razões expostas neste texto, podemos concluir que, apesar de todas as boas intenções declaradas, a universidade no Brasil tem falhado em sua missão cabanisiana (como no projeto político original de Cabanis) de justiça social, integração cultural, promoção política e desenvolvimento humano. Dialeticamente, por ter reforçado um padrão de elitismo, individualismo, rigidez, fragmentação e especialização, o sistema de ensino superior brasileiro permanece abertamente cabanisiano (em sua versão corrompida, bonapartista) na estrutura curricular e na organização institucional. A investigação aprofundada e minuciosa de tais processos contraditórios (talvez inconscientes) pode fornecer um novo *Coup d'œil*, um vislumbre das conexões entre essa universidade elitista, racista e excludente e as forças históricas ideológicas, políticas e institucionais responsáveis por reproduzir desigualdades, privilégios e iniquidades sociais em nosso país. Tenho esperança que o aprofundamento do conhecimento sobre esses processos ocultos, memórias reprimidas e efeitos perversos — suas raízes e correlações — nos permita um dia começar a questionar, desafiar e superar a cumplicidade passiva e a participação ativa dos grupos políticos e agentes institucionais que fizeram da universidade brasileira o que ela é hoje.

FONTES HISTORIOGRÁFICAS

1. Anonymous. Cabanis on Medical Science. The Oxford Review or Literary Censor of New Books, Domestic and Foreign, vol I, no. II, p. 141–147, 1807. Available: https://play.google.com/store/books/details?id=EH5PAQAAMAAJ&rdid=book-EH5PAQAAMAAJ&rdot=1
2. Autos de devassa do levantamento e sedição intentados na Bahia em 1798. Anais do Arquivo Público do Estado da Bahia, Salvador, v. 35, p. 1–280, jan./jun. 1959.
3. Autos de devassa do levantamento e sedição intentados na Bahia em 1798. Anais do Arquivo Público do Estado da Bahia, Salvador, v. 36, p. 281–634, jul./dez., 1959.
4. Barata, Cipriano. *Sentinela da liberdade e outros escritos [1821–1835]*. Organização e edição de Marco Morel. São Paulo: Editora da Universidade de São Paulo, 2008. Available at: https://ihgb.org.br/pesquisa/biblioteca/item/27259-sentinela-da-liberdade-e-outros-escritos-1821-1835-cipriano-barata-organiza%C3%A7%C3%A3o-e-edi%C3%A7%C3%A3o-marco-morel.html
5. Cabanis, Pierre-Jean-Georges. 1790. *Observations sur les hôpitaux*. Available at: <http://visualiseur.bnf.fr/CadresFenetre?O=NUMM-202652&I=464&M=tdm>. Acesso em: 22 set. 2018.
6. Cabanis, Pierre-Jean-Georges. 1791. *Travail sur l'éducation publique, trouvé dans les papiers de Mirabeau l'aîné*. Available at: <https://gallica.bnf.fr/ark:/12148/bpt6k48974r.image>. Acesso em: 21 set. 2018.
7. Cabanis, Pierre-Jean-Georges. 1795. *Considérations genérales sur les révolutions de l'art de guérir*. Available at: <http://gallica.bnf.fr/ark:/12148/bpt6k5751019g/f17.image.r=>. Acesso em: 20 set. 2018.
8. Cabanis, Pierre-Jean-Georges. 1797 [1956]. *Opinion sur le projet d'organisation des écoles primaires et en général sur l'instruction publique*. In: Lehec, Claude; Cazeneuve, Jean (Org.) Les œuvres philosophiques de Cabanis, t.2. Paris: PUF. p.451–456.
9. Cabanis, Pierre-Jean-Georges. 1798. *Rapport fait au nom de la Commission d'instruction publique*, et projet de résolution, sur un mode provisoire de police médicale. Paris: Conseil des Cinq-Cents. Available at: <http://gallica.bnf.fr/ark:/12148/bpt6k43204f>. Acesso em: 19 set. 2018.

10. Cabanis, Pierre-Jean-Georges. 1798a. *Du degré de certitude de la médecine*. Available at: http://gallica.bnf.fr/ark:/12148/bpt6k5751019g/f17.image.r=. Acesso em: 17 set. 2018.
11. Cabanis, Pierre-Jean-Georges. 1798b. *Rapport fait au Conseil des Cinq-Cents sur le mode d'organisation des écoles de médecine*. Available at: http://gallica.bnf.fr/ark:/12148/bpt6k5751019g/f17.image.r= Acesso em: 18 set. 2018.
12. Cabanis, Pierre-Jean-Georges. 1799 [1956]. Quelques principes et quelques vues sur les secours publics. In: Lehec, Claude; Cazeneuve, Jean (Org.) *Les œuvres philosophiques de Cabanis*, t.2. Paris: PUF. p.22–54.
13. Cabanis, Pierre-Jean-Georges. 1804. *Coup d'œil sur les revolutions et sur la réforme de la médecine*. Available at: https://gallica.bnf.fr/ark:/12148/bpt6k76544v.texteImage
14. Cabanis, Pierre-Jean-Georges. 1806. *Sketch of the Revolutions of Medical Science, and Views Relating to Its Reform.* Translated by A. Henderson. London: Bye and Low, St. Paul's Sq. 1806. Available at:: https://wellcomecollection.org/works/wwwkj3va/items?canvas=11
15. Cabanis, Pierre-Jean-Georges. 1802. *Rapports du physique et du moral de l'homme.* Paris: Crapart, Caille et Ravier. Available at: http://gallica.bnf.fr/ark:/12148/bpt6k10455564g.r=cabanis?rk=21459;2
16. Castro, Renato Berbert de. A primeira imprensa da Bahia e suas publicações. Tipografia de Manuel Antonio da Silva Serva. Salvador: Imprensa Oficial da Bahia, 1968. p.92; 102.
17. Condorcet, Nicolas-Caritat. (1791). *Cinq mémoires sur l'instruction publique.* Available at: http://classiques.uqac.ca/classiques/condorcet/cinq_memoires_instruction/Cinq_memoires_instr_pub.pdf
18. Condorcet, N-C. (1792). *Rapport et projet de décret sur l'organisation générale de l'instruction publique*. Available at: http://gallica.bnf.fr/ark:/12148/bpt6k488703
19. Condorcet, N-C. Esquisse d'un tableau historique de progrès de l'esprit humain 1804. Available at:
20. Condorcet, N-C. Sur la nécessité de l'instruction publique, Les Cahiers patriotiques, January 1793. Available at:
21. Constitution de la République française, 1791
22. Farias, Antonio Januario de. A certeza em medicina. Tese inaugural apresentada à Faculdade de Medicina da Bahia. Salvador, Bahia: Typographia de Epifanio Pedroza, 1845. Available at: http://repositorio.ufba.br/ri/handle/ri/24820

23. Fourcroy, Antoine. Rapport et projet de décret sur l'établissement d'une Ecole centrale de santé à Paris, le 7 frimaire de l'an III. Paris: Imprimerie Nationale, 1793.
24. Fourcroy, Antoine. Discours prononcé au corps législatif par A. F. Fourcroy, orateur du gouvernement, sur un projet de loi relatif à l'instruction publique. Du 30 germinal an X (20 avril 1802). In: Recueil de lois et règlements concernant l'instruction publique ( ), première série, tome second. Paris: 1814, pp. 55–84
25. Freud, Sigmund. *Project for a Scientific Psychology* [1895]. Freud, Complete Works. Online edition, 2016. Available at: https://www.valas.fr/IMG/pdf/Freud-Oeuvre-traduction-anglaise.pdf
26. Freud, Sigmund; Breuer, Joseph. *Studies on Hysteria* [1895]. Freud, Complete Works. Online edition, 2016. Available at: https://www.valas.fr/IMG/pdf/Freud-Oeuvre-traduction-anglaise.pdf
27. Freud, Sigmund. *The Interpretation of Dreams* [1899]. Freud, Complete Works. Online edition, 2016. Available at: https://www.valas.fr/IMG/pdf/Freud-Oeuvre-traduction-anglaise.pdf
28. Guerra, Francisco. Los impresos médicos em Hispanoamérica y Filipinas durante el domínio español. Quinto Centenario, v.13, p.129–47. Disponível em: <https://revistas.ucm.es/index.php/ QUCE/article/viewFile/QUCE8787220127A/1753>. Acesso em: 22 mar. 2017. 1987.
29. Hervé, Georges. Un transformiste oublié: Cabanis. Paris: s.ref.ed. 1905. Available online: https://archive.org/details/b30606779/page/518/mode/2up
30. Inventário Legal. Biblioteca de José Lino Coutinho. Available at: https://www.scielo.br/j/alm/a/SV5G9CY3WNtJkmmkYBcp7cK/?lang=en#ModalTablet2
31. Liard, Louis. *Universités et Facultés*. Paris: Armand Colin, 1890. Available at: https://gallica.bnf.fr/ark:/12148/bpt6k5449839g.texteImage
32. Liard, Louis. *L'enseignement supérieur en France [1789–1893]*. Paris: Armand Colin, 1894. Available at: http://gallica.bnf.fr/ark:/12148/bpt6k54526053/f528.image
33. Marx, Karl; Engels, Friedrich. The Holy Family, in Marx and Engels Collected Works, vol. 3. New York: International Publishers, 1975.
34. Marx, Karl. Economic and Philosophical Manuscripts of 1844, in Marx and Engels Collected Works, vol. 3. New York: International Publishers, 1975.
35. Marx, Karl; Engels, Friedrich. The German Ideology. Available at:

36. Marx, Karl. Letters to Kugelman, in Marx and Engels Collected Works, vol. 3. New York: International Publishers, 1975.
37. Marx, Karl; Engels, Friedrich. Critical Battle Against French Materialism. In: The Holy Family [1845]. Marx, Complete Works. Online edition, 2011, Chapter VI. Available at: https://www.marxists.org/archive/marx/works/1845/holy-family/ch06_3_d.htm
38. Mirabeau, H-G de R., Comte de. Travail sur l'éducation publique, trouvé dans les papiers de Mirabeau l'aîné. Paris: l'Imprimerie nationale, 1791. Available at: http://gallica.bnf.fr/ark:/12148/bpt6k48974r
39. Sabóia, Vicente Cândido Figueira de. Dicionário Histórico-Biográfico das Ciências da Saúde no Brasil [1832–1930]. Rio de Janeiro: Casa de Oswaldo Cruz/Fiocruz. s.d.
40. Schopenhauer, Arthur. The World as Will and Idea. Translated from the German by R. B. Haldane, M.A. and J. Kemp, M.A. Sixth Edition. London: Kegan Paul, Trench, Trübner & Co. 1909. Available from: https://www.gutenberg.org/files/40868/40868-pdf.pdf
41. Vicq D'Azyr, Félix. 1790. Nouveau plan de constitution de la médecine en France. *Histoire et mémoire de la Société royale de médecine*, v.9 (pour 1787 et 1788), p.1–201. Available at: <https://books.google.com.br/books?id=zsAAAAAAQAAJ&pg=PA53&lpg=PA53&dq=VICQ+D%27AZYR,+F%C3%A9lix.+Nouveau+plan+de+constitution&source=bl&ots=H4TCxf_7TC&sig=kb8ao3s1Hj4Tf69RSsNazddAq98&hl=pt-BR&sa=X&ved=2ahUKEwjPyd-mjNLdAhVGh5AKHaImB6Q4ChDoATAregQIABABv=onepage&q=VICQ%20D'AZYR%2C%20F%C3%A9lix.%20Nouveau%20plan%20de%20constitution&f=false>. Acesso em: 12 jun. 2018.
42. Von Humboldt, Wilhelm. On the internal and external organization of the higher scientific institutions in Berlin [1810]. Available at: https://ghdi.ghi-dc.org/sub_document.cfm?document_id=3642

REFERÊNCIAS BIBLIOGRÁFICAS

1. Aarsleff, Hans (with the assistance of John L. Logan) An Essay on the Context and Formation of Wilhelm von Humboldt's Linguistic Thought, History of European Ideas, 42:6, 729–807, 2016.
2. Ackerknecht, Erwin. Medicine at the Paris Hospital, 1794–1848. Baltimore: Johns Hopkins University Press, 1967.
3. Almeida-Filho, Naomar. Bases históricas da Epidemiologia. Cad. Saúde Pública, Rio de Janeiro, v. 2, n. 3, p. 304–311, Sept. 1986. From: http://www.scielo.br/scielo.php?script=sci_arttext&pid=S0102–311X1986000300004&lng=en&nrm=iso. Retrieved: December 28, 2020.
4. Almeida Filho, Naomar. Breaking a vicious cycle of social exclusion: University education in contemporary Brazil. Revista: Harvard Review of Latin America (Fall), 60–63, 2012.
5. Almeida-Filho, Naomar. Social inequality and human development: Intertwined cycles of perversion in education in contemporary Brazil. Encounters in Theory and History of Education Vol. 16, 84–100, 2015.
6. Almeida-Filho, Naomar. O legado de Cabanis: hipótese sobre raízes da educação médica no Brasil. Cadernos de Saúde Pública, v.33, n.7, p.e00206416, 2017.
7. Almeida-Filho, Naomar. Reconhecer Flexner: inquérito sobre produção de mitos na educação médica no Brasil contemporâneo. Cad. Saúde Pública, Rio de Janeiro v. 26, n. 12, p. 2234–2249, Dec. 2010. From: http://www.scielo.br/scielo.php?script=sci_arttext&pid=S0102–311X2010001200003&lng=en&nrm=iso. Retrieved: December 28, 2020.
8. Almeida-Filho, Naomar. Reforma Cabanis (Circa 1800): uma reforma universitária sem universidades, esquecida na história da educação. Revista Lusófona de Educação, v. 39 n. 39 (2018). From: https://revistas.ulusofona.pt/index.php/rleducacao/article/view/6378. Retrieved: December 28, 2020.
9. Almeida-Filho, Naomar. Impacto da Reforma Cabanis no ensino médico do Brasil: ensaio de arqueologia neofoucaultiana. Hist. cienc. saude-Manguinhos [Internet]. 2019 Apr [cited 2021 Apr 01] ; 26(2): 385–405. Available: http://www.scielo.br/scielo.php?script=sci_ arttext&pid=S0104–59702019000200385&lng=en.
10. Almeida-Filho, N., & Di Pasquale, M. (2019). The impact of the Cabanis reform on the historical formation of the Argentine university and on higher education in health. El impacto de la reforma Cabanis en la formación histórica de la universidad argentina y en la educación superior en salud. Salud colectiva, 15, e2106. https://doi.org/10.18294/sc.2019.2106
11. Althusser, L. (1976). Idéologie et appareils idéologiques d'État. In: Althusser, Louis. Positions (pp.67–125). Paris: Les Éditions sociales.
12. Amaral, Braz do. A conspiração republicana da Bahia de 1798. Rio de Janeiro: Imp. Nacional, 1926.
13. Anderson, Robert. European Universities from the Enlightenment to 1914. Oxford: Oxford University Press, 2004.

14. Ash, M. (2006). Bachelor of What, Master of Whom? The Humboldt Myth and Historical Transformations of Higher Education in German-Speaking Europe and the US. European Journal of Education, 41(2), 245–267. Retrieved March 5, 2021, from http://www.jstor.org/stable/3700114
15. Backhaus, Jurgen. The university according to Humboldt: history, policy, and future possibilities. Berlim: Springer. 2015.
16. Barnard, Howard. Education and the French Revolution. Cambridge: Cambridge University Press, 1969.
17. Barros, Francisco Borges de. Os Confederados do Partido da Liberdade. Imprensa Oficial da Bahia: Salvador, 1922.
18. Bergan, Sjur; Matei, Liviu. The Future of the Bologna Process and the European Higher Education Area: New Perspectives on a Recurring Topic. In: Curaj A., Deca L., Pricopie R. (eds) European Higher Education Area: Challenges for a New Decade. New York: Springer, 2020. https://doi.org/10.1007/978–3-030–56316-5_23
19. Besançon, Serge. La Philosophie de Cabanis. Une réforme de la psychiatrie. Le Plessis-Robinson, Institut Synthélabo, 1997, 213 p. (Coll. «Les. Empêcheurs de penser en ronde")
20. Boudon, Jacques-Olivier (Ed.) Napoléon et les lycées. Paris: Editions of the Fondation Napoléon—Nouveau Monde Editions, 2004.
21. Boudon, Jacques-Olivier. Napoléon, organisateur de l'université. Revue du Souvenir Napoléonien, v.464, n.2, 2006. Available from: https://www.napoleon.org/histoire-des-2-empires/articles/napoleon-organisateur-de-luniversite/
22. Boudon, Jacques-Olivier. Napoléon et l'Université. Commentaire, vol. 117, no. 1, 2007, pp. 170–182.
23. Brasil/MEC. (2006). Programa Universidade para Todos (PROUNI). http://prouniportal.mec.gov.br/
24. Brasil/MEC. (2007). Programa de Reestruturação e Expansão das Universidades Federais [Program for restructuring and expansion of federal universities] (REUNI). http://reuni.mec.gov.br/
25. Baczko, Bronislaw. Une Education pour la démocratie : Textes et projets de l'époque révolutionnaire. Paris: Librairie Droz, 2000.
26. Brockliss, Laurence. French Higher Education in the Seventeenth and Eighteenth Centuries. A Cultural History. Oxford: Oxford University Press, 1987.
27. Brockliss, Laurence. Before the Clinic: French Medical Teaching in the Eighteenth Century. In: Hannaway, Caroline; La Berge, Ann (org.). Constructing Paris Medicine. Amsterdam: Rodopi Editions (Wellcome Institute Series History of Medicine), 1998, p.71–115.
28. Brockliss, Laurence; Jones, Colin. The Medical World of Early Modern France. Oxford: Clarendon Press, 1997.
29. Broomhall, Susan. Women's Medical Work in Early Modern France. Gender in History. Manchester: Manchester University Press, 2004.
30. Canguilhem, Georges. Le Normal et le Pathologique. Paris, Presses universitaires de France, 1966.

31. Canguilhem, Georges. Cabanis, Pierre-Jean-Georges. In: Dictionary of Scientific Biography. New York: Charles Scribner's Sons, 1980; 3: 1–3. 318. https://www.encyclopedia.com/science/dictionaries-thesauruses-pictures-and-press-releases/cabanis-pierre-jean-georges
32. Cartwright, David. Schopenhauer: A Biography. Cambridge: Cambridge University Press, 2010.
33. Charle, Christophe; Jeanpierre, Laurent (dir.) La vie intellectuelle en France, vol. I, Des lendemains de la Révolution à 1914. Paris: Seuil, 2016.
34. Charle, Christophe; Verger, Jacques. Histoire des universités. Paris: Presses universitaires de France, 1994.
35. Clauzade, Laurent. Auguste Comte et Cabanis : une réception dualiste des Rapports ? Cahiers de philosophie de l'université de Caen, 57, 85–100, 2020.
36. Clauzade, Laurent; Saad, Mariana. Introduction. Cahiers de philosophie de l'université de Caen [En ligne], 57 | 2020, mis en ligne le 11 février 2021. URL : http:// journals.openedition.org/cpuc/1430
37. Clavreuil, Jean. L'ordre medical. Paris: Editions du Seuil, 1975.
38. Collins, Randall. A Micro-Macro Theory of Intellectual Creativity: The Case of German Idealist Philosophy. Sociological Theory, vol. 5, no. 1, 1987, pp. 47–69. JSTOR, www.jstor.org/stable/201995. Accessed 3 June 2021.
39. Coni, Antonio Caldas. 1952 A Escola Tropicalista Bahiana: Paterson, Wucherer, Silva Lima. Salvador, Tipografia Beneditina.
40. Cooter, Roger. After Death/After 'Life': The Social History of Medicine in Post-Postmodernity. Social History of Medicine 20, 441–464, 2007.
41. Crosland, Michel. The Officiers de Santé of the French Revolution: A Case Study in the Changing Language of Medicine. Medical History, v.48, n.2.
42. Cunha, Luiz Antonio. A universidade temporã: o ensino superior, da Colônia à Era Vargas. São Paulo: Editora Unesp. 2007.
43. Cunha, Luiz Antonio. A Universidade Reformanda. São Paulo: Editora Unesp, 2007.
44. Darnton, Robert. Mesmerism and the end of the enlightenment in France. Cambridge: Harvard University Press, 1968.
45. Darnton, Robert. The business of enlightenment: a publishing history of the Encyclopédie, 1775–1800. Cambridge: Harvard University Press, 1979.
46. Dean, Mitchell. Critical and Effective Histories. Foucault's Methods and Historical Sociology. London: Routledge, 1994.
47. Dias, Eliane. Correspondências entre Joachim Le Breton e a corte portuguesa na Europa: o nascimento da Missão Artística de 1816. Anais do Museu Paulista: História e Cultura Material, 14(2), 301–313, 2006. https://doi.org/10.1590/S0101–47142006000200009
48. Di Pasquale, Mariano. La recepción de la Idéologie en la Universidad de Buenos Aires. El caso de Juan Manuel Fernández de Agüero. Prismas, Revista de Historia Intelectual, núm. 15, 2011, pp. 63–86.
49. Dhombres, Nicole; Dhombres, Jean. Naissance d'un nouveau pouvoir : sciences et savants en France 1793–1824. Paris: Payot, 1989.

50. Edler, Flávio. Escola Tropicalista Baiana: um mito de origem da medicina tropical no Brasil. História, Ciências, Saúde—Manguinhos, v.9, n.2, p.357–385. 2002.
51. Edler, Flávio. A natureza contra o hábito: a ciência médica no Império. Acervo, v.22, p.153–166. 2009.
52. Englund, Steven. Napoleon: A Political Life. New York: Simon and Schuster, 2010.
53. Faure, Olivier. 1994. Histoire sociale de la médecine, XVIIIe -XXe siècles, Paris, Anthropos.
54. Fávero, Maria de Lourdes. Universidade do Brasil: das origens à construção. Rio de Janeiro: Editora UFRJ. 2010.
55. Ferreira, Evaldo et al. O positivismo e a educação brasileira na Primeira República. Educar em Revista, v.1, n.1, p.3–39. 1977.
56. Ferreira, Luiz Otávio; Maio, Marcos Chor; Azevedo, Nara. A Sociedade de Medicina e Cirurgia do Rio de Janeiro: a gênese de uma rede institucional alternativa. História, Ciências, Saúde—Manguinhos, v.4, n.3, p.475–491. 1997.
57. Foucault, Michel. Folie et Déraison. Histoire de la folie à l'âge classique, Paris: Plon, 1961.
58. Foucault, Michel. Naissance de la clinique: une archéologie du régard médical. Paris: PUF, 1963.
59. Foucault, Michel. Les mots et les choses. Paris: Gallimard. 1966.
60. Foucault, Michel. L'archéologie du savoir. Paris: Gallimard. 1969.
61. Foucault, Michel. L'incorporation de l'hôpital dans la technologie moderne. In: Foucault, Michel. Dits Ecrits, t.3. Paris: Gallimard. p.508–521. 1994.
62. Foucault, Michel. La naissance de la biopolitique: cours au Collège de France [1978–1979]. Paris: Gallimard/Seuil. 2004.
63. Freire-Costa, Jurandir. História da Psiquiatria no Brasil. Rio de Janeiro: Documentário, 1976.
64. Freire, Paulo (1973). The Pedagogy of the Oppressed. New York. The Seasbury Press.
65. Freire, Paulo (1973). Education as the Practice of Freedom. New York: Continuum.
66. Freund, Amy. Portraiture and Politics in Revolutionary France. Filadelphia: Penn State University Press, 2014.
67. Furtado, João Pinto. O manto de Penélope. História, mito e memória da Inconfidência Mineira de 1788–1789. São Paulo: Cia das Letras, 2002.
68. Gelfand, Toby. Gestation of the Clinic. Medical History, 25:169–180, 1981.
69. Ginzburg, Carlo. Clues, Myths, and the Historical Method. London and Baltimore: Johns Hopkins University Press, 1989.
70. Gomes, Ordival Cassiano. Fundação do ensino médico no Brasil: José Correia Picanço. Revista de História, v.3, n.7, p.143–172. 1951.
71. Gourdol, JY. Pierre-Jean-Georges Cabanis [1757–1808], médecin, philosophe et homme politique français. Paris: Medarus; 2010. From: http://www.medarus.org. Retrieved: March 17, 2018.
72. Grendler, P. F. The Culture of the Jesuit Teacher 1548–1773. Journal of Jesuit Studies 3, 1, 17–41, 2016. Available From: https://doi.org/10.1163/22141332–00301002 [Accessed 29 March 2021]

73. Guillaume, James. Un mot légendaire: "La République n'a pas besoin de savants". Études Révolutionaires, 9éme partie, 1909, Available from: http://www.antimythes.fr/individus/guillaume_james/gj_etudes_revolutionnaires_9.pdf
74. Guillois, Antoine. Le Salon de Madame Helvétius. Paris: 1894. Available from: https://sites.google.com/a/gn.books-now.com/en213/9780833741455-87falfirGEinoc91
75. Hampson, Norman (1988). A Social History of the French Revolution. Routledge: University of Toronto Press.
76. Head, Brian W. (1980): The origin of idéologue and idéologie. Studies on Voltaire and the Eighteenth Century 183: 257–264.
77. Hofstetter, Michael J. The romantic idea of a university: England and Germany, 1770–1850. New York: Palgrave-McMillan, 2001.
78. Huard, Pierre, Sciences, médecine, pharmacie de la Révolution à l'Empire [1789–1815]. Paris: Dacosta, 1970.
79. Hummel, Pascale (dir.). Pour une histoire de l'École normale supérieure : Source d'archives 1794–1993. Nouvelle édition [en ligne]. Paris : Éditions Rue d'Ulm, 1995. Available at: http://books.openedition.org/editionsulm/1198
80. Jacobina, Ronaldo Ribeiro; Chaves, Leandra; Barros, Rodolfo.. A Escola Tropicalista e a Faculdade de Medicina da Bahia. Gazeta Médica da Bahia, v.78, n.2, p.86–93. 2008.
81. Jancso, István. Na Bahia, contra o Império. História do ensaio da Sedição de 1798. São Paulo/ Hucitec/Salvador: EDUFBA, 1996.
82. Jancsó, István; Morel, Marco. Novas perspectivas sobre a presença francesa na Bahia em torno de 1798. Topoi (Rio de Janeiro) [online]. 2007, v. 8, n. 14 [Acessado 13 Junho 2021] , pp. 206–232. Disponível em: <https://doi.org/10.1590/2237-101X008014007>
83. Janet, Paul. Schopenhauer et la Physiologie Française: Cabanis et Bichat. Revue des Deux Mondes [1829–1971], vol. 39, no. 1, 1880, pp. 35–59. JSTOR, www.jstor.org/stable/44779473. Accessed 3 June 2021.
84. Jenson, Deborah. Trauma and its Representations—The Social Life of Mimesis in Post-Revolutionary France. Baltimore: Johns Hopkins Press, 2001.
85. Kale, Steven. French Salons: High Society and Political Sociability from the Old Regime to the Revolution of 1848. Baltimore: Johns Hopkins University Press, 2006.
86. Keel, Othmar. Was Anatomical and Tissue Pathology a Product of the Paris Clinical School or Not? In: Hannaway, Caroline and La Berge, Ann (eds.), Constructing Paris medicine (Amsterdam, 1998), 117–186.
87. Kersaint, Georges. Antoine François de Fourcroy, Sa Vie et Son Oeuvre, Éditions du Muséum, Paris, 1966.
88. Kraay, Hendrik. As Terrifying as Unexpected: The Bahian Sabinada, 1837–1838. Hispanic America Historical Review 72, no. 4 (1992): 501–527.
89. Lanska, D.J. and Lanska, J.T. Franz Anton Mesmer and the rise and fall of animal magnetism: dramatic cures, controversy, and ultimately a triumph for the scientific method. In Brain, Mind and Medicine: Essays in Eighteenth-century Neuroscience (edited by H. Whitaker, C.U.M. Smith and S. Finger). Boston, MA: Springer, 2007, pp. 301–20.

90. Larcan, Alain. Une réforme des études médicales proposée par Cabanis dans l'esprit des Lumières. Colloque de l'Académie de Stanislas à Nancy le 14 octobre 2005 sur L'éducation et les Lumières , Mémoires de l'Académie de Stanislas, supplément au tome XX, 8 e série, 2006, pp 73–92. Available: https://www.academie-stanislas.org/academiestanislas/images/Colloques/Education/10-Larcan.pdf
91. Lecoutre, Jean-Claude. Le discours pédagogique des idéologues et l'héritage de la pensée du XVIIIe siècle.. In: Revue du Nord, tome 78, n°317, Octobre-décembre 1996. Les débuts de l'Ecole républicaine [1792–1802] pp. 895–903. Available at: https://www.persee.fr/docAsPDF/rnord_0035-2624_1996_num_78_317_5166.pdf
92. Leiser, Gary. Medical Education in Islamic Lands from the Seventh to the Fourteenth Century. Journal of the History of Medicine and Allied Sciences, vol. 38, 1983, pp. 48–75.
93. Levy-Bruhl, Lucien (1899) Modern French Philosophy. The Ideologists and Traditionalists. Pierre-Jean-Georges Cabanis [1757–1808] and Joseph De Maistre [1754–1821]. The Open Court: Vol. 1899 : Iss. 7 , Article 4. Available at: https://opensiuc.lib.siu.edu/ocj/vol1899/iss7/4
94. Liard, Louis. L'enseignement supérieur en France [1789–1893]. Paris: Armand Colin. 1894.
95. Lilti, Antoine. Le monde des salons: sociabilité et mondanité à Paris au XVIIIe siècle. Paris: Fayard, 2005.
96. Lima Júnior, Francisco Pinheiro; Castro, Dinorah d'Araújo Berbert de. História das ideias filosóficas na Bahia (séculos XVI a XIX). Salvador: CDPB. 2006.
97. Lloyd, Marion (2015), A Decade of Affirmative Action in Brazil: Lessons for the Global Debate, en Robert T. Teranishi, Loni Bordoloi Pazich, Marcelo Knobel, Walter R. Allen (ed.) Mitigating Inequality: Higher Education Research, Policy, and Practice in an Era of Massification and Stratification. Emerald Group Publishing Limited, pp. 169–189.
98. Lobo, Francisco Bruno. Rita Lobato: a primeira médica formada no Brasil. Revista de História, v.42, n.86, p.483–485. 1971.
99. Lüth, Christoph. Wilhelm von Humboldts Netzwerk mit Intellektuellen und Politikern in Paris: Annäherung und Distanz. Paedagogica Historica Vol. 43 Pages 257–269 Published online: 05 Apr 2007
100. Luyendijk-Elshou, Antonie. Medicine. In: Walter Rüegg (ed.) A history of the university in Europe. Volume III. Universities in the nineteenth and early twentieth century. Cambridge: Cambridge University Press, 2004, p.543–591.
101. Luz, Narcimária. "Oropa, França, Bahia": insurgência negra e a pedagogia do embranquecimento. In: Nascimento, A., Hetkowski, T. M., orgs. Educação e contemporaneidade: pesquisas científicas e tecnológicas. Salvador: EDUFBA, 2009, pp. 322–353. Available from SciELO Books <http://books.scielo.org>.
102. Machado, Roberto; Loureiro, Ângela; Luz, Rogério; Muricy, Kátia. Danação da norma: a medicina social e constituição da psiquiatria no Brasil. Rio de Janeiro: Edições Graal, 1978. Disponível em: http://www.4shared.com/office/5P2WpdXF/machado_roberto_-_danao_da_nor.html

103. Magalhães, Pablo Iglesias; Junqueira, Lucas de Faria. The library of an empire statesman: the inventory of the books belonging to José Lino Coutinho (1836). Almanack, n. 16, p. 258–308, Ago. 2017 http://dx.doi.org/10.1590/2236-463320171605 1978.
104. Malaquias, Anderson Gonçalves. O micróbio protagonista: notas sobre a divulgação da bacteriologia na Gazeta Médica da Bahia, século XIX. História, Ciências, Saúde—Manguinhos, Rio de Janeiro, v.23, n.3, jul.-set. 2016, p.733- 756.
105. Markham, Felix. Napoleon. London: Penguin (Signet Classics), 2010.
106. Marrach, Sonia. Outras Histórias da Educação: Do Iluminismo à Indústria Cultural [1823–2005]. São Paulo: SciELO—Editora UNESP, 2009. Accessed June 13, 2021. doi:10.7476/9788539304431.
107. Mattos, Florisvaldo. A Comunicação Social na Revolução dos Alfaiates. Salvador: Universidade Federal da Bahia (col. Estudos Baianos), 1974.
108. Mattoso, Kátia Maria de Queirós. Presença francesa no movimento democrático baiano de 1798. Bahia: Itapuã, 1969.
109. Mattoso, Kátia Maria de Queirós. Da Revolução dos Alfaiates à Riqueza dos Baianos do Século XIX—Itinerário de uma Historiadora. Salvador: Corrupio, 2004.
110. Maxwell, Kenneth R. Conflicts and Conspiracies: Brazil and Portugal, 1750–1808. (Cambridge Latin American Studies, 16.) New York: Cambridge University Press, 2004.
111. McClelland, C. (2008). State, society and university in Germany 1700–1914. Cambridge: Cambridge University Press.
112. Mello, Antonio Joaquim de. Biografias de Joaquim Inácio de Lima, Luiz Alves Pinto e José Correia Picanço. Recife: Tipografia Figueiroa de Faria e Filho. 1895.
113. Menand, L.; Reitter, P.; Wellmon, C. (orgs.). (2017). The Rise of Research University. A sourcebook. Chicago: University of Chicago Press.
114. Moniz, Gonçalo. A Medicina e sua Evolução na Bahia. Salvador: Imprensa Official do Estado, 1923. Available from: https://www.obrasraras.fiocruz.br/media.details.php?mediaID=236
115. Moraes, Dislane Zerbinatti. A modernidade pedagógica no discurso médico do século XIX no Brasil: uma análise da revista Gazeta Médica da Bahia (1866-1920). In: Diaz, José Maria Hernandez (Org.). Prensa pedagógica y patrimonio histórico educativo. Salamanca: Ediciones Universidad de Salamanca, 2013. p.427–433.
116. Morozov, Oleg. Wilhelm Von Humboldt and Berlin University: A new Look at the Origin of the Humboldt Myth. Center for University Studies in HSE (Moscow) at the Institute for Theoretical and Historical Studies in the Humanities (IGITI), 2016.
117. Moulinier, Pierre. Les Étudiants étrangers à Paris au XIXeme siècle. Rennes: Presses universitaires de Rennes, 2011.
118. Mrozovski, Robert. Médecine et politique dans l'oeuvre de Pierre-Jean-Georges Cabanis. Philosophy thesis defended on March 29, 2013. Paris: Université de Paris I, 2013.
119. Nava, Pedro. Apontamentos para o Estudo da História da Medicina Científica e da Experimentação no Brasil. Brasil Médico Cirúrgico, 10–11, out/nov 1948.
120. Nava, Pedro. O ciclo da influência francesa na medicina do Brasil, particularmente no ensino médico-cirúrgico no Rio de Janeiro. In: Nava, Pedro. Capítulos de história da medicina no Brasil. Londrina: Eduel; São Paulo: Oficina do Livro. p.55–76. 2003.

121. Neves, Lúcia María Bastos. Censura, circulação de idéias e esfera pública de poder no Brasil, 1808–1824. Revista Portuguesa de Historia t. XXXIII, 665–697 1999. https://digitalis-dsp.uc.pt/jspui/bitstream/10316.2/46229/1/Censura%2C_circulacao_de_ideias_e_esfera.pdf
122. Nobus, D. Dislocating perversion, relocating psychoanalysis. https://www.journal-psychoanalysis.eu/locating-perversion-dislocating-psychoanalysis/, 2018.
123. Orain, Arnaud. The Moral Theory of Condillac: A Path toward Utilitarianism. Revue de philosophie économique, vol. vol. 13, no. 2, 2012, pp. 93–117.
124. Paletschek, Sylvia. The Invention of Humboldt and the Impact of National Socialism. The German University Idea in the First Half of the Twentieth Century. In Science in the Third Reich, edited by Margit Szöllösi-Janze, 37–58. Oxford: Berg, 2001.
125. Paltrinieri, Luca. L'expérience du concept. Michel Foucault entre épistémologie et histoire. Paris: Editions de la Sorbonne, series: « La philosophie à l'oeuvre », 2012.
126. Paula, Maria de Fátima Costa de. USP e UFRJ: a influência das concepções alemã e francesa em suas fundações. Tempo Social, v.14, n.2, p.147–161. 2002.
127. Peard, Julyan G. Race, Place, and Medicine: The Idea of the Tropics in Nineteenth-Century Brazilian Medicine. Durham: Duke University Press, 1999.
128. Picavet, F. Les idéologues. Essai sur l'histoire des idées et des théories scientifiques, philosophiques, religieuses, etc. en France depuis 1789. New York: Burt Franklin, 1971. [Originally published in 1891].
129. Pickering, Mary. Auguste Comte: An Intellectual Biography. Volume I. Cambridge: Cambridge University Press, 1993.
130. Pinell, Patrice. Champ médical et processus de spécialisation, Actes de la recherche en sciences sociales, 156–157, pp. 4–36. 2005.
131. Pinell, Patrice. La genèse du champ médical: le cas de la France [1795–1870]. Revue française de sociologie, v. 50, n. 2, p. 315–349. 2009.
132. Pita, João Rui. Medicina, cirurgia e arte farmacêutica na reforma pombalina da Universidade de Coimbra. Coimbra: Imprensa da Universidade de Coimbra, 2017
133. Poirier, Jean-Pierre. Lavoisier. Paris: Edition Pygmalion Watelet, 1993.
134. Pouliquen, Yves. Cabanis, um idéologue de Mirabeau à Bonaparte. Paris: Odile Jacob, 2013.
135. Pouliquen, Yves. Félix Vicq d'Azyr, les Lumières et la Révolution, Paris : Odile Jacob, coll. « Histoire », septembre 2009, 240 p.
136. Prost, Antoine. Les universités françaises de 1808 a 1968. Paris: Académie de Sciences Morales et Politiques. 2009.
137. Quinlan, Sean M. The Great Nation in Decline: Sex, Modernity, and Health Crises in Revolutionary France, ca. 1750–1850 (History of Medicine in Context Series). Aldershot: Ashgate, 2007.
138. Rabier, Christelle. Une révolution médicale ? Dynamiques des professions de santé entre révolution et empire. Annales historiques de la Révolution française [En ligne], 359 | janvier-mars 2010, mis en ligne le 01 mars 2013, consulté le 19 avril 2019. URL : http://journals.openedition.org/ahrf/11490 ; DOI : 10.4000/ahrf.11490
139. Ramsey, Matthew. Professional and Popular Medicine in France, 1 770–1848, Cambridge, Cambridge University Press, 1988.

140. Readings, Bill. The University in Ruins. Harvard: Harvard University Press, 1996.
141. Rey, Roselyne. L'Ecole de santé de Paris sous la Révolution: transformation et innovation. Histoire de l'Education, v.57, p.23–57, 1993.
142. Ribeiro, Marcos Augusto Pessoa. A Faculdade de Medicina da Bahia na visão de seus memorialistas [1854–1924]. 2a edição. Salvador: EDUFBA, 2014.
143. Robiquet, Jean. Daily life in the French Revolution. London: Weidenfeld and Nicolson, 1964.
144. Role, André; Boulet, Luc. Georges Cabanis, médecin de Brumaire. Paris: Fernand Lanore Editeur, 1994.
145. Rosen, George, The Philosophy of Ideology and the Emergence of Modern Medicine in France. Bulletin of the History of Medicine, v.20, p.328–339, 1946.
146. Rosen, George. An American Doctor in Paris in 1828: Selections From the Diary of Peter Solomon Townsend, M.D., Journal of the History of Medicine and Allied Sciences, Volume VI, Issue Winter, Winter 1951, Pages 64–115. Available from: https://doi.org/10.1093/jhmas/VI.Winter.64
147. Rouanet, Sergio Paulo. As Razões do Iluminismo. São Paulo: Companhia das Letras, 1986.
148. Rüegg, Walter (ed.) A history of the university in Europe. Volume III. Universities in the nineteenth and early twentieth century. Cambridge: Cambridge University Press, 2004.
149. Ruy, Affonso. A Primeira Revolução Social Brasileira: 1798. São Paulo: Companhia Editora Nacional, 1942. Available from: http://brasilianadigital.com.br/brasiliana/colecao/obras/256/a-primeira-revolucao-social-brasileira
150. Saad, Mariana (2015) Sentiment, Sensation and Sensibility: Adam Smith, Pierre-Jean-Georges Cabanis and Wilhelm von Humboldt, History of European Ideas, 41:2, 205–220. From: DOI: 10.1080/01916599.2014.921474
151. Saad, Mariana. Cabanis, comprendre l'homme pour changer le monde. Paris: Classiques Garnier (Col. Histoire et philosophie des sciences), 2016.
152. Salmeron, Roberto. A universidade interrompida: Brasília, 1964–1965. Brasília: Editora UnB. 2008.
153. Santos-Filho, Lycurgo. Pequena história da medicina brasileira. São Paulo: Parma. 1980.
154. Savedoff, William. Kenneth Arrow and the birth of health economics. Bull World Health Organ 82(2): 139–140, 2004. Available from: http://www.scielosp.org/scielo.php?script=sci_arttext&pid=S0042–96862004000200012&lng=en.
155. Schwarcz, Lilia Moritz. O espetáculo das raças : cientistas, instituições e questão racial no Brasil - 1870–1930. São Paulo: Companhia das Letras, 1993.
156. Schwarcz, Lilia Moritz. O Sol do Brasil: Nicolas-Antoine Taunay e as Desventuras dos Artistas Franceses na Corte de D. João 1816–1821. São Paulo: Companhia das Letras, 2008.
157. Schmitt, Stéphane. 2009. From physiology to classification: comparative anatomy and Vicq d'Azyr's plan of reform for life sciences and medicine [1774–1794]. Science in Context, v.22, n.2, p.145–193.
158. Shils, Edward; Roberts, John. The Diffusion of European Models Outside Europe. In: Walter Rüegg (ed.) A History of the University in Europe (Volume

III) - Universities in the Nineteenth and Early Twentieth Centuries [1800–1945]. Cambridge: Cambridge University Press, 2004. pp. 163–232.
159. Siraisi, Nancy. 2014. Avicenna in Renaissance Italy: The Canon and Medical Teaching in Italian Universities After 1500. Princeton: Princeton University Press.
160. Smeaton, William. Fourcroy: Chemist and Revolutionary, Heffer and Son, London, 1962.
161. Souza, Paulo Cesar. A Sabinada: A revolta separatista da Bahia (1837). São Paulo: Braziliense, 1987.
162. Staum, Martin. Cabanis: Enlightenment and Medical Philosophy in the French Revolution. Princeton: Princeton University Press, 1980.
163. Stepan, Nancy. The Hour of Eugenics: Race, Gender and Nation in Latin America. Ithaca, NY: Cornell University Press, 1991.
164. Stepan, Nancy. Picturing Tropical Nature. Ithaca, NY: Cornell University Press, 2001.
165. Stewart JS. A Claim to Fame: Thomas Sydenham. Postgraduate Medical Journal 1953;29:465–467.
166. Sweet, Paul. Wilhelm von Humboldt: A biography (volume one: 1767–1808). Ohio: Ohio University Press, 1978.
167. Tabuteau, Didier. Pouvoirs publics et professions de santé. Les Tribunes de la santé 1(26):103–121, 2010. From: https://www.cairn.info/revue-les-tribunes-de-la-sante-2010-1-page-103.htm
168. Tavares, Luis Henrique Dias. Cipriano Jose Barata de Almeida. Universitas (UFBA/Salvador) 35:61–75, 1986.
169. Tavares, Luís Henrique Dias. Independência do Brasil na Bahia. Salvador, BA: SciELO—EDUFBA, 2005. Accessed June 14, 2021. doi:10.7476/9788523209018.
170. Tavares, Luis Henrique Dias. Da Sedição de 1798 à Revolta de 1824 na Bahia. Salvador / São Paulo: EDUFBA / UNESP, 2008.
171. Temkin, Owsei. The Role of Surgery in the Rise of Modern Medical Thought. Bulletin of the History of Medicine 25, 3, 248–59, 1951. Available from: http://www.jstor.org/stable/44443639.
172. Teysseire, Daniel. La pédagogie républicaine de Cabanis. Les idéologues: un mouvement philosophique pour l'avenir. Actes du colloque de Paris, 10 octobre 1990. Paris: Cercle parisien de la Ligue de l'enseignement, 1991. pp. 21–36.
173. Thillaud, Pierre. Vicq d'Azyr [1748–1794]—Anatomie d'une élection. Histoire des Sciences médicales XX(3):229–236, 1986.
174. Trenard L. 1982. L'influence de Condillac sur l'enseignement français. In J. Sgard (ed.), Condillac et les problèmes du langage, pp. 145–163. Paris-Genève: Slatkine.
175. Turner, Neil. Revolta dos Búzios—1798. Perspectives in Anthropology, 2014. Available from: https://perspectivesinanthropology.com/2014/06/30/revolta-dos-bzios-1798/
176. Valas, Patrick. Freud et la perversion. Omicar? Revue du Champ freudien, 39, p. 9–50, 1986. https://www.valas.fr/IMG/pdf/Freud et_la_perversion_I_II_III.pdf
177. Valim, Patrícia. Corporação dos enteados: tensão, contestação e negociação política na Conjuração Baiana de 1798. São Paulo: Universidade de São Paulo, tese de doutorado, 2013.

178. Vallat, François. Félix Vicq D'Azyr et l'épizootie de 1774–1776. Bull. Soc. Hist. Méd. Sci. Vét., 7 : 127–140, 2007.
179. Vasconcellos, Ivolino de. O conselheiro doutor José Correia Picanço, fundador do ensino médico no Brasil. Revista do IHGB, v.227, p.237–261. abr.-jun. 1955.
180. Vázquez-García, Francisco. El análisis arqueológico-genealógico de Michel Foucault en el panorama de la historiografía francesa contemporánea. La revolución foucaultiana del saber histórico. Cádiz: Universidad de Cádiz, tesis doctoral inédita, 1987. Available from: https://www.academia.edu/5650454/El_An%C3%A1lisis_arqueol%C3%B3gico- geneal%C3%B3gico_de_Michel_Foucault_en_el_panorama_de_la_historiograf%C3%ADa_francesa_contempor%C3%A1nea._La_revoluci%C3%B3n_foucaultiana_del_saber_hist%C3%B3rico_tesis_doct oral_completa_1987_
181. Vázquez-García, Francisco. Cómo hacer cosas con Foucault. Instrucciones de uso. Madrid: Dado Ediciones, 2021.
182. Veiga, Claudio. Um brasileiro soldado de Napoleão. São Paulo: Ática. 1979.
183. Verneuil, I. (2013). L'école et la laïcité, de l'Ancien Régime à nos jours: enjeux du passé, enjeux dépassés ? Tréma (Dossier: Laïcité, éducations, diversité) 31:130–143.
184. Versini, Laurent. Conclusion. Colloque de l'Académie de Stanislas à Nancy le 14 octobre 2005 sur L'éducation et les Lumières , Mémoires de l'Académie de Stanislas, supplément au tome XX, 8 e série, 2006, pp 73–92. Available: https://www.academie-stanislas.org/academiestanislas/images/Colloques/Education/13-Conclusion_Versini.pdf
185. Vianna Filho, Luiz. A Sabinada (A República baiana de 1837). Salvador: Edufba 2008[1938].
186. Vieira-da-Silva, Ligia; Paim, Jairnilson; Schraiber, Lilia Blima. O que é Saúde Coletiva? In: Paim, J. S. & Almeida-Filho, N. (Eds.), *Saúde Coletiva. Teoria e Prática* (2a ed.). Rio de Janeiro: Editora MedBook, 2023, pp. 3–13.
187. Viel, Claude. Fourcroy et les Lycées. Rev Hist Pharm (Paris). 2011 Apr;59(369):13–30.
188. Warman, Caroline. The Atheist's Bible: Diderot and the Éléments de physiologie. Cambridge: Open Book Publishers, 2020. Available: http://books.openedition.org/obp/15994
189. Weber, Max. Science as Vocation. Cambridge: Hackett, 2004 [1919].
190. Weinberg, Gregorio. Modelos Educativos en el Desarrollo Histórico de América Latina. Santiago de Chile: CEPAL/PNUD, 1981. Available: https://repositorio.cepal.org/bitstream/handle/11362/28622/S8100586_es.pdf?s
191. Weisberger, William. Speculative Freemasonry and the Enlightenment: A Study of the Craft in London, Paris, Prague and Vienna. New York: Columbia University Press, 1993
192. Weisz, George. The Emergence of Modern Universities in France, 1863–1914. Princeton: Princeton University Press, 1983.
193. Weisz, George. Reconstructing Paris Medicine. Bulletin of the History of Medicine, Vol. 75, Number 1, 105–119, Spring 2001

194. Weisz, George. Divide and conquer: a comparative history of medical specialization. Oxford: Oxford University Press. 2006.
195. Weisz, George. The medical mandarins: the French Academy of Medicine in the nineteenth and early twentieth centuries. Oxford: Oxford University Press, 1995.
196. Williams, Elizabeth. The Physical and the Moral: Anthropology, Physiology, and Philosophical Medicine in France, 1750–1850. Cambridge: Cambridge University Press, 1994.
197. Williams, Raymond. Keywords: A Vocabulary of Culture and Society. Oxford: Oxford University Press, 2014.
198. Zahabi, Seyed Abbas. Avicenna's Approach to Health: A Reciprocal Interaction Between Medicine and Islamic Philosophy. Journal of Religion and Health. Published online, May 2019.

LISTA DE IMAGENS

Imagem 1: ***Retrato de Pierre-Jean-Georges Cabanis*, de Merry-Joseph Blondel (cerca de 1800).** Óleo sobre tela. 125,5 x 92 cm. Assinado, canto inferior direito 'BLONDEL'. Proveniência: Villa Reale di Marlia, Capannori, Itália. (Obra em domínio público em seu país de origem e em outros países onde o prazo de copyright é a vida do autor mais 100 anos ou menos). Disponível em: https://commons.wikimedia.org/wiki/File:Pierre-Jean-George_Cabanis_by_Blondel_ (19_c.,_priv._coll).jpg

Imagem 2: ***Pierre-Jean-Georges Cabanis*, de Ambroise Tardieu (c. 1790).** Gravura em metal. Proveniência: Wellcome Library Collection. (Obra em domínio público em seu país de origem e em outros países onde o prazo de copyright é a vida do autor mais 100 anos ou menos). Disponível em: https://catalogue.wellcomelibrary.org/record=b1164347

Imagem 3: ***Retrato de Madame Helvétius (Anne-Catherine de Ligniville)*, de Louis-Michel van Loo (c. 1770).** Óleo sobre tela. Proveniência: John Pierpont Morgan, Thomas Humphry Ward, William Roberts, figura da coleção de J. Pierpont Morgan em Princes Gate & Dover House. (Trabalho em domínio público em países onde o prazo de copyright é a vida do autor mais 100 anos ou menos). Disponível em: https://en.wikipedia.org/wiki/Anne-Catherine_de_Ligniville,_Madame_Helv%C3%A9tius#/media/File:AnneCatherineHelvetius2.jpg

Imagem 4: ***Retrato de Madame Cabanis (Charlotte-Félicité de Grouchy)*, de Anne-Louis Girodet de Roussy-Trioson (1804).** Óleo sobre tela. Proveniência: Smith College Museum of Art, Northampton, EUA. (Obra em domínio público em seu país de origem e em outros países onde o prazo de copyright é a vida do autor mais 100 anos ou menos). Disponível em: https://fr.wahooart.com/@@/AQR2GN-Anne-Louis-Girodet-De-Roussy-Trioson-Madame-Cabanis-(-charlotte-f%C3%A9licit%C3%A9 grouchy-)

Imagem 5: ***Retrato de Honoré-Gabriel Riqueti, Comte de Mirabeau*, por Philippe-Auguste Jeanron (1840).** Encomendado por Louis-Philippe I. Óleo sobre tela. Proveniência: Collection Musées de Paris. (Obra em domínio público em seu país de origem e em outros países onde o prazo de copyright é a vida do autor mais 100 anos ou menos). Disponível em: https://en.wikipedia.org/wiki/Honor%C3%A9_Gabriel_Riqueti,_comte_de_Mirabeau#/media/File:Jeanron_-_Mirabeau.jpg

Imagem 6: **Fac-símile do frontispício de *Travail sur l'éducation publique*, de Mirabeau & Cabanis.** Disponível em: https://gallica.bnf.fr/ark:/12148/bpt6k48974r?rk=42918;4

Imagem 7: ***Le Marquis de Condorcet*, de François Bonneville (1796).** Gravura. Proveniência: Coleção do Château de Versailles. (Obra em domínio público em seu país de origem e em outros países onde o prazo de copyright é a vida do autor mais 100 anos ou menos). Disponível em: http://collections.chateauversailles.fr/#65f889e7–29b1–418a-baeb-19190ee47758

Imagem 8: **Fac-símile do frontispício de *Rapport et projet de décret sur l'organisation générale de l'instruction publique*, de Condorcet.** Disponível em: https://archive.org/details/rapportetprojetdoocond_o

Imagem 9: ***Retrato de Wilhelm von Humboldt*, de Sir Thomas Lawrence (1828).** Óleo sobre tela. 133 x 105,8 cm. Proveniência: The Royal Collection, Palácio de Windsor, Londres, Reino Unido. (Obra em domínio público em seu país de origem e em outros países onde o prazo de copyright é a vida do autor mais 100 anos ou menos). Disponível em: https://www.rct.uk/collection/404936/charles-william-baron-von-humboldt-1767–1835-0

Imagem 10: ***Félix Vicq d'Azyr*, de Jacques-Germain Soufflot (data desconhecida).** Gravura. (Obra em domínio público em seu país de origem e em outros países onde o prazo de copyright é a vida do autor mais 100 anos ou menos). Disponível em: https://pt.wikipedia.org/wiki/F%C3%A9lix_Vicq_d%27Azyr#/media/Ficheiro:Felix_vicq_dazyr.jpg

Imagem 11: ***Antoine-François, Comte de Fourcroy*, de François-Séraphin Delpech (c. 1800).** Gravura. Proveniência: Musée Carnavalet, Collection Histoire de Paris. (Obra em domínio público no país de origem e em outros países; termo de copyright vida do autor mais 100 anos). Disponível em: https://www.parismuseescollections.paris.fr/fr/musee-carnavalet/oeuvres/fourcroy-0#infos-principales

Imagem 12: ***Antoine Destutt, Comte de Tracy*, de Charles Toussaint Labadye (c. 1790).** Gravura. Proveniência: Coleção Émile Potin. (Obra em domínio público no país de origem e em outros países; termo de copyright vida do autor mais 100 anos). Disponível em: https://commons.wikimedia.org/wiki/Category:Antoine_Destutt_de_Tracy#/media/File:Antoine-Louis-Claude_Destutt_de_Tracy.png

Imagem 13: **Fac-símile do frontispício da primeira edição de *Rapports du physique et du moral de l'homme*, de Cabanis.** Disponível em : *https://gallica.bnf.fr/ark:/12148/bpt6k1045564g.image*

Imagem 14: **Fac-símile do frontispício da primeira edição de *Coup d'œil*, de Cabanis (1804).** Disponível em: https://gallica.bnf.fr/ark:/12148/bpt6k76544v.texteImage

Imagem 15: **Fac-símile do frontispício da primeira edição inglesa de *Coup d'œil* [*Sketch of the revolutions of medical science, and views relating to its reform*] (1806).** Disponível em: https://wellcomecollection.org/works/gcmmkvck

Imagem 16: **Índice de *Coup d'œil*** (delineando capítulos sobre tópicos educacionais). Disponível em: https://gallica.bnf.fr/ark:/12148/bpt6k76544v.texteImage

Imagem 17: ***École de Médecine de Paris*, de autor desconhecido (1808).** Gravura. Proveniência: Université de Paris Descartes: Collection BIU Santé Médecine (Obra em domínio público no país de origem e em outros países). Disponível em: https://www.biusante.parisdescartes.fr/histmed/image?CISB1042

Imagem 18: ***Napoleão I no Trono Imperial*, de Jean-Auguste-Dominique Ingres (1806).** Óleo sobre tela. 259 x 162 cm. Proveniência: Collection Musée de l'Armée. (Obra em domínio público no país de origem e em outros países; termo de copyright vida do autor mais 100 anos). Disponível em: https://commons.wikimedia.org/wiki/File:Ingres,_Napoleon_on_his_Imperial_throne.jpg

Imagem 19: **Fac-símile do frontispício da primeira edição de *Die Heilige Familie* [*A sagrada família*], de Engels e Marx.** Proveniência: Foreign Languages Publishing House, Moscou, URSS (1956). Disponível em: https://www.marxists.org/archive/marx/works/1845/holy-family/index.htm

Imagem 20: **Sem título, de João Teófilo (2015).** Aquarela, a partir da pintura *Tiradentes esquartejado*, de Pedro Américo (1893). Proveniência: Capa da edição n. 118, de julho de 2015, da Revista de História da Biblioteca Nacional, com dossiê sobre a Conjuração Baiana de 1798. Disponível em: https://cargocollective.com/jtilustrador/Conjuracao-Baiana

Imagem 21: ***Retrato de Cipriano Barata*, de Domenico Failutti (1922).** Óleo sobre tela e maruflagem. Proveniência: Museu Paulista da USP, São Paulo, Brasil. (O autor morreu em 1923, este trabalho está em domínio público em todos os países onde o termo de copyright é a vida do autor mais 95 anos ou menos). Disponível em: https://commons.wikimedia.org/wiki/File:Domenico_Failutti_-_Retrato_de_Cipriano_Jos%C3%A9_Barata,_Acervo_do_Museu_Paulista_da_USP.jpg

Imagem 22: ***Retrato de José Lino dos Santos Coutinho*, de autor desconhecido (data desconhecida).** Giz sobre papel. Proveniência: Herdade da família Moniz de Aragão. (Obra em domínio público no país de origem e em outros países; termo de copyright é a vida do autor mais 100 anos). Disponível em: https://www.geni.com/people/Jos%C3%A9-Lino-Coutinho/6000000020351446085

Imagem 23: ***Estátua de José Lino dos Santos Coutinho*, de Pasquale de Chirico (1906).** Escultura em argamassa. Provenienca: Faculdade de Medicina da Bahia, UFBA, Salvador, Brasil. Fotografia de Denise Coutinho, 2005 (reprodução autorizada).

Imagem 24: **Fac-símile do frontispício de *A certeza em medicina*, de Antonio Januario de Faria (1845).** Dissertação de Mestrado apresentada à Faculdade de Medicina da Bahia. Salvador: Typographia de Epifanio Pedroza, 1845. Disponível em: http://repositorio.ufba.br/ri/handle/ri/24820

Imagem 25: ***Faculdade de Medicina da Bahia*, de autor desconhecido (c. 1905).** Fotografia. Proveniência: Acervo do Arquivo e Biblioteca do Memorial da Medicina Brasileira. Disponível em: http://www.medicina.ufba.br/historia_med/hist_med_art28.htm

Imagem 26: **Fac-símile do frontispício da primeira edição espanhola de *Coup d'œil* [*Compendio histórico de las revoluciones, y reforma de la medicina*], de Cabanis.** Disponível em: https://books.google.com.br/books?id=Q_rteWyLqFoC&dq=Compendio-Historico-De-Las-Revoluciones-Y-Reforma-De-La-Medicina&pg=PP7#v=onepage&q=Compendio-Historico-De-Las-Revoluciones-Y-Reforma-De-La-Medicina&f=false

Imagem 27: **Fac-símile do frontispício da primeira edição italiana de *Rapports du physique et du moral de l'homme* [*Rapporti del Fisico e del Morale dell'Uomo*].** Disponível em: https://books.google.com.br/books/about/Rapporti_del_fisico_e_del_morale_dell_uo.html?id=mIyoAAAAIAAJ&redir_esc=y

ANEXO

IMAGENS

Retrato de Pierre-Jean-Georges Cabanis, de Merry-Joseph Blondel (cerca de 1800)

Pierre-Jean-Georges Cabanis, de Ambroise Tardieu (c. 1790)

Retrato de Madame Helvétius (Anne-Catherine de Ligniville),
de Louis-Michel van Loo (c. 1770)

Retrato de Madame Cabanis (Charlotte-Félicité de Grouchy),
de Anne-Louis Girodet de Roussy-Trioson (1804)

Retrato de Honoré-Gabriel Riqueti, Comte de Mirabeau, por Philippe-Auguste Jeanron (1840)

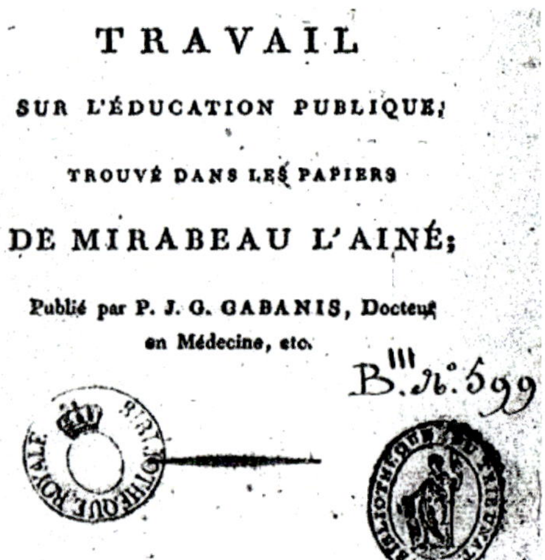

TRAVAIL

SUR L'ÉDUCATION PUBLIQUE;

TROUVÉ DANS LES PAPIERS

DE MIRABEAU L'AINÉ;

Publié par P. J. G. CABANIS, Docteur en Médecine, etc.

A PARIS;

DE L'IMPRIMERIE NATIONALE.

1791.

Fac-símile do frontispício de *Travail sur l'éducation publique*, de Mirabeau & Cabanis

Le Marquis de Condorcet,
de François Bonneville (1796)

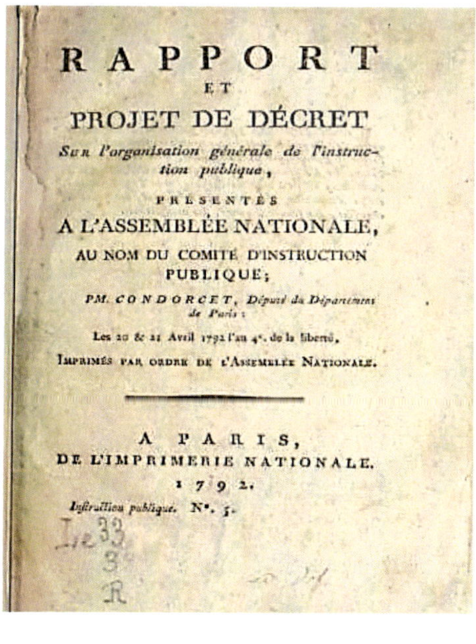

RAPPORT

ET

PROJET DE DÉCRET

Sur l'organisation générale de l'instruction publique,

PRÉSENTÉS

A L'ASSEMBLÉE NATIONALE,

AU NOM DU COMITÉ D'INSTRUCTION PUBLIQUE;

PM. CONDORCET, *Député du Département de Paris* :

Les 20 & 21 Avril 1792 l'an 4e. de la liberté.

IMPRIMÉS PAR ORDRE DE L'ASSEMBLÉE NATIONALE.

A PARIS,

DE L'IMPRIMERIE NATIONALE.

1792.

Instruction publique. N°. 5.

Fac-símile do frontispício de *Rapport et projet de décret sur l'organisation générale de l'instruction publique*, de Condorcet

Retrato de Wilhelm von Humboldt, de Sir Thomas Lawrence (1828)

Félix Vicq d'Azyr,
de Jacques-Germain Soufflot
(data desconhecida)

Antoine-François, Comte de Fourcroy,
de François-Séraphin Delpech (c. 1800)

Antoine Destutt, Comte de Tracy,
de Charles Toussaint Labadye (c. 1790)

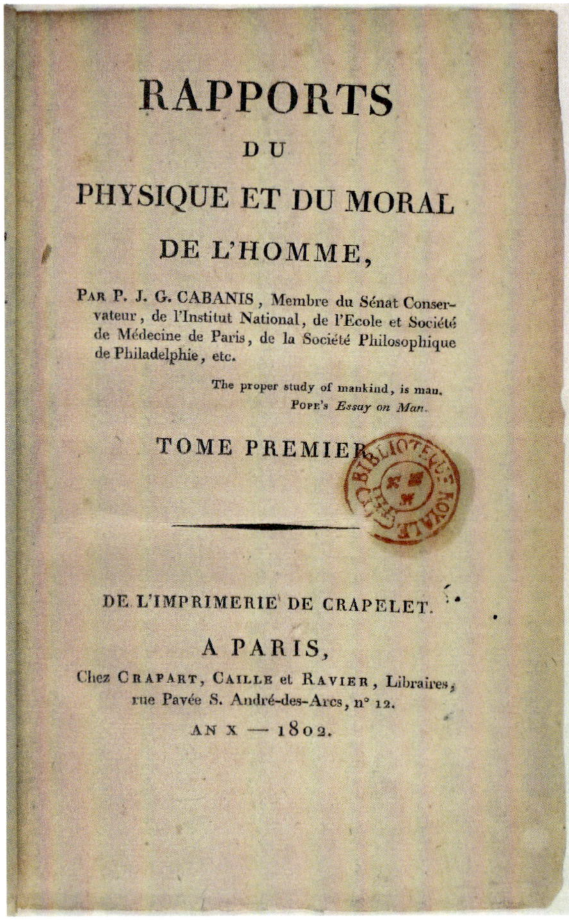

RAPPORTS

DU

PHYSIQUE ET DU MORAL

DE L'HOMME,

PAR P. J. G. CABANIS, Membre du Sénat Conservateur, de l'Institut National, de l'Ecole et Société de Médecine de Paris, de la Société Philosophique de Philadelphie, etc.

The proper study of mankind, is man.
POPE's *Essay on Man.*

TOME PREMIER.

DE L'IMPRIMERIE DE CRAPELET.

A PARIS,

Chez CRAPART, CAILLE et RAVIER, Libraires, rue Pavée S. André-des-Arcs, n° 12.

AN X — 1802.

Fac-símile do frontispício
da primeira edição de
*Rapports du physique et du
moral de l'homme*, de Cabanis

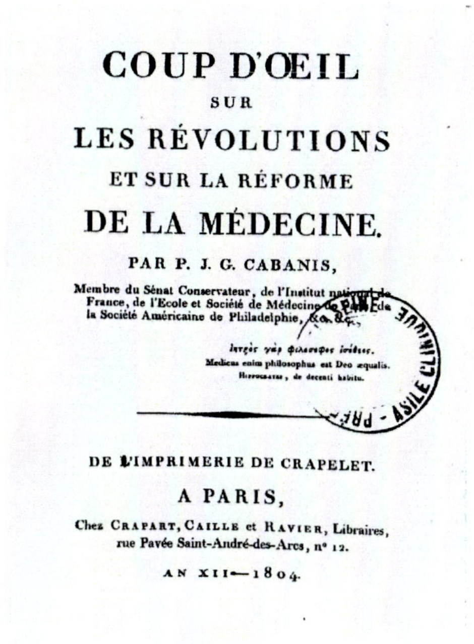

COUP D'ŒIL
SUR
LES RÉVOLUTIONS
ET SUR LA RÉFORME
DE LA MÉDECINE.

PAR P. J. G. CABANIS,

Membre du Sénat Conservateur, de l'Institut national de France, de l'Ecole et Société de Médecine de Paris, de la Société Américaine de Philadelphie, &c. &c.

Ἰητρὸς γὰρ φιλόσοφος ἰσόθεος.
Medicus enim philosophus est Deo æqualis.
Hippocrates, de decenti habitu.

DE L'IMPRIMERIE DE CRAPELET.

A PARIS,

Chez Crapart, Caille et Ravier, Libraires, rue Pavée Saint-André-des-Arcs, nº 12.

AN XII — 1804.

Fac-símile do frontispício da primeira edição de *Coup d'œil*, de Cabanis (1804)

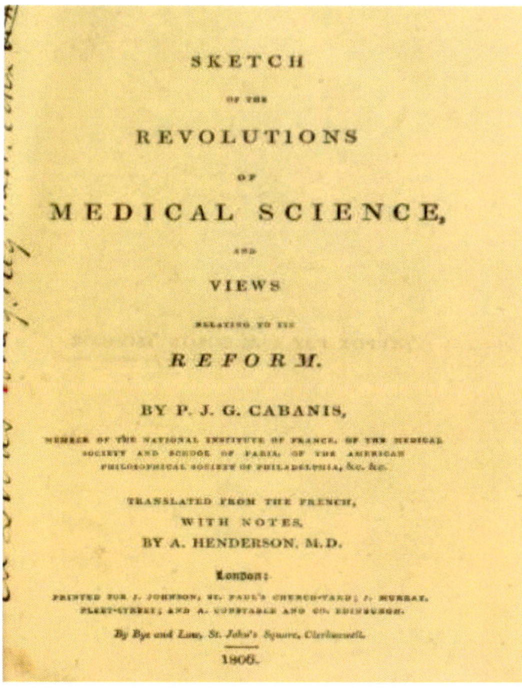

SKETCH
OF THE
REVOLUTIONS
OF
MEDICAL SCIENCE,
AND
VIEWS
RELATING TO ITS
REFORM.

BY P. J. G. CABANIS,

MEMBER OF THE NATIONAL INSTITUTE OF FRANCE, OF THE MEDICAL SOCIETY AND SCHOOL OF PARIS, OF THE AMERICAN PHILOSOPHICAL SOCIETY OF PHILADELPHIA, &c. &c.

TRANSLATED FROM THE FRENCH,
WITH NOTES,
BY A. HENDERSON, M.D.

London:

PRINTED FOR J. JOHNSON, ST. PAUL'S CHURCH-YARD; J. MURRAY, FLEET-STREET; AND A. CONSTABLE AND CO. EDINBURGH.

By Bye and Law, St. John's Square, Clerkenwell.

1806.

Fac-símile do frontispício da primeira edição inglesa de *Coup d'œil* [*Sketch of the revolutions of medical science, and views relating to its reform*] (1806)

TABLE OF CONTENTS.

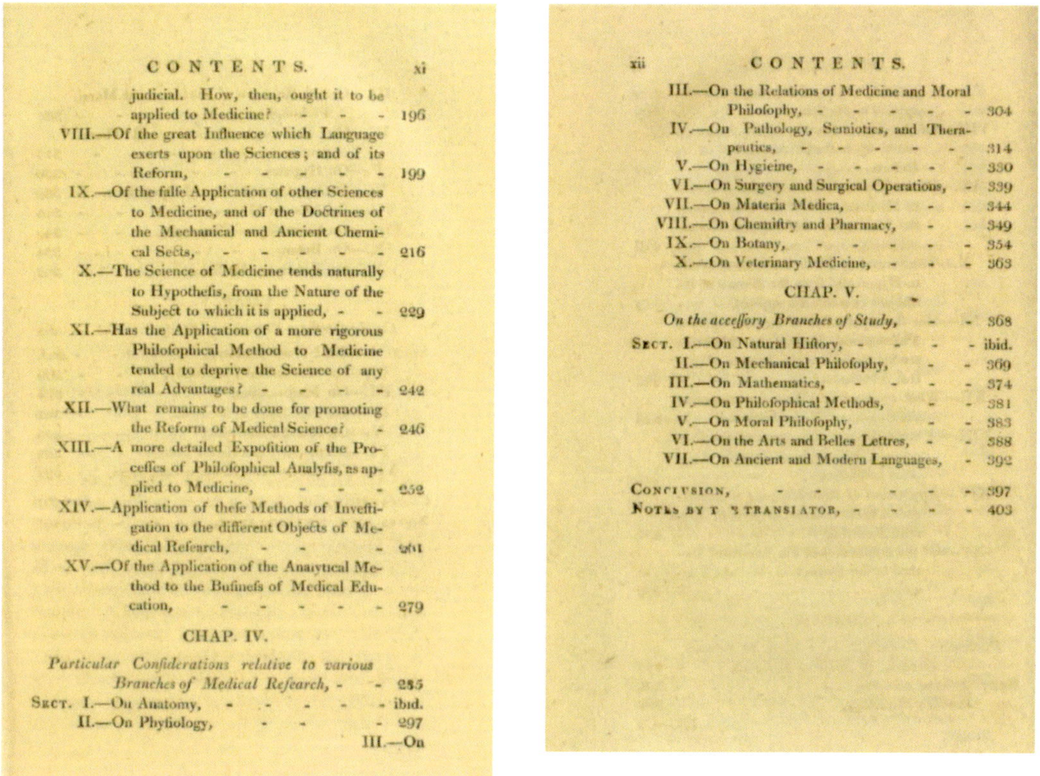

CONTENTS. xi

CHAP. IV.

xii CONTENTS.

CHAP. V.

Índice de *Coup d'œil*

École de Médecine de Paris, de autor desconhecido (1808)

Napoleão I no Trono Imperial, de Jean-Auguste-Dominique Ingres (1806)

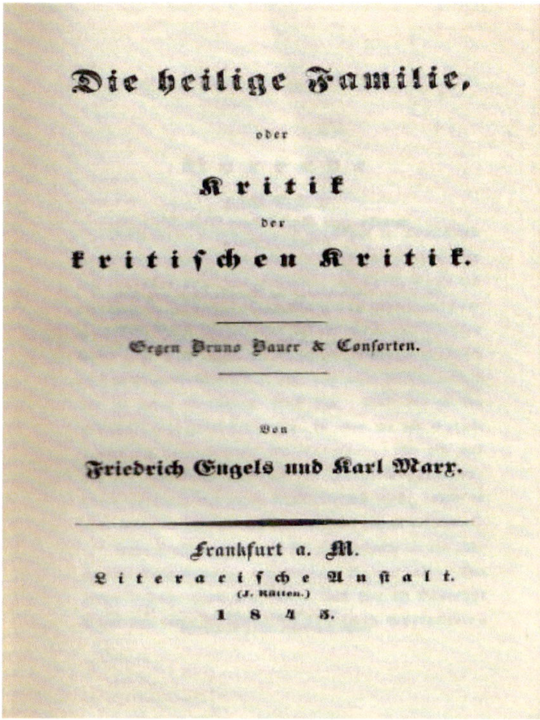

Die heilige Familie,

oder

Kritik

der

kritischen Kritik.

Gegen Bruno Bauer & Consorten.

Von

Friedrich Engels und Karl Marx.

Frankfurt a. M.

Literarische Anstalt.

(J. Rütten.)

1845.

Fac-símile do frontispício da primeira edição de *Die Heilige Familie* [*A sagrada família*], de Engels e Marx

Sem título,
de João Teófilo (2015)

Retrato de Cipriano Barata, de Domenico Failutti (1922)

Retrato de José Lino dos Santos Coutinho,
de autor desconhecido (data desconhecida)

Estátua de José Lino dos Santos Coutinho, de Pasquale de Chirico (1906)

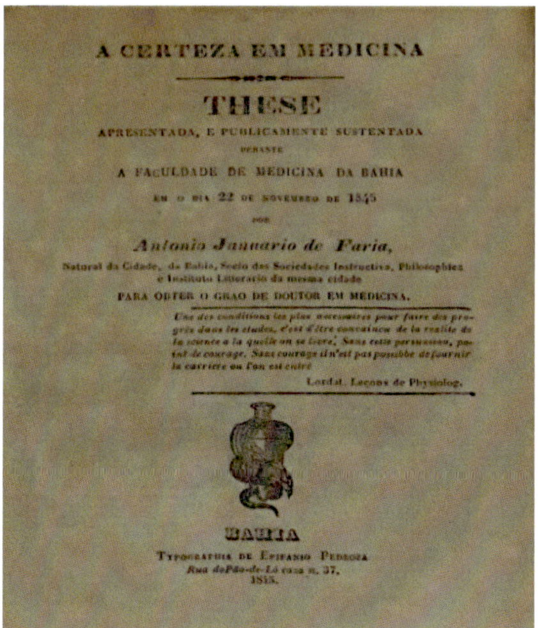

A CERTEZA EM MEDICINA

THESE

APRESENTADA, E PUBLICAMENTE SUSTENTADA

PERANTE

A FACULDADE DE MEDICINA DA BAHIA

EM O DIA 22 DE NOVEMBRO DE 1845

POR

Antonio Januario de Faria,

Natural da Cidade, da Bahia, Socio das Sociedades Instructiva, Philosophica e Instituto Litterario da mesma cidade

PARA OBTER O GRAO DE DOUTOR EM MEDICINA.

Une des conditions les plus nécessaires pour faire des progrès dans les études, c'est d'être convaincu de la réalité de la science à la quelle on se livre; Sans cette persuasion, point de courage. Sans courage il n'est pas possible de fournir la carrière ou l'on est entré

Lordat. Leçons de Physiolog.

BAHIA

TYPOGRAPHIA DE EPIFANIO PEDROZA

Rua do Pão-de-Ló casa n. 37.

1845.

Fac-símile do frontispício de *A certeza em medicina*, de Antonio Januario de Faria (1845)

Faculdade de Medicina da Bahia, de autor desconhecido (c. 1905)

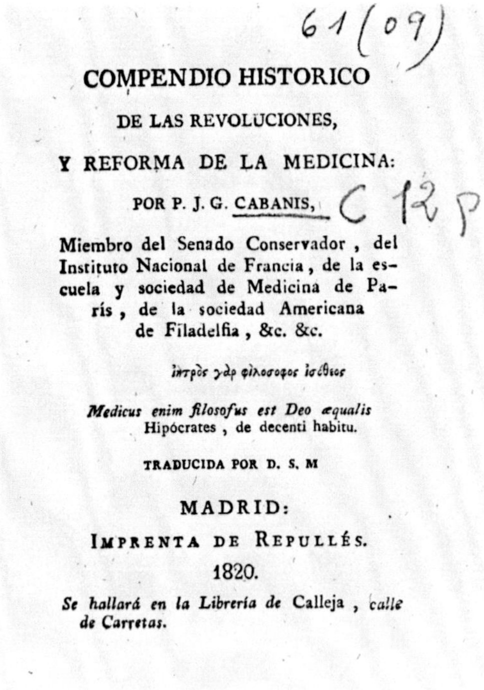

COMPENDIO HISTORICO
DE LAS REVOLUCIONES,
Y REFORMA DE LA MEDICINA:
POR P. J. G. CABANIS,

Miembro del Senado Conservador, del Instituto Nacional de Francia, de la escuela y sociedad de Medicina de París, de la sociedad Americana de Filadelfia, &c. &c.

ἰητρὸς γὰρ φιλόσοφος ἰσόθεος

Medicus enim filosofus est Deo æqualis
Hipócrates, de decenti habitu.

TRADUCIDA POR D. S. M

MADRID:
IMPRENTA DE REPULLÉS.
1820.
Se hallará en la Librería de Calleja, *calle de Carretas.*

Fac-símile do frontispício da primeira edição espanhola de *Coup d'œil* [*Compendio histórico de las revoluciones, y reforma de la medicina*], de Cabanis

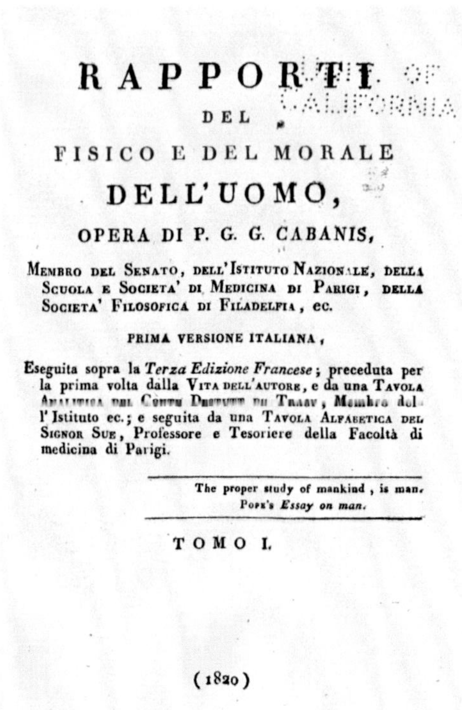
RAPPORTI
DEL
FISICO E DEL MORALE
DELL'UOMO,
OPERA DI P. G. G. CABANIS,

Membro del Senato, dell'Istituto Nazionale, della Scuola e Societa' di Medicina di Parigi, della Societa' Filosofica di Filadelfia, ec.

PRIMA VERSIONE ITALIANA,

Eseguita sopra la *Terza Edizione Francese*; preceduta per la prima volta dalla Vita dell'autore, e da una Tavola Analitica del Conte Destutt di Tracy, Membro del l'Istituto ec.; e seguita da una Tavola Alfabetica del Signor Sue, Professore e Tesoriere della Facoltà di medicina di Parigi.

The proper study of mankind, is man.
Pope's *Essay on man.*

TOMO I.

(1820)

Fac-símile do frontispício da primeira edição italiana de *Rapports du physique et du moral de l'homme* [*Rapporti del Fisico e del Morale dell'Uomo*]

[1ª Edição 2025]

Este livro foi composto em Caslon Pro e impresso
em papéis Avena 80g/m² e Couché Fosco 115g/m²,
pela Formato Artes Gráficas.